죽음에 대한 불교의 성찰

KB191775

죽음에 대한
불교의 성찰

법원 **노훈건** 엮음

도서출판 **선연**

책을 내면서

이 세상에 종교는 어떻게 생겨났을까. 두려움을 극복하기 위한 방패막이로 어떤 대상을 선택하여 이것이 신이 되었고, 세월이 지나면서 종교가 되었다고 한다. 그래서 원시시대의 신들은 태양이 되기도 하고 큰 산이 되기도 하였으며 거목이 되기도 하였다. 원시의 인간들에게 가장 큰 두려움은 무엇이었을까. 죽음이었을 것이다. 인간이 생로병사의 과정을 거친다는 사실은 경험을 통해 알고 있었을 것이나 죽음이 언제 찾아올지, 어떻게 찾아올지를 모른다는 사실에 두려움이 컸을 것이다. 그래서 수시로 닥쳐오는 재난이나 기근, 역질 등을 알려주고 막아주는 주술사를 소중하게 모시게 되었을 것이다. 그들에게 재앙처럼 다가오는 죽음에 달리 대응할 방법이 없었을 것이기 때문이다.

많은 세월이 지나 석기시대를 거쳐 청동기시대에 이르러, 큰 강을 중심으로 사대 문명권이 생겨났다. 가장 먼저 나일강을 중심으로 이집트 문명이 일어났다. 그들은 국왕을 태양의 아들이라 하여 살아있는 신으로 간주하였고, 이에 따라 시신을 미이라로 만들어 보존하였다. 그들은 국왕의 무덤으로 현재의 건축술로도 이루기 어려운 거대한 피라미드를 만들었다. 그리고 파피루스에 상형문자로 국왕의 생애와 업적을 기록했다. 비슷한 시기에 유프라테스강과 티그리스강 유역에서는 슈메르인들이 메소포타미아 문명을 일으켰다. 그들은 점토 위에 갈대로 만든 펜으로 설형문자를 사용하여 사자에 대한 기록을 남겼다. 이 설형문자를 후세에 개량한 것이 현재의 알파베트가 되었다. 인더스강가에서는 모헨조다로, 하라파로 대표되는 문명이 일어났다. 인도의 고대인들은 현대적 도시와 매우 유사한 도시문명을 개발하였다. 상하수도 시설을 갖춘 고도의 도시문명은 기후 변화로 인해 순식간에 사라졌다. 중국에서 일어난 황하문명은 홍수에 대비하기 위한 치수사업에 역점을 두었다. 그들은 거북의 배딱지에 글을 쓰는 갑골문자를 만들어 썼는데 그것이 오늘날 한자의 기원이 되었다.

독일 철학자 칼 야스퍼스에 의해 처음 쓰여진 『축의 시대』, 즉 BC 8세기부터 BC 2세기까지의 기간에 인류는 위대한 사상가들을 같은 시기에 만나게 된다. 중국에서는 공자와 노자가 등장하여 유교와 도교를 창시하였고, 인도에서는 고타마 싯달타가 등장하여 불교를 만들었다. 한편 그리스에서는 소크라테스, 플라톤 등이 출현하여 서양철학의 근간을 형성하였고, 이스라엘에서는 이사야, 예레미야 등 종교학자들이 기독교의 초석을 마련하였다. 이들이 개척한 철학과 종교는 오늘날까지 이어지며 인류의 정신적인 지주 역할을 이어오고 있다.

죽음에 대한 불교의 성찰

서양에서는 죽음을 'pass away'로 표현하고 있고, 한국어로는 '돌아가셨다'라고 표현한다. 서양에서는 죽음을 스쳐간다고 보는 듯하고, 한국에서는 불교적 의미인 지수화풍(地水火風)으로 돌아간다고 보는 듯하다. 이처럼 죽음에 대한 의미는 지역별로, 문화별로, 종교별로 각각 다르다. 그러면 우리에게 죽음은 무엇인가? 서양철학이나 현대과학은 기본적으로 죽으면 모든 것은 끝나고 더 이상은 없다는 입장이다. 동양의 도가나 유가는 인간의 신체가 죽음의 순간에 혼비백산(魂飛魄散)으로 흩어져 자연으로 되돌아가는 과정으로 이해한다.

그러나 종교적인 입장에서는 이를 다르게 본다. 기독교에서는 죽음을 영혼이 육체로부터 해방되는 과정으로 이해한다. 몸을 벗어난 영혼은 우주의 창조자인 신 앞으로 나아가 지난 생에 대해 심판을 받고, 천당이나 지옥으로 보내져 새로운 삶을 이어간다고 본다. 반면 불교에서는 죽음을 오온(五蘊)이 흩어지는 과정으로 이해한다. 흩어진 오온은 그 개체가 생전에 지은 업에 의해 다시 형성되는 윤회의 과정이 끝없이 계속되므로, 죽음은 단순한 끝이 아니라 새로운 시작이라고 보는 것이다.

나이가 들어가면서 죽음이 내 앞에 다가오고 있음을 피부로 느끼며 살아간다. 피할 수 없는 것이 죽음이라면 죽음이 어떤 것인지, 죽음의 의미는 무엇인지, 죽음 이후에 사후세계는 있는 것인지 알아보고 싶은 생각이 들었다. 이러한 의문은 누구나 느끼는 공통적인 의문이 아닐까 생각된다. 나름대로 이 의문에 관련되는 담론을 정리하여 많은 사람들과 공유하고, 의견을 나누고 싶은 생각에서 이처럼 부족하고 미숙한 책을 쓰게 되었다.

이 책에서는 죽음의 과정과 의미 그리고 관련된 신앙과 의례 등을 불교를 기반으로 하여 살펴보고자 한다. 본인은 불교학을 전공한 불교학자가 아니다. 사찰이나 선원에서 참선수행을 정진해 온 불교수행자는 더더욱 아니다. 다만 늦은 나이에 불교에 입문하여 나름대로 불교를 공부하고 있는 불자일 뿐이다. 불자가 된 후 여러 곳의 불교대학에서 불교수업을 받았고, 불교에 대한 지적 호기심으로 불교서적을 끊임없이 읽었다. 또 전국의 전통사찰을 순례하면서 불교의 역사와 신앙을 몸으로 체험하고 있다. 불교를 알아가면서 느끼는 사실은 불교가 일반 대중들에게 너무나 어렵게 느껴지고 있다는 사실이다. 그렇기 때문에 불교에 대해 관심을 가지고 있어도 불교에 입문할 엄두를 내지 못하고 있는 것이다. 그렇게 된 데에는 불교의 종사자들, 특히 불교학자들의 책임이 크다고 생각한다.

불교가 생겨난 이후 오늘에 이르기까지 불교는 여러 지역으로 이동하며 수많은 변천을 거치면서, 동일한 개념이 여래 개의 이름으로 포장되어 왔다. 이 같은 변화의 역사를 정리하고 불교의 교리를 단순화시켜, 일반 대중들이 불교에 쉽게 접근할 수 있도록 도와주는 노력을 그동안 간과해 왔다고 나는 생각한다. 그래서 미력이나마 이 책을 통해 대중들이 불교에 좀 더 가까이 할 수 있는 계기가 된다면, 나로서는 큰 보람이 될 것이다.

이 책을 집필하면서 여러분들로부터 많은 도움을 받았다. 그분들의 도움이 없었다면 책을 쓸 엄두조차 내지 못하였을 것이다. 먼저 필자를 불교의 세계로 이끌어 주신 인생의 선배 이형욱 회장님께 감

죽음에 대한 불교의 성찰

사를 드린다. 아울러 불광교육원 등 여러 불교대학 과정을 거치는 동안, 불교에 눈을 뜰 수 있도록 이끌어 주신 여러 교수님들께 이 자리를 빌어 감사의 말씀을 드린다. 또한 지난 10여 년간 전국의 전통 사찰에 대한 답사여행을 이끌어 주셔서, 필자로 하여금 불교를 체험할 수 있도록 기회를 만들어 주신 옛문화답사회의 강대철 회장님께 감사의 말씀을 드린다. 아울러 답사회에 매번 동행하시면서 주옥같은 불교 강의를 해 주신 강원대학교 최동희 명예교수님에 대해서도 감사의 말씀을 드리지 않을 수 없다. 끝으로, 필자로 하여금 주제넘게 책을 집필할 수 있도록 여건을 만들어 준 아내 박희복에게 고마운 마음을 전한다.

2021년 3월
여의도 어느 우거에서

아쇼카 석주(라우리야 난단갈흐)

추천사

　　　　불교는 오랜 세월 동안, 이 땅에 사는 사람들에게 크나큰 영향을 직·간접으로 미쳐 왔으며, 영광의 시절과 핍박의 시절을 겪어 왔다. 유교적 질서가 견고하게 지배하던 조선시대에서도 불교가 버텨낼 수 있었던 배경에는, 유교에 없었던 인간의 사후 세계에 대한 관점을 명료하게 제시해 주었기 때문이다. 또한 우란분재와 같이 유교에서 숭상하던 효(孝)사상과 밀접한 관련이 있는 망자(亡者)의 천도법회를 당시의 사회 분위기에 맞추어 발전시킨 데에도 연유한다.

　어려운 시절을 인내와 슬기로 이겨내 오늘에 이른 불교는 여전히 대중들에게 크나큰 영향을 주는 종교로 자리매김하고 있다. 시중에 불교에 관한 여러 책들이 출판되어 있으나, 무겁고 어두운 느낌을 줄 수도 있는 '죽음'이라는 단어를 타이틀로 내세운 책은 드물다. 그럼에도 이처럼 '죽음'을 주제로 하는 책을 쓰게 된 데에는 저자 나름대로의 성찰이 담겨 있다.

　이 책의 저자인 법원 노훈건 선생은, 모든 사람이 피할 수 없는 죽음에 대하여, 그 의미는 무엇인지, 과연 윤회의 세계는 있는 것인지

등등의 의문에 대해 많은 사람들과 공유하고 의견을 나누고 싶어 이 책을 쓰게 되었다고 피력한다. 이 책은 죽음의 과정과 의미 그리고 이와 관련된 신앙과 의례 등을 불교를 기반으로 하여 살피고 있다. 불교 전반에 대한 저자의 끈기 어린 탐구와 성찰이 이 책의 곳곳에 알뜰하게 담겨져 있다.

인간으로서의 삶의 본질에 대한 의문을, 신이 아닌 스스로의 깨달음을 통해 해결하고자 하는 데에서 불교를 종교가 아닌 철학의 범주에 넣기도 한다. 그러나 인간이라면 피할 수 없는 죽음을 단순한 끝이 아니라 새로운 시작이라고 보는 윤회의 과정과 이를 극복하고 더 나은 세상을 추구하는 노력과 신앙을 통해 불교가 종교로서의 기능을 온전히 수행한다고 저자는 강조한다.

또한 저자는 불교에서 말하는 진리 중 가장 중요한 개념이 연기(緣起)라고 말한다. 연기의 입장에서 보면 나와 다른 모든 것들이 독자적인 것이 아니고 상호 연계되어 있다는 것이다. '나'라는 존재는 인연에 의해 가합하여 생겨난 것일 뿐 독자적이고 영속적인 존재가 아니라는 것이다. 그런데 사람들은 자기라는 존재가 독자적이고 영속적인 것으로 착각하여 온갖 번뇌를 일으키게 된다. 이러한 망상과 집착을 깨뜨리는 것이 바로 깨달음으로 향해 가는 길이라고 불교는 가르치고 있다.

문화동호인들과 더불어 옛문화답사회를 이끌어 온 지도 어느덧 20년이 넘었다. 그동안 답사회는 눈이 오나 비가 오나, 매주 또는 매월 전국을 누비고 다녔다. 답사지는 사찰, 서원, 종가, 누각 등의 옛 건축물이나 명승지, 천연기념물 등 그 종류를 가리지 않았다. 이처럼 오랫동안 답사여행을 같이 하면서 회원들이 문화적인 안목과 더불어 우리의 국토와 문화에 대하여 자부심을 가질 수 있게 된 것은 말하자면 문화적인 고소득자가 된 것이 아닐까 생각해 본다.

10여 년 전 어느 날 저자가 답사회원으로 가입하면서 인연이 시작되었다. 저자는 답사회에 거의 빠지지 않고 참가하는 성실한 회원이다. 불교에 대한 신앙심 때문인지 동호인들과 주로 불교에 대한 대화를 나누는 것 같았다. 또한 사찰의 전각이나 불상, 불탑, 승탑 등에 대해 각별한 애착을 느끼면서 인솔자에게 끊임없이 질문을 던지곤 하였다. 그렇지만 저자가 불교에 대해 이 정도의 식견과 통찰력을 가지고 있다는 사실은 보내준 책자를 보고서 비로소 알게 되었다.

이 책 전체에 불교를 이해하고 공덕을 실천하려는 저자의 성심 어린 노력이 실려 있다. 여기에 작은 글로나마 그간의 노력과 그 결실에 대해 치하의 말씀을 드리는 바이다.

옛문화답사회 회장 공학박사 강대철 謹識

1장_ 불교의 생성 변천과 전개

2장_ 죽음에 관련된 불교의 주요 개념

3장_ 아비담마에서 보는 죽음의 세계

죽음에 대한 불교의 성찰

8장_ 죽음에 관련한 불교의 신앙

9장_ 죽음에 대한 불교의 의례

불교의 생성 변천과 전개

1. 불교의 탄생

지금으로부터 3,500여 년 전에 있었던 아리안 족의 유입은 홍수 통제의 실패로 농업생산량이 급감하여 쇠락하고 있던 인도에 대변혁을 초래하였다. 이후 인도사회는 소수의 유목민인 아리안 족이 다수의 농민들로 이루어진 드라비다 족과 문다족을 지배하는 계층 구조를 이루게 된다. 그 후 다시 1000년의 세월이 흐른 후 인도사회에 상업이 도입되면서, 자본이라는 새로운 권력이 들어서게 되었고 새로운 종교가 탄생할 수 있는 토양이 마련되었다.

현재 네팔에 속해 있는 약소국인 카필라국의 왕자인 고타마 싯달타(이후 '붓다'라 칭한다)는 왕궁에서 왕위 승계를 위한 교육을 받고 있었다. 그러던 어느 날 왕궁 밖을 나와 주변을 시찰하던 중 생로병사의 끔찍한 현장을 목격하고 깊은 고뇌에 빠지게 된다. 그는 결국 이에 대한 해결책을 찾아내겠다고 결심하고, 29세의 나이에 처자를 남겨둔 채 출가를 결행한다. 출가 후 붓다는 6년 동안이나 고행주의자들과 더불어 생사의 한계 상황에 이를 정도로 극심한 고행의 생활을 하게 된다. 한편 그는 명상주의자들과도 만나 고독한 수행과정을 거치기도 하였지만 그가 이루고자 했던 결실을 이루어 내는 데 실패한다. 붓다는 마침내 자신만의 독특한 수행법을 찾아내어 각고의 정진 과정을 거친 끝에 어느 날 드디어 정각(正覺)을 이루게 된다.

붓다가 깨달은 바의 핵심은 바로 중도(中道)이다. 중도란 한마디로 집착을 버리는 것이다. 이 세상은 끊임없이 변하는 흐름 속에 있고 그 속에 고정된 불변의 가치는 없다는 것이다. 어느 한쪽에 치우치지 않고 정신적 균형을 유지하는 것이 바로 최상의 가치인 중도이다. 다시 말해서 붓다는 인간이 살아가는 데 있어 시대 상황에 적합하고 (時中), 삶의 목표에 적합하며(的中), 생존에 적합한(得中) 실존철학을 찾아 낸 것이다. 여기에 기초해서 파생된 논리가 연기법(緣起法)이다. 이 연기법에 기초하여 붓다는 인간사의 가장 큰 문제인 '고(苦)'를 해결하려고 했다.

붓다는 부다가야에서 깨달음을 얻은 후, 주위의 권유를 받아들여 깨달은 내용을 대중들에게 전하고자 마침내 녹야원(사르나트)에서부터 설법 여행에 나선다. 우선 한때 고행을 같이 하였던 다섯 비구에게 깨달은 내용을 설법하여 그들의 동의를 얻어낸다. 붓다가 이후 45년에 걸친 대중 설법을 통해 유례없는 성공을 거둘 수 있었던 배경에는, 당시 인도에 상업이 활성화 되면서 합리주의적 사고를 가진 대중이 등장하였기 때문이다. 상업주의의 특징은 합리적인 상황판단이다. 재래종교가 신에 대한 맹목적인 신앙을 요구한 반면, 불교는 인간의 내면적 문제에 대해 해결책을 제시한 것이 합리주의자들의 마음을 사로잡았다. 여기에 더하여, 당시 인도의 엄격한 계급사회에

죽음에 대한 불교의 성찰

서 신분적 억압에 신음하던 하층민들에게, 불교의 출현은 그들에게 해방구를 찾게 해 준 것이다.

2. 붓다 사후 4차의 경전 결집

붓다는 29세에 출가하여 6년간의 고행 끝에 정각을 이룬 후, 깨달은 바를 대중들에게 전수하기 위해 온갖 노력을 기울이다가 80세에 생애를 마감하였다. 붓다 사후 그를 따르던 제자들은 붓다가 남긴 소중한 가르침이 그대로 세월 속에 묻혀 잊혀지는 것을 막고 이를 보존하고자 수차에 걸쳐 경전의 결집을 시도하게 된다.

제1차 결집

불경의 '제1차 결집'을 주도한 인물은 붓다의 수제자였던 마하가섭(摩訶迦葉)이다. 붓다 주위에 여러 명의 가섭이 있었으므로 다른 가섭들과 구분하기 위해 큰 가섭이란 뜻으로 마하가섭이라고 불렀다. 마하가섭의 영도 하에 마가다국의 수도였던 라즈기르(왕사성)의 외곽에 위치한 칠엽굴(七葉窟)에서, 부처님의 가르침을 표준화하기 위한 종교 회의가 붓다 사후에 곧바로 개최되었다. 회의의 진행 방식은 붓다를 평생 시봉하면서 가르치는 말씀을 가장 많이 들을 수 있었던 붓다의 사촌동생 아난다(阿難)가 붓다의 설법을 기억해 내어 구술하는 것으

● 붓다의 고행상(라호르박물관)

죽음에 대한 불교의 성찰

로 시작된다. 구술한 내용에 대해 결집에 참석하고 있던 약 500인의 제자들이 논의를 거쳐 이를 추인하는 방식으로 결집이 진행되었다. 그런데 그 과정에서 보수 성향의 마하가섭과 진보 성향의 아난다가 자주 충돌하게 되는데, 이것이 후에 부파 분열의 씨앗이 되었다.

제2차 결집

붓다 사후 100년이 경과한 시점인 기원전 383년에 경전 결집을 위한 제2차 모임이 결성된다. 이를 '바이샬리 결집' 또는 '700 결집'이라고도 불린다. 당시 불교 교단은 보수성향의 서방교단과 진보성향의 동방교단으로 나뉘어 대립하고 있었다. 서방교단 측에서는 바이샬리 브리족 출신 비구들이 계율에 위반되는 열 가지의 잘못을 저질렀다고 고발한 것이다. 이 중에서 주요한 쟁점은 '화폐'와 '소금'의 소유문제였다. 동방교단은 이를 관행으로 받아들인 반면, 서방교단은 이를 불가하다고 판단한 것이다. 이를 논의하기 위해 양 교단을 대표하는 장로 여덟 명이 참석한 장로회의가 열리게 되었는데 이것이 바로 '제2차 결집'이다. 장로회의 결과 소유를 허용한 동방교단의 행위는 잘못된 것이라는 판결이 나왔다. 보수적인 서방교단이 진보 성향의 동방교단에 승리한 것이다. 이것이 원인이 되어 보수교단은 이후 상좌부(上座部)로, 진보교단은 이후 대중부(大衆部)로 나누어지게 되면서 불교교단 분열의 불씨를 남기게 되었다.

제3차 결집

인도 마우리아 왕조의 전성기인 기원전 3세기경, 아쇼카 왕은 오랜 전쟁을 치르는 동안 수많은 승리를 쟁취했음에도 불구하고 전쟁의 참상에 대해 회의를 느끼고 있었다. 그는 이로 인해 어떤 계기에 불교에 귀의하게 되면서 불교를 통치이념으로 삼게 되었다. 그로부터 아쇼카 왕은 전국에 '아쇼카 석주'를 세우는 등 불교의 영역을 대내외적으로 대폭 확대하였다. 또한 그는 불경을 최초로 편찬하여 불교의 성문화와 내실화에도 크게 기여하였다. 기원전 235년, 붓다 사후 구전으로만 전해 내려오던 부처님 말씀(經)과 불제자들이 지켜야 할 계율(律), 그리고 불교의 교리를 연구하여 체계적으로 정리한 아비담마(論) 등을 함께 모아 경·율·론 삼장(三藏)의 대장경을 최초로 편찬한 것이다. 이것이 불교사의 위대한 업적의 하나인 '제3차 불경 결집'이다. 이후 마우리아 왕조는 멸망의 길을 걷게 되었지만, 이 대장경만은 현재까지도 살아 남아 불교의 군건한 뿌리가 되어 있다.

제4차 결집

불경의 '제4차 결집'은 마우리아 왕조 멸망 이후 새로 일어난 쿠샨 왕조의 카니슈카왕 시대인 기원 후 125년경에 이루어졌다. 카니슈카 왕은 통치철학을 불교에서 찾고자 하였으나 불교의 각 부파마다 상이한 논리체계를 가지고 있음을 확인하고 이를 통일시켜야 할 필요성을 느끼게 되었다. 그리하여 카슈미르의 환림사(環林寺)에 삼장에

● 아쇼카 석주(사르나트 출토)

정통한 비구 500명을 불러 모아, 부파별로 상이한 이론체계를 통합하여 집대성한 주석서를 편찬토록 한 것이다. 이 주석서를 『아비달마대비바사론(阿毘達磨大毘婆娑論)』이라고 부른다. 동 주석서에 수록된 경장주석 10만송, 율장주석 10만송, 논장주석 10만송 등 도합 30만송을 동판에 새겨 큰 보탑 속에 안치하였다고 한다. 그런데 그중에서 논장의 일부만이 현재까지 전해지고 있다. 동 주석서는 이후 불교에 유식사상을 도입한 세친에 의해서 체계적이고 정교하게 종합 정리되어 『아비달마구사론(阿毘達磨俱舍論)』이란 책으로 발간되었다. 이 구사론은 부파불교에 이어 새로운 불교사상으로 나타난 대승불교의 이론적 기반이 되었다.

3. 부파불교에 의한 교리의 정교화

불교계는 전술한 바와 같이 제1차 결집 당시부터 마하가섭을 중심으로 하는 보수주의와 아난다를 중심으로 하는 진보주의가 대립하는 양상을 보여 왔다. 그러던 것이 계율 문제를 다루기 위한 장로회의 소집(제2차 결집)을 계기로, 보수파와 진보파가 각자 다른 길로 가게 되면서 부파불교가 생겨났다. 불교 교단은 당초 대중부와 상좌부라는 두 개의 부파로 분화되는데, 이를 근본분열이라고 부른다. 그러나 시간이 지나면서 부파 내에서 다시 논쟁이 생겨나서 3차에 걸쳐 지말 분열이 일어난다. 이렇게 하여 생겨난 불교의 부파가 20여

죽음에 대한 불교의 성찰

개에 이른다.

　이렇게 다양하게 분화한 불교의 부파들은 독자적인 교리를 경쟁적으로 발전시켜 나간다. 불교의 부파별 분화는 결과적으로 불교의 철학과 사상을 심화시키고 정교화 하는 데에 기여하게 된다. 그러나 다른 한편으로는 불교의 교리를 지나치게 철학화, 논리화시켜 불교를 대중으로부터 유리시키는 폐단을 낳기도 하였다. 이후 상좌부는 상좌부불교라는 명칭을 그대로 유지한 채 현재까지도 동남아시아를 중심으로 명맥을 유지하고 있다. 반면에 대중부는 대승불교로 변화하고 발전하면서 각자 다른 길을 가게 된다. 20여 개에 이르는 여러 부파 중에서 불교의 교리를 정교화하고 발전시키는 데 가장 크게 기여한 부파는 상좌부에서 분화해 나간 설일체유부와 경량부이다. 근본분열에 이어 3차에 걸친 부파불교의 분화 현황은 다음의 표와 같다.

부파불교 분화도

근본분열	지말 분열		
	1차 분열	2차 분열	3차 분열
대중부 (大衆部)	일설부(一說部)		
	설출세부(說出世部)		
	계윤부(鷄胤部)		
	다문부(多聞部)		
	설가부(說假部)		
	제다산부(制多山部)	서산주부(西山住部)	
		북산주부(北山住部)	
상좌부 (上座部)	본상좌부(本上座部)	설산부(雪山部)	
	설일체유부(說一切有部)	독자부(犢子部)	법상부(法上部)
			현위부(賢胃部)
			정량부(正量部)
			밀림산부(密林山部)
		화지부(化地部)	법장부(法藏部)
		음광부(飮光部)	
		경량부(輕量部)	

죽음에 대한 불교의 성찰

4. 대승불교의 출현과 변천

부파불교가 너무도 학문적이고 사원 중심의 불교가 되어 버리자 대중들은 점차 불교에 실망하면서 기피하게 된다. 대중들은 불교라는 종교를 통해 신앙을 가지기를 원하는 것이지, 철학을 원하는 것은 아니었기 때문이다. 이에 따라 기원을 전후해서 대승불교라는 불교혁명이 일어나게 된다. 대승불교가 성립할 수 있었던 배경에는 경전이 문자화되면서, 대중들이 불교지식을 보다 쉽게 습득할 수 있게 되었기 때문이다. 기존 불교가 본인들의 신앙욕구를 충족시켜 주지 못한다는 사실을 알게 된 것이다. 대승불교는 부파불교와는 달리 수행의 목표를 아라한이 되는 것이 아니라 곧바로 부처가 되는 것에 두었다. 이를 위해 기존 불교의 명상 위주의 소극적인 수행방식에서 벗어나, 대승불교는 바라밀행을 통한 보살도의 완성과 정각의 성취에 종교적 목표를 두게 된 것이다.

대승불교의 가장 큰 특징은 보살사상의 등장이다. 출가자와 재가자를 구분하지 않고 누구든지 보살이 되겠다고 발원을 하고, 육바라밀을 통해 보살도를 행하면 성불할 수 있다는 새로운 사상이다. 보살도의 핵심은 '상구보리 하화중생(上求菩提 下化衆生)'이다. '위로는 깨달음을 구하고 아래로는 중생을 교화하겠다'는 것이다. 소승의 주된 신앙 목표가 본인이 수행을 통해 아라한이 되는 데에 있었다면, 대승은 타인에 대한 교화(利他)가 바로 자기를 위한(自利) 수행의 완성이라고 보았다.

대승불교에서 아래와 같은 중요한 불교사상이 창출되었다.

중관사상(中觀思想)

용수(龍樹, Nagarjuna)보살이 『중론(中論)』이라는 저술을 통해 공사상(空思想)을 밝힌 것으로, 이후 『반야경』 등 대승경전의 성립에 지대한 영향을 끼치게 된다. 공사상은 이를 한마디로 요약한 것이 '진공묘유(眞空妙有)'라고 할 수 있다.

유식사상(唯識思想)

세친(世親, Basubandhu)보살 등의 유가행파가 주창하는 사상으로 인식의 세계를 파고들어 잠재의식 이전의 저장의식까지를 관찰하고 있다. 유식사상은 부파불교에서 발굴한 방대한 인식론을 받아들여 이를 발전시킨 것이다. 주요 논서로는 『유식삼십송』, 『유가사지론』, 『섭대승론』 등이 있다.

여래장사상(如來藏思想)

중생에게는 본래부터 깨달음의 본성인 자성 청정한 여래장을 가지고 있는데 이것이 번뇌에 덮여 있어 기능을 못하고 있다는 것이다. 그런 까닭에 수행을 통해 번뇌를 걷어내어 청정한 자성을 드러내야 한다는 것이 여래장 사상이다. 주요 논서로는 『여래장삼부경』, 『불성론』, 『보성론』, 『대승기신론』 등이 있다.

대승불교 시대에 인류를 감동시키는 엄청난 불경들이 쏟아져 나

죽음에 대한 불교의 성찰

왔다. 이 불경들의 특징은 첫 문장이 모두 여시아문(如是我聞) 즉 "부처님 말씀을 내가 이렇게 들었다"로 시작하고 있는 것이다. 그럼에도 불구하고 부처님이 직접 설하신 것이 아니라는 이유로, 아직까지도 대승경전은 불경이 아니라는 대승비불설(大乘非佛說)에 시달리고 있다. 이에 대해서 성철(性徹)스님께서는 "대승경전을 부처님이 직접 설하신 것이 아닌 것은 사실이다. 하지만 부처님이 설하신 말씀을 바탕으로 해서, 뜻을 명료히 하고 의미를 더하는 것이므로 대승비불설은 맞지 않다."라고 밝히신 바 있다.

주요한 대승경전으로 다음과 같은 것들이 있다.

육바라밀을 설파한 반야경전 :『대품반야경』,『소품반야경』,『금강경』,『반야심경』등

깨달음의 본질과 보살행, 그리고 우주관을 다양하고 심오하게 설시한 경전 :『화엄경』

인도 왕사성의 영축산상에서 비유와 방편으로 부처님의 가르침을 설하신 경전으로, 관세음보살이 최초로 등장하는 경전 :『법화경』

사후에 정토에 왕생한다는 정토사상을 설한 경전 :『무량수경』,『관무량수경』,『아미타경』등

깨달음의 세계를 치밀하고 논리적으로 분석한 경전 :『유마경』,『능가경』,『능엄경』,『해심밀경』등

5. 인도에서 불교의 쇠퇴

인도는 전통적으로는 농업과 축산업을 기반으로 하여 브라흐만교의 사회체제를 유지하고 있었다. 한편 기원 전 5세기경, 동서양에 걸친 회랑 역할을 하는 지리적 이점을 활용한 무역이 성행하면서 인도에 상업자본이 형성되게 되었다. 상인들의 진보적 성향과 개방적 경향은 합리주의적 교리를 내세운 불교와 의기투합하게 된다. 이와 같이 인도에서의 상업의 발달은 불교로 하여금 뿌리를 내리고 빠른 시간 내에 확장할 수 있게 만든 토양이 된 것이다.

그런데 몇 세기가 지나면서 예기치 못했던 일들이 일어난다.

첫째로 나타난 것이 상업의 몰락이다. 주변국을 이슬람 세력이 장악하면서 교역로가 끊기게 되어 무역활동이 원활하게 이루어질 수 없게 된 것이다. 상업자본의 몰락으로 불교는 재정적 기반을 잃게 되고 신도집단이 이탈하는 결과를 초래하게 되었다.

둘째로, 전통종교에 변화가 생겨났다. 오랜 역사를 가진 브라흐만교가 불교의 철학적 사유를 받아들이면서 힌두교로 다시 태어난 것이다. 의식 위주의 종교에서 체계를 갖춘 신앙의 종교로 변신한 것이다. 이것은 오랫동안 신앙에 목말라하던 불교도들을 유혹하기에 충분하였다.

마지막으로, 불교의 숨통을 끊은 것은 이슬람의 침략이다. 이슬람교는 기본적으로 점령지에서 이교도를 인정하지 않는 것이 특징이다. 그런데 이슬람 세력이 물러난 후에 전통사회에 뿌리가 깊은 힌두

죽음에 대한 불교의 성찰

교는 다시 살아났지만 불교는 살아나지 못하였다.

불교는 인도에서 생명을 다하기 전에 마지막 몸부림으로 힌두교 신앙의 많은 부분을 흡수하여 비밀불교(密敎佛敎, Esoteric Buddhism)로 변신을 시도한다. 대승불교인 현교(顯敎)에 대비되는 밀교는, 기본 틀은 대승불교를 그대로 유지하면서 다양한 신앙의식을 가미하는 형태로 출현하였다. 그런 까닭으로 밀교는 '다라니'라고 하는 진언(眞言)을 암송하거나, '만다라'라고 하는 장엄의식을 행한다. 밀교는 이후에 티베트로 넘어가 꽃을 피우게 되는 한편, 중국을 거쳐 한국에도 유입되어 오늘날 한국불교의 일부분을 구성하게 된다.

6. 중국으로 건너간 불교

문화적 기반이 인도와 전혀 다른 중국에 불교가 정착하는 데에는 많은 어려움이 있었다. 그런데 불교가 인도에 들어오기 시작하는 기원후 3세기경에는 유교를 숭상하던 한(漢)나라가 망하고, 유교의 영향을 받지 않은 북방의 나라들이 중원을 차지하게 되었다. 이런 까닭으로 불교는 큰 저항을 받지 않고 중국에 쉽게 정착할 수 있었다. 불교는 오호십육국 시대에 뿌리를 내리기 시작해서, 북위 때에 불교 문화를 꽃피우게 되었다. 그 상징물이 바로 돈황의 막고굴과 함께 3대 석굴로 꼽히는 운강석굴과 용문의 석굴사원이다.

중국에서 불경의 한역 사업이 본격화되면서 당시에 주류를 이루던 대승불교가 중국인들에게 불교의 전체적인 모습으로 비춰지게 되었다. 이 당시 적지 않은 수의 불교 승려들이 인도와 서역으로부터 중국에 들어와 역경사업에 참여하게 되었다. 그중에 걸출한 인물이 구마라집(鳩摩羅什)이라는 서역 쿠차 출신의 승려(344-413)이다. 남북조시대의 양(梁)나라는 군대까지 파견하여 그를 초치하게 되었는데, 중국에 체류하는 12년 동안 나라가 바뀌는 혼란 속에서도 그는 수많은 불경의 한역사업을 주도한다. 그는 인도의 역사 문화적 배경에서 생성된 불경을 중국인들이 이해할 수 있도록 중국식으로 의역하는 기지를 발휘하였다. 이 때문에 지극히 논리적이고 난해한 불경과 논서들을 중국인들이 이해할 수 있도록 하는 데 많은 기여를 하였다. 그로부터 중국인들은 구마라집이 번역한 불경은 신경(新經)으로, 그 이전에 번역된 불경은 구경(舊經)으로 구분하여 부른다.

　불경의 한역사업이 활발하게 추진된 결과 중국인들은 불교에 대한 이해를 높여 가면서 다양한 연구와 해석이 뒤따르게 된다. 이후 중국의 불교는 유교나 도교 등 중국의 전통사상과 융합하면서, 인도 불교와 색채가 다른 새로운 형태의 불교를 정립한다. 이로부터 불교에 대한 해석과 견해를 달리하는 다수의 종교학파가 난립하게 된다. 이 시대를 인도의 부파불교시대에 견주어 종파불교시대라고 일컫는다. 이와 같이 중국에서 생겨난 불교종파는 모두 13개에 이르는데 그중에서 괄목할 만한 4개의 종파는 다음과 같다.

　천태종(天台宗)은 『법화경』을 소의경전(所依經典)으로 하고 '삼제원융(三諦圓融)'을 기본 교리로 한다.

　　　　　　　　　　　　　죽음에 대한 불교의 성찰

● 낙양성 백마사(중국 최초의 사찰)

화엄종(華嚴宗)은『화엄경』을 소의경전으로 하는데, 의상대사가 중국에서 완성한「법성게」(法性偈)가 유명하다.

삼론종(三論宗)은『중론(中論)』,『십이문론(十二門論)』,『백론(百論)』등 삼론을 소의경전으로 하는데, 용수 등의 중관사상을 기본 교리로 한다.

법상종(法相宗)은『해심밀경』등을 소의경전으로 하고, 세친 등의 유식사상을 기본 교리로 한다.

중국에서 불교가 종파불교로 변신하며 또 다시 교학중심으로 이론화됨에 따라, 이를 이해하지 못하는 일반 대중들과의 유리현상이 불가피하게 일어나게 된다. 이러한 문제의식을 가지고 기존 종파에 대항하여 일어난 종파가 선종(禪宗)이다. 선종은 양나라 때 인도의 달마(達磨) 대사가 중국으로 오면서 활성화된다. 중국에서 발생한 선종은 불교의 교리를 뿌리째 흔들어 놓은 것으로, 일부 학자들은 선종을 불교의 영역에서 제외시키기까지 한다. 그것은 선종의 기본 교리가 기존 불교의 교리와는 사뭇 다르기 때문이다.

선종의 기본 교리는 ① 불립문자(不立文字), ② 교외별전(敎外別傳), ③ 직지인심(直指人心), ④ 견성성불(見性成佛)로 요약된다. 문자도 필요 없고 경전도 필요 없으며 오직 마음을 바로 보아 견성하면 된다는 것이다. 그래서 기존의 불교를 교종(敎宗)이라 하여 선종과 구별하는 것이다. 중국 선종의 계보는 달마를 초조로 하고, 이조 혜가(慧可), 삼조 승찬(僧璨), 사조 도신(道信), 오조 홍인(弘忍)에 이어 육조 혜능(慧能)에 이르러 종풍이 확립되었고, 마조(馬祖)선사 때에 논리체계가 완성된다. 선종의 수도 방식을 조사선(祖師禪)이라 하는데 이후 분화되

죽음에 대한 불교의 성찰

면서, 한국에서는 간화선(看話禪)을, 일본에서는 묵조선(黙照禪)을 수행방식으로 택하고 있다.

한나라 이후 중국에 뿌리내린 불교는 그동안 쇠퇴하였던 전통종교 유교가 불교의 영향을 받아 성리학(주자학)으로 변신하여 재등장하면서 쇠락의 길로 들어선다. 교학 중심의 유교가 불교의 철학적 사유를 담아 우주론과 존재론 등을 갖추게 되면서, 5백년 만에 성리학이라는 이름으로 재등장하여 다시 대중들의 인기를 얻게 된 것이다. 성리학의 출현으로 중국에서 거의 소멸하였던 불교는 최근에 다시 소생하는 모습을 보이고 있다. 그 이유는 불교가 역사적으로 찬란한 문화유산을 남겼다는 점, 인근 국가들 대부분이 불교를 신봉하고 있다는 현실 인식, 그리고 대중들의 마음속에는 아직도 불교신앙이 잔존하고 있기 때문이라고 한다.

7. 티베트 불교의 융성과 세계화

불교와 힌두교는 한동안 각자의 특성을 가지고 인도 사회 속에 공존하고 있었다. 불교를 떠받들고 있던 상업계층이 이슬람 세력에 밀려 점차 약화되자 불교는 자신의 기반을 잃고, 힌두교의 기반인 농업계층으로 파고들 수밖에 달리 방도가 없었다. 그리하여 불교는 존립의 초석인 합리주의와 이상주의를 버리고, 농민들의 신앙인 주술적 종교를 받아들이지 않을 수 없었던 것이다. 그 결과 불교도 아니고 힌두교도 아닌 어정쩡한 밀교 형태로 변형이 되고 만다. 밀교는 그 후 상당 기간에 걸쳐 힌두교와 경쟁 상태로 존립하게 된다. 그러나 인도의 정통 신앙을 바탕으로 하는 힌두교에 밀릴 수밖에 없어 불교는 점차 소멸의 길을 걷게 되었다. 이렇게 하여 불교는 네루 전 수상이 언급한 것처럼 인도에서 자연사한 것이다.

불교의 제1차 종교개혁의 산물이 대승불교라면, 제2차 종교개혁의 산물은 인도의 밀교와 중국의 선종이다. 밀교는 대승의 관점에서 진일보하여 종교의식을 통해 자신이 붓다임을 자각하도록 하게 하는 종교이다. 대승불교에서는 보살행을 통해 깨달음을 얻어 붓다가 되는 것이 종교적 목표이다. 그런데 밀교에서는 본인이 붓다라는 자각을 체득하고 중생을 향해 자비를 행하는 것에 목표를 둔다. 밀교의 신앙체계를 만다라(曼茶羅, mantra)라고 하는데 이는 어느 것도 부족한 것이 없이 삼부(三部)를 다 갖추었다는 뜻이다. 삼부는 불부(佛部)와 보살부(菩薩部) 그리고 신장부(神將部)로 구성된다. 이를 그림으로 표현한 것이 탱화(幀畵)이고, 사찰 법당에 삼단(三壇)을 설치하는 것도 만다라에서 유래한 것이다.

밀교는 불교가 인도에서 소멸하기 전에 그 본거지를 티베트로 옮긴다. 티베트에 불교를 전한 인물은 '파드마 삼바바'라는 고승이다. 그는 8세기경 인도의 나란다 불교대학의 교수로 있다가 국왕의 초청을 받고 티베트로 향한다. 이 지역에 불교를 전파한 공로로 그는 가장 위대한 스승이라는 뜻의 '구루 린포체(Guru Rinpoche)'라는 칭호를 받는다. 이는 석가모니 부처님의 환생인 '두 번째 부처'라는 뜻이라고 한다. 그는 이곳에서 유명한 『티베트 사자의 서』를 집필하여 동굴 속에 묻어 두었다. 이것이 1910년대에 영국의 한 학자에 의해 발견되어 영어로 번역 출간되자 전 세계적으로 큰 반향을 불러일으켰다. 한국에서는 1984년 이후 다수의 번역본이 출간된 바 있다.

불교를 국교로 삼고 있는 티베트에서는 1391년부터 종교적 지도자이며 통치자인 달라이라마가 지배하는 종교국가를 이어가고 있었다. 그 후 달라이라마 이외에 빤첸라마도 사후에 환생신을 발견하게 되면 서로 공인하는 전통을 지속하면서, 두 개의 지도체제가 공존하고 있었다. 그러던 것이 1959년 중국의 공산주의 정권이 들어서면서 상황이 바뀌었다. 1940년 제14대 달라이라마가 된 텐진감초는 공산군에 대항하려 하였으나 실패한 후, 히말라야 산맥을 넘어 극적으로 인도로 망명하는 데 성공한 것이다. 그 후 달라이라마는 인도의 '다람살라'에 망명정부를 수립하여 오늘에 이르고 있다. 이 사건을 계기로 해서 수많은 티베트 승려들이 망명하게 되고, 이들은 주로 서구사회에 정착하게 되었다. 그들이 티베트 불교를 서구사회에 전파함에 따라 불교를 전 세계에 알리게 됨은 물론, 티베트 불교가 세계인의 주목을 받는 종교로 거듭나게 된 것이다.

8. 불교의 종교적 특수성

현재 전 세계에 존재하는 종교의 점유 형태를 보면 기독교가 신·구교를 포함하여 약 33%를 점하고 있고, 이슬람교 20%, 힌두교

13%, 중국의 민간 종교 6.4%, 그리고 불교 6% 순으로 분포되어 있다. 그러나 종교의 역사성과 범세계적 영향력을 감안하여, 기독교와 이슬람교 그리고 불교를 '세계 3대 종교'로 인정하는 데에 공감대가 형성되어 있다. 그런데 한국은 전 세계에서 유일하게 기독교와 불교가 거의 대등하게 공존하는 나라이다. 그러나 한국의 기독교인들은 불교를 잘 모르고, 한국의 불자들은 기독교를 잘 모른다. 상대 종교에 대한 무지는 불필요한 오해와 갈등을 불러일으킨다. 이런 까닭으로 양 종교에 대한 이해를 돕기 위해 서구 학자의 연구 내용을 소개하고자 한다.

미국의 벤더빌트 대학과 콜로라도 대학에서 비교종교학을 강의하였던 Winston L. King 교수는 그의 저서 『Buddhist-Christian Studies』에서 불교와 기독교의 차이점에 대해 다음과 같이 서술하고 있다.

- ○ **궁극적 실체에 대해서 :** 기독교는 그것을 우주를 창조하고 거룩한 인격을 갖춘 신(God)으로 본다. 그러나 불교는 그러한 신을 인정하지 않고, 인과율에 의해 지배되는 '비인격적 과정'으로 보고 있다.

- ○ **우주관에 대해서 :** 기독교는 신의 섭리에 의해 우주가 창조되었고, 우주는 예정된 목적에 따라 움직이고 있다고 한다. 그러나 불교는 우주를 끝없는 성주괴공(成住壞空)의 반복으로 보고 있고, 인간은 생로병사를 반복하고 있는데, 그것으로부터 벗어나기 위해 열반을 구해야 한다고 설한다.

○ **인간성에 대해서 :** 기독교는 인간의 본질로서 인격적인 개성을 인정한다. 그러나 불교는 그러한 영혼(soul)을 인정하지 않는 무아설을 주장하고 있다.

○ **구원에 대해서 :** 기독교는 인간을 신의 뜻을 어긴 죄인으로 보기 때문에 오직 신의 은총에 의해서만 인간을 구원할 수 있다고 본다. 그러나 불교에서는 인간을 구제할 수 있는 것은 오직 자기 자신일 뿐이라고 하며, 죄에 대한 참회보다는 지적인 깨달음을 강조하고 있다.

○ **수행 방법에 대해서 :** 기독교 수행은 신앙을 주축으로 삼고 있는데, 신앙의 특징적인 형태는 기도라고 말할 수 있다. 불교에서는 그러한 기도의 대상이 없다. 불교 수행의 기본은 명상인데, 자아를 구성하는 요소를 분석하고 자비심에 대해 관하는 수행이다.

○ **윤리관에 대해서 :** 기독교는 구체적이고 활동적인 윤리관을 가지고 진실·정의·사랑이 강조된다. 그러나 불교에서는 세속적인 것에 대한 무집착과 인간적인 감정을 배제하는 평정심이 중시된다.

○ **일상에 대한 적극성에 대해서 :** 기독교는 긍정적이고 불교는 부정적이라고 말할 수 있다. 기독교는 궁극적 실체라고 믿는 바를 적극적으로 표현하는 데 반해, 불교는 그런 것에 대해 불가사의·불가설이라고 주장할 뿐이다.

킹 교수의 비교 분석은 불교 입장에서 보면 미진하고 부정확한 부분이 없지 않겠지만, 전체적으로 상당히 광범위하고 체계적인 분석이라고 평가받을 만하다고 본다. 불교에 접근하기가 어려운 것은 하나의 종교라고 보기 어려울 정도로 매우 이질적인 요소가 혼재되어 있기 때문이다. 그것은 불교가 가지고 있는 역사적·지리적·문화적 다양성 때문이다. 그럼에도 불구하고 불교는 다음과 같은 특성을 가지고 있다.

첫째, 현재 존재하는 주요 종교 중에서 역사가 가장 길다.

둘째, 신(神)을 신앙의 대상으로 하지 않는 유일한 종교이다.

셋째, 인도문화권과 중국문화권이라는 세계 2대 문화권에 걸쳐 오랜 기간 신앙의 대상이 되었던 유일한 종교이다.

넷째, 신앙 지역에 변동이 생기고, 2차에 걸친 종교개혁으로 인해 다양한 교리가 혼재하고 있어 이해하기가 가장 어려운 종교이다.

이와 같이 복합적인 불교의 현황에 대한 이해를 돕기 위해서, 불교의 생성과 변천 그리고 전파 과정을 아우르는 다음의 도표를 만들어 보았다.

죽음에 대한 불교의 성찰

불교의 변천 및 전파도

	남방(상좌부) 불교	대승불교	비밀불교 (밀교)	선불교
성립	근본불교⇨부파불교 ⇨상좌부불교	근본불교⇨부파불교 ⇨대중부불교 ⇨대승불교	대승불교+바라 문교(신앙의식)	대승불교+도교
존속기간	기원전후~현재	BC 1세기~AD 7세기	AD 7세기~현재	AD 9세기~현재
전파지역	인도 ⇨ 스리랑카 ⇨ 미얀마, 태국, 라오스	인도 ⇨ 중국	인도 ⇨ 티베트 ⇨ 부탄, 몽골	중국 ⇨ 한국 ⇨ 일본
主佛	석가모니불	비로자나불	대일여래 (비로자나불)	삼세제불
깨달음	열반	보리	즉신성불	견성성불
깨달은 자	아라한	부처	부처(본존불)	조사
기본경전	아함경, 니까야	반야경, 화엄경 법화경, 해심밀경	대일경, 금강정경	능가경, 유마경
기본교리	삼법인, 사성제, 팔정도, 연기론	공, 유식, 여래장	- 좌동	공안
수행자	출가수행자	보살(보리살타)	금강살타	참선수행자
수행이념	팔정도	육바라밀	보리도차제(람림)	삼학
수행방법	Samatha (지) Vipassana (관)	바라밀신행	탄트라	화두참구
수행수단	출가수도	출가 + 재가 수도	좌동	참선수도

2장

죽음에 연관되는
불교의 주요 개념

1. 연기론

붓다는 온갖 고행을 다하였음에도 불구하고 뜻을 이루지 못하자 수행 방식에 문제가 있음을 자각한다. 그리하여 붓다는 건강을 회복한 후 보리수 아래에서 자기만의 독자적 방식의 선정을 통해 마침내 정각을 얻게 된다. 그러면 붓다가 깨달은 바는 무엇인가? 바로 '중도(中道, middle way)'와 '연기(緣起, dependent arising)'이다. 세상은 신(神)의 뜻에 의해 돌아가는 것이 아니라, 상호 관계성이라는 연기의 법칙에 의해 돌아간다는 것이다. 다시 말해 특정 실체가 존재하고 이것이 영향을 미치는 것이 아니고, 모든 것이 연기라는 상호 관계성에 의해 존재하고 변화한다는 것이다. 그리고 변화하는 연기적 환경에서 인간이 살아가는 합리적 판단 기준을 제시한 것이 중도이다.

무엇이 죽음의 본질이고 실체인가? 불교는 연기설로 삶과 죽음을 설명한다. 무명(無明)으로 말미암아 참된 자아가 무엇인지 알지 못하고 허망한 집착에 사로잡혀 괴로움에 빠져든다는 것이다. 요컨대 연기법에 의하면 모든 괴로움은 절대적 운명적인 것이 아니라, 연기에 의해 생겨난 허망한 것에 다름 아니다. 따라서 괴로움의 원인을 파악하게 되면 괴로움을 극복할 해결책을 찾을 수 있다는 것이다. 괴로움의 근본 원인은 진리에 대한 무지(無知)와 욕망에 대한 집착(貪愛) 때문이라는 것이다. 진리를 얻기 위해 끊임없이 노력하다 보면 괴로움의 실체는 처음부터 없다는 사실을 알아차리게 된다는 것이다.

어느 때 세존께서는 구류소의 소 길들이는 마을에 계셨다. 그때 어떤 비구가 세존 계신 곳으로 나아가 그 발에 머리를 대고 예배드린 뒤 한쪽에 앉아 여쭈었다.

"세존이시여, 연기법은 세존께서 만든 것입니까, 아니면 다른 사람이 만든 것입니까?"

"연기법은 내가 만든 것도 아니고 다른 사람이 만든 것도 아니다. 그것은 부처가 출세하든 출세하지 않든 우주에 머물러 있으며, 부처는 이 진리를 스스로 깨달아 위없는 바른 깨달음(正等覺)을 이룬 뒤 중생들을 위해 분석해 설하며 열어 보이고 나타낼 뿐이다.

이른바 이것이 있기 때문에 저것이 있고, 이것이 일어나기 때문에 저것이 일어나는 것이다.

연기법의 시발점인 무명(無明)은 실재성이 없는 것을 자기의 실체로 착각하는 망상이라고 할 수 있다.

즉 진리에 대한 무지(無明)를 조건(緣)으로, 집착하는 대상을 실재화 하려는 의지와 충동(行)이 일어나고,

집착하는 대상을 실재화 하려는 의지와 충동을 조건으로 하여, 분별의식(識)이 생겨나며,

죽음에 대한 불교의 성찰

분별의식을 조건으로 하여, 신체와 정신작용의 결합(名色)이 생겨 나고,

신체와 정신작용의 결합을 조건으로 하여, 주관성이 확립된 여섯 감각기관(六入)이 생겨나며,

주관성이 확립된 여섯 감각기관을 조건으로 하여, 주관성이 확립된 여섯 감각기관과 여섯 감각대상의 접촉(觸)이 일어나고,

주관성이 확립된 여섯 감각기관과 감각대상의 접촉을 조건으로 하여, 감수 작용(受)이 일어나며,

감수작용을 조건으로 하여, 즐거움의 대상에 대한 목마른 갈구(愛)가 생겨나고,

즐거움의 대상에 대한 목마른 갈구를 조건으로 하여, 집착하는 대상을 자기화 하려는 행위(取)가 일어나며,

집착하는 대상을 자기화 하려는 행위를 조건으로, 존재의 형성(有)이 생겨나고,

존재의 형성을 조건으로 하여, 태어남(生)이 생기며,

태어남을 조건으로 하여, 늙음과 죽음(老死) 및 큰 괴로움이 무더기로 발생하는 것이니, 이것을 일러 연기법이라 하느니라."

– 『잡아함경』 제12권 298경

연기법은 고통이 생겨나는 과정을 설명하는 유전(流轉)연기와 고통이 소멸해 가는 과정을 설명하는 환멸(還滅)연기로 구분하여 설명한다. 연기 과정을 구성하는 12가지의 매듭(요소)에 대한 이해를 돕기 위해 영문 주석을 첨부하여 도표를 만들어 보았다. 이 영문 주석은

12연기도

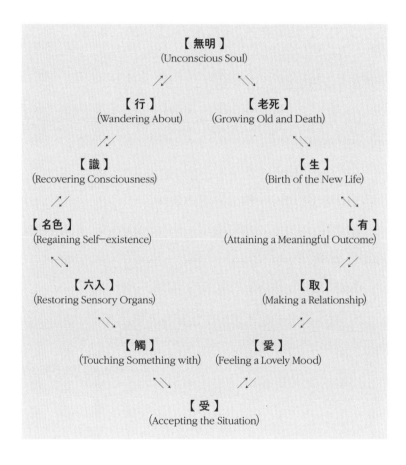

【 無明 】
(Unconscious Soul)

【 行 】
(Wandering About)

【 老死 】
(Growing Old and Death)

【 識 】
(Recovering Consciousness)

【 生 】
(Birth of the New Life)

【 名色 】
(Regaining Self—existence)

【 有 】
(Attaining a Meaningful Outcome)

【 六入 】
(Restoring Sensory Organs)

【 取 】
(Making a Relationship)

【 觸 】
(Touching Something with)

【 愛 】
(Feeling a Lovely Mood)

【 受 】
(Accepting the Situation)

◈ 시계 반대 방향의 연기: 유전(流轉)연기
　시계 방향의 연기: 환멸(還滅)연기

　　　　　　　　　　　　　죽음에 대한 불교의 성찰

필자의 독자적인 견해임을 첨언한다.

붓다가 설시한 연기론은 기본적으로 중생의 생사관을 설명하는 연기론이었다. 이후 대승불교 시대에 화엄사상이 생겨나는데, 여기에 '법계연기론(法界緣起論)'이 등장한다. 법계연기란 몸과 마음의 본성에 비추어서 존재와 사물 사이의 관계를 인연생기(因緣生起)로 파악하는 것이다. 인간의 생사문제를 넘어 우주의 모든 존재와 관계를 하나의 광대한 연기론으로 보는 것이다.

2. 오온설

불교의 발상지인 인도에서는 자연과 인간을 구성하는 기본적인 물질적 요소를 지(地)·수(水)·화(火)·풍(風)의 네 가지로 한정하고 이를 4대(四大, four great elements)라고 명명하였다. 현대적인 개념으로 해석하면 지(地)는 고체를, 수(水)는 액체를, 풍은 기체를, 화(火)는 에너지를 지칭하는 것이다. 붓다 또한 사대 요소설을 그대로 받아들여서 사대가 화합한 것을 색(色)이라 명하고, 이에 대립하는 개념으로 오온설을 제시한 것이다.

오온(五蘊, five aggregates)이란 색온(色蘊, aggregate of material), 수온(受蘊, aggregate of sensation), 상온(想蘊, aggregate of perception), 행온(行蘊, aggregate of volition), 식온(識蘊, aggregate of discernment)을 모두 합친 것이다. 인간이 존재하고 생존하려면 이 다섯 가지 요소

가 결합해야 한다는 논리가 오온설이다. 불교의 오온설은 생명체가 생명을 유지하는 데 있어 물질을 바탕으로 하되, 정신적 영역의 독자성을 강조한 것이다. 여기에서 수온은 감수 및 감각작용을 말하고, 상온은 지각 및 표상작용을 말하며, 행온은 의지 및 형성작용을 의미하고, 식온은 인식 및 분별적용을 의미한다. 불교에서 죽음이란 오온이 흩어지는 것을 의미한다.

어느 때 세존께서는 사위국의 기수급고독원에서 비구들에게 말씀하셨다.

"물질과 몸(色)·감수작용(受)·지각작용(想)·의지와 충동(行)·분별의식(識)을 일컬어 오온이라고 이르시고, 이는 영원하지 않다고 설하셨다. 영원하지 않은 것은 곧 괴로운 것이요, 괴로운 것은 실체로서의 '나'가 아니며, 실체로서의 '나'가 아니면 '내 것' 또한 아니다. 이렇게 관찰하는 것을 일러 진실하고 바른 관찰이라 하는 것이다.

불제자로서 이와 같이 관찰하면 물질과 몸·감수작용·지각작용·의지와 충동·분별의식을 싫어하게 되고, 싫어하는 까닭에 즐기지 않게 되며, 즐기지 않는 까닭에 해탈하게 되나니, 해탈하면 진실한 지혜가 생겨 자신의 생사와 번뇌의 속박에서 벗어나고, 모든 잘못되고 치우친 행위를 여의어 바른 행위와 바른 정진만 하게 되나니, 해야 할 일을 다해서 다시는 후세에 생명을 받지 않게 될 것이다."

– 『잡아함경』 제1권 제9경

『아비달마구사론』에서는 오온을 난해하게 설명하고 있다.

죽음에 대한 불교의 성찰

색온이란 무엇인가. 게송으로 말하겠다. "색이란 오근(五根)과 오
경(五境), 그리고 무표(無表)이다."

수온은 말하자면 세 가지로서, 촉(觸)에 따라 영납하는 것이니,
고(苦), 낙(樂) 그리고 불고불락(不苦不樂)이 바로 그것이다.

상온이란 말하자면 능히 취상(取像)을 본질로 하는 것으로, 능히
청·황·장·단·남·여·원(怨)·친(親)·고·락 등의 상(相)을 집취(執取)한다.

행온이란 색·수·상·식온을 제외한 그 밖의 일체의 행을 일컬어
행온이라 한다.

식온이란 각기의 경계를 요별(了別)하는 것으로서, 경계의 상을 전
체적으로 취하기 때문에 식온이라 이름한다.

– 『구사론』 권제1, 제법의 분별(2)

『아비담맛다 상가하』에서는 오온을 다시 세밀하게 분류했다.

색온 : 28가지 요소로 이루어진 물질의 무더기

수온 : 행복의 느낌, 고통의 느낌, 기쁨의 느낌, 슬픔의 느낌, 평
온의 느낌으로 이루어진 느낌의 무더기

상온 : 형색, 소리, 냄새, 맛, 감촉할 수 있는 대상, 정신적 인상에
대한 인식으로 이루어진 지각의 무더기

행온 : 느낌과 인식을 제외한 50가지 마음부수(마음에 영향을 주는
요소)로 이루어진 정신적인 형성의 무더기

식온 : 89가지 혹은 121가지 마음으로 이루어진 의식의 무더기

한 존재를 위와 같이 다섯 가지 무더기로 분석하는 목적은 에고,

자기, 개인, 자아가 존재한다는 그릇된 인식과 그릇된 견해를 제거하기 위한 것이다.

인간의 생명이나 정신이라는 것이 물질의 화학적 현상에 불과한 것이냐, 그렇지 않고 정신이라는 독자적 존재성이 있느냐의 문제는 생물학계의 오랜 논쟁의 대상이다. 불교의 오온설은 물질을 바탕으로 하면서도 정신적 독자성을 분명히 하고 있으며, 물질보다도 정신 쪽에 무게를 두고 있다. 더욱이 육체와 정신의 관계를 생명 활동의 측면에서 관찰하고 있어, 생명체의 현황을 보다 정확하게 관찰하고 있는 것이다. 너무도 유명한 반야심경의 한 구절, 조견오온개공 도일체고액(照見五蘊皆空 度一切苦厄) 즉 '오온이 모두 공함을 비추어 봄으로써 모든 어려움을 극복할 수 있었다'라는 뜻은, 생명체를 구성하는 오온이 모두 공하다는 사실을 깨우침으로써 고통에서 헤어날 수 있었다는 것이다. 대승불교에서 새롭게 대두된 공사상(空思想)을 강조하려 하였던 것으로 보인다.

3. 무아설

유아(아트만)

세상의 모든 종교 중에서 무아(無我)를 설하는 종교는 불교가 유일하다. 그렇다면 다른 종교는 모두 유아(有我)를 기반으로 하고 있다는 것인데, 이를 가장 잘 설명하고 있는 것이 인도의 베다(Veda)교이고 그 경전인『우파니샤드』이다. 철학자 쇼펜하우어는 우파니샤드를 가리켜 "이 세상의 모든 책 가운데 가장 값진 책이며 가장 숭고한 책이다. 우파니샤드는 내 삶의 위안이며 동시에 내 죽음의 위안이다."라고 평한 바 있다. 우파니샤드(Upanishad)란 무엇인가. 깨달은 스승들의 가르침을 집대성한 문헌이라는 뜻이다. 고대 인도인들은 진리 탐구에 대한 지혜를 구체화하여『베다』라는 문헌으로 집대성 하였는데, 그중에 제사에 관한 부분은 네 가지 종류의 베다로 분류하였고, 철학적인 부분을 따로 독립시켜 우파니샤드란 기록을 남겼다.

우파니샤드의 핵심 개념은 이 세상의 모든 것들이 태어났다가 사라져 가지만, 영원히 존재하면서 이 세상을 창조하고 피조물의 삶과 죽음을 주재하는 창조주로서의 브라흐만(Brahman)이 있다는 것이다. 이 우주공간에는 3000억 개의 은하계가 있고, 각 은하계에는 다시 3000억 개의 태양계가 존재하고 있다고 과학자들은 추정하고 있는데, 태양계 하나하나마다 그 태양계의 통제자인 창조주 브라흐만이 존재한다는 것이다. 브라흐만 사상은 이후 힌두교에서 쉬바(Shiva), 비슈누(Vishunu), 크리슈나(Krishna) 등으로 재현되고 있다.

창조주 브라흐만에 대립하는 개념이 아트만(atman)이다. 이 용어는 현재 자아(self), 영혼(soul), 내면의식(inner consciousness) 또는 자각력 (awareness) 등을 뜻하는 말로 쓰인다. 그렇다면 브라흐만과 이 아트만은 어떤 관계인가. 브라흐만은 이 모든 존재를 창조한 다음 그 자신 스스로를 무수히 분화시켜, 다시 그 피조물들 하나하나 속으로 들어가 그 피조물들의 영혼(아트만)이 된다는 것이다. 이 때문에 이 세상에는 존재하는 개체의 숫자만큼 많은 아트만이 존재하게 되는 것이다.

아트만은 다음과 같은 네 가지 특성이 있다고 한다.

첫째, 아트만은 심장 속에 있는 나 자신이니 가장 작으면서 동시에 가장 크다.

둘째, 아트만은 이 육체와 우주에 두루 편재되어 있다.

셋째, 아트만은 불생불멸적 존재다.

넷째, 아트만은 모든 존재의 내면에 있는 내적인 통제자이다.

이 아트만의 유아사상은 이후 힌두교에 그대로 전승된다.

무아

불교의 무아설(無我說, contemplation of selflessness)은 인도의 정통 종교사상인 아트만을 부정하는 획기적인 종교철학이다. 불교의 연기론적 입장에서 볼 때 절대자인 브라흐만의 범아일체 사상은 도저히 수용할 수가 없는 것이다. 아트만(atman)과 안아트만(anatman)은 중국불교에서 아(我)와 무아(無我)로 번역되었는데, 무아는 '나라는 것이 존재하지 않는다'가 아니다. 불교에서 보는 무아는 '나라는 것이 항상하지 않다'라고 해석되어야 한다. 이는 다시 말해 나라는 존재가 무상하다는 것을 의미하며, 가변적이라는 것을 의미한다.

불교의 무아설은 나의 절대적인 부정에 있는 것이 아니라, 참다운 나를 찾게 하기 위한 방편이라고 보아야 한다. '나'라고 하는 것은 연

죽음에 대한 불교의 성찰

기에 의해 사대가 결합하여 오온에 지배되고 있는 개체에 불과할 뿐 절대적이고 영속적인 실체가 없음에도 불구하고, 이를 있다고 착각하여 온갖 번뇌를 일으키는 그 원천을 차단하려는 것이다. 무아설의 목적이 이렇게 참다운 나를 찾기 위한 것이라면 그 참다운 나란 도대체 어떤 것인가. 그리고 무아설은 윤회설과 충돌하여 수많은 논쟁을 일으키면서 불교는 발전하여 왔다.

세존께서 반열반하신 지 오래지 않아 아난존자가 구점미국 구사라 동산에 있을 때 장로 천타에게 다음과 같이 말하였다.

"천타여, 어리석은 범부들은 물질과 몸, 감수작용, 지각작용, 의지와 충동, 분별의식은 영원하지 않은 것이고, 모든 것은 영원하지 않은 것이며, 모든 것에는 실체로서의 '나'가 없고, 열반은 고요한 것이라는 가르침을 이해하지 못합니다." 아난존자가 이 가르침을 설할 때 천타 비구는 번뇌를 멀리 여의고 진리에 대한 깨끗한 안목을 얻었다.

－『잡아함경』 제10권 제262경

불교의 기본 전제는 무상(無常), 고(苦), 무아(無我)이고 이를 체계화한 것이 삼법인(三法印)이다. 구체적으로는 제행무상(諸行無常), 일체개고(一切皆苦), 제법무아(諸法無我)이다. 여기에 해결 방안까지 포함한 것이 사법인으로 삼법인에 열반적정(涅槃寂靜)이 추가된다. 이에 대해 붓다는 다음과 같이 설하셨다.

"비구들이여, 죽음을 면하고자 하거든 네 가지 진리를 사유하라. 네 가지 진리란 어떤 것이냐? 모든 존재와 현상은 영원하지 않다는 것이니 이것이 첫 번째 근본진리이다. 모든 존재와 현상은 괴롭다는 것이니 이것이 두 번째 근본진리이다. 모든 존재와 현상에는 실체로서의 '나'가 없다는 것이니 이것이 세 번째 근본진리이다. 번뇌가 다 멸하면 열반이라는 것이니 이것이 네 번째 근본진리이다. 비구들이여, 이 네 가지 근본진리를 사유하라. 왜냐하면 그로써 태어남·늙음·병듦·죽음·근심·슬픔·번뇌 등 괴로움의 근본을 벗어날 수 있기 때문이다. 그러므로 비구들이여, 방편을 구해 이 네 가지 진리를 성취하도록 하라."

- 『증일아함경』 제23권 「증상품」 제4경

4. 사성제

붓다는 현상에 관한 진리인 삼법인에서 무상과 무아의 진리를 설하는 한편 일체가 괴로움이라는 진리를 설한 바 있다. 사성제에서는 그 괴로움의 실체는 무엇이고, 그 원인이 무엇이며, 괴로움을 멸하는 방법은 무엇이고, 괴로움을 멸하기 위하여 실행해야 할 실천과제는 무엇인지를 제시한 것이다. 사성제를 붓다가 설하였다는 기록은 남방불교의 경전인 『니까야』에는 총 264개의 경이 전해지고 있고, 북방불교의 경전인 『아함경』에는 총 273개의 경이 전해지고 있다. 이것은 붓다가 괴로움(苦)의 문제에 대해 얼마나 심각하게 생각하였는지를 단적으로 보여 주는 것이다. 붓다는 바로 이 문제를 해결하기 위해 왕좌를 버리고 고난의 길로 뛰어든 것이다.

어느 때 세존께서는 마갈국의 세속에서 돌아다니며 가르치시다가, 왕사성(王舍城)과 파라리불 중간에 위치한 죽림촌에 지은 복덕사(福德寺)에서 대중들과 함께 머무셨다. 그때 세존께서 말씀하셨다.

"만일 나와 그대들이 사성제에 대하여 알지도 못하고 보지도 못하며 그대로 깨닫지도 못하고 그대로 받아 지니지도 못한다면, 우리는 오랜 세월 나고 죽음 속에서 분주할 것이다. 사성제란 어떤 것이냐? 괴로움의 범위에 대한 진리·괴로움의 원인에 대한 진리·괴로움의 소멸에 대한 진리·괴로움의 소멸을 위해 실천해야 할 방법에 대한 진리이다. 그러므로 비구들이여, 사성제에 대하여 아직 조금도 미혹됨이 없이 밝게 알지 못했거든 부지런히 방편을 쓰고 왕성한 의욕을 일으켜 밝게 알기를 배워라."

– 『잡아함경』 제15권 제403경

붓다는 비구들에게 불교 수행을 통해 도달해야 하는 지향점과 필연성을 사성제(四聖諦, four noble truths)를 통해 교시하고 있다. 이와 같이 사성제는 중생들이 깨달음을 얻을 수 있도록 하는 소상하고 논리적인 설명임에 의심의 여지가 없으나 여기에는 문화권적인 특수성이 있다. 인도인들이 생각하는 고(苦, duhkha)라는 말의 의미는 존재의 육체적·정신적 현상으로서, 그 현상 자체를 고통이라고 보는 것이다. 다시 말해 만들어지는 것은 그것이 일시적인 것이기 때문에 고통스러운 것이며, 사라질 수밖에 없는 행복 또한 고통으로 인식하는 것이다. 이와 같은 인도인의 고의 개념은 결국 윤회와 해탈의 개념으로 연결될 수밖에 없는 것이다.

붓다는 사성제의 내용에 대하여도 구체적으로 설하였는데 고성제(苦聖諦, noble truth of suffering)에 대하여는 다음과 같이 설하였다.

> "괴로움의 범위에 대한 진리란 어떤 것인가? 이른바 태어나는 것이 괴로움이요(生苦), 늙는 것도 괴로움이며(老苦), 병드는 것도 괴로움이요(病苦), 죽는 것도 괴로움이며(死苦), 원수와 만나는 것도 괴로움이요(怨憎會苦), 사랑하는 이와 헤어지는 것도 괴로움이며(愛別離苦), 구하는 것을 얻지 못하는 것도 괴로움이요(求不得苦), 오성음 자체가 괴로움(五盛陰苦)이다."

또 집성제(集聖諦, noble truth of the arising of suffering)에 대해 설하였다.

> "괴로움의 원인에 대한 진리란 어떤 것인가? 이른바 중생에게는 사랑에 대한 집념이 있는데, 그 가운데에 갈구가 있고, 때(膩)가 있으며, 사로잡힘(染)이 있고, 집착(著)이 있으면, 이를 일러 괴로움의 원인(習)이라고 한다."

멸성제(滅聖諦, noble truth of the cessation of suffering)에 대하여 설

죽음에 대한 불교의 성찰

하였다.

"괴로움의 소멸에 대한 진리(愛滅苦滅聖諦)란 어떤 것인가? 이른바 중생에게는 사랑에 대한 집념이 있는데, 만일 그것에서 해탈하여 사로잡히지도 않고 집착하지도 않으며, 다 끊고 버리고 뱉어서, 욕망도 없고 번뇌도 다 멸하여 그친 것을 일러 괴로움의 소멸이라고 한다."

도성제(道聖諦, noble truth of the way of solution)에 대하여 설하였다.

"괴로움의 소멸을 위해 실천해야 할 방법에 대한 진리란 어떤 것인가? 이른바 바른 견해(正見)·바른 사유(正思惟)·바른 말(正語)·바른 행위(正業)·바른 생활(正命)·바른 노력(正精進)·바른 마음챙김(正念)·바른 선정(正定)이다."

– 『중아함경』 제7권 분별성제경(分別聖諦經)

도성제의 실천 덕목인 팔정도는 초기 불교의 종합수행법이다. 불교 수행의 요체일 뿐만 아니라, 유구한 세월을 통해 많은 수행자들에 의해 계발되고 계승된 불교의 수행 덕목으로서 각종 수행법의 토대가 된다. 팔정도의 수행 덕목들은 서로 밀접하게 연관되어 있고, 수행의 핵심 사항들이 종합적으로 집대성되어 있다. 팔정도의 각 덕목들은 첫 번째 항목인 정견을 얼마나 깊고 정확하게 이해하느냐에 따라 그 수행결과가 달라진다. 팔정도 수행의 출발점은 정념이고 그 노력이 정정진이며, 이것이 지속적으로 이어져 수행의 결과가 나타나게 되어 행동으로 자비를 실천하는 것이 정업과 정명이다.

　탁월한 실천윤리인 팔정도는 시간이 흘러 불교가 대승불교로 변천하면서 육바라밀(六波羅蜜)로 변형되고, 국경을 넘어 티베트에 이르러서는 밀교의 실천 방편인 람림(道次第)으로 변화하였으며, 중국에 와서는 계정혜(戒定慧) 삼학으로 일원화하게 된다. 그럼에도 불구하고 팔정도는 불교도의 필수적인 행동 강령으로 그 필요성과 중요도가 조금도 손상되지 않고, 존중되고 계승되고 있다. 팔정도의 덕목별 실천과제에 대한 상세한 설명은 이를 생략하고, 구체적인 실천 덕목에 대한 이해를 돕기 위해 필자의 영문 번역을 추기하여 다음과 같은 표를 만들어 보았다.

팔 정 도

	한자어	한글 뜻	English Meaning(필자)	육바라밀 (대승불교)	삼학 (선불교)
1	正見	바른 견해	Right comprehension	持戒바라밀	戒
2	正思惟	바른 생각	Right contemplation	持戒바라밀	戒
3	正語	바른 말	Right communication	持戒바라밀	戒
4	正業	바른 행동	Right conciliation	忍辱바라밀	定
5	正命	바른 생활	Right collaboration	布施바라밀	定
6	正精進	바른 노력	Right continuation	精進바라밀	定
7	正念	바른 마음챙김	Right concentration	禪定바라밀	慧
8	正定	바른 선정	Right consolidation	般若바라밀	慧

5. 업설

업의 정의

업(業, deed, Skt-karma)이란 무엇인가. 업이란 말은 문자 그대로는 행위를 뜻하지만, 붓다의 가르침에서는 전적으로 의도된 행위 (intentional deed)를 일컫는다. 종교적인 관점에서 볼 때, 업은 유익하거나 해로운 의도를 가진 행위이다. 업이라는 낱말은 불교에서만 쓰이는 용어는 아니고, 우파니샤드 철학이나 다른 종교에서도 사용되고 있다. 붓다는 이 용어를 인간의 의지적 작용에 국한하여 사용하였다. 붓다는 이를 강조하기 위해서 다음과 같이 설하신 바 있다.

> "비구들이여, 내가 업이라고 부르는 것은 의도이다. 사람은 의도하고서 몸과 말과 마음으로 행위를 한다."
>
> — 『중아함경』 권3 사경

기능에 따른 구분

업은 다양한 역할들을 수행하는데, 이 가운데에서 네 가지 역할에 대해 설명하고자 한다. 하나의 업은 통상적으로 하나의 역할을 수행하지만, 경우에 따라서는 여러 개의 역할을 수행하기도 한다.

생산하는 업 : 잉태의 순간과 개인의 삶의 과정 동안에 정신의 무더

죽음에 대한 불교의 성찰

기와 물질의 무더기를 생산하는 업. 이것은 새로운 존재를 생산한다.

지원하는 업 : 개인의 삶의 과정 동안에 무엇을 생산하는 업과 그 과보를 지원하는 업. 이것은 새로운 존재를 생산할 만큼 충분히 강하지 않다.

방해하는 업 : 생산하는 업의 과보를 약하게 하고, 과보가 생기는 것을 방해하며 때로는 과보의 생성을 더디게 만드는 업

파괴하는 업 : 생산하는 업을 중단시킬 뿐만 아니라 생산하는 업의 과보를 파괴하고, 당초 의도하지 않은 별개의 과보를 생산하는 업

과보를 맺는 우선 순위에 따른 구분

업이 다음 존재에서의 재생연결을 일으키는 역할을 가질 때, 다양한 업들 가운데 업의 효력이 생기는 강도에 따라 구분한다.

무거운 업 : 너무 강해서 어떤 다른 업도 내생에 그것의 과보를 멈출 수 없는 업. 무거운 업은 다음 생에 그것의 과보를 분명히 생산한다.

죽음 직전의 업 : 임종 직전에 행해지는 업은 강력한 힘을 발휘한다. 그래서 죽어가는 사람에게 그의 좋은 행위를 기억해 내고 좋은 생각을 유지하도록 돕는 것이 중요하다.

습관적인 업 : 좋거나 나쁜 것을 습관적으로 행하는 행위이다. 다른 강력한 업이 없을 때 이 업이 재생을 일으키는 역할을 한다.

비축된 업 : 한 번 행하고 곧 잊어버린 사소한 업. 위의 세 가지 유형의 업이 존재하지 않을 때 이 업은 재생을 일으키는 역할을 한다.

과보를 일으키는 시간적 차이에 따른 구분

업에 따른 과보가 빨리 오는가 늦게 오는가에 따라 네 가지 구분이 있다.

금생에 받는 업 : 업의 효력이 신속히 나타나는 업. 업의 과보가 금생에서 맺어지게 된다.

다음 생에 받는 업 : 업의 효력이 뒤이어서 나타나는 업. 바로 다음 생(두 번째 생)에서 과보를 맺는다.

세 번째 생부터 받는 업 : 세 번째 생에서 과보를 맺거나, 마지막 생까지 무기한으로 효력이 있는 업이다.

효력을 상실한 업 : 더 이상 과보를 맺지 못하는 효력을 상실한 업이다.

업의 문에 따른 업의 유형

업이 일어나는 장소나 업이 일어나는 수단을 업의 문(門)이라 하고, 업의 문에 따라 세 가지 유형의 업이 있다.

몸의 업(身業) : 몸의 문(身門)에서 일어나는 업

말의 업(口業) : 말의 문(口門)에서 일어나는 업

마음의 업(意業) : 마음의 문(意門)에서 일어나는 업

열 가지 해로운 업의 길

업의 길은 행위의 과정을 의미한다. 세 가지 업의 문에서 열 가지

죽음에 대한 불교의 성찰

해로운 업이 일어난다.

- 해로운 몸의 업 세 가지

1) 살생(殺生) : 살아 있는 존재를 죽이는 것

2) 도둑질(偸盜) : 남의 재산을 불법으로 취하거나 훔치는 것

3) 삿된 음행(邪淫) : 합당하지 않은 성행위 등 성적으로 잘못된 행위

- 해로운 말의 업 네 가지

1) 거짓말(妄語) : 거짓을 말하는 것

2) 중상모략(兩舌) : 중상이나 험담 등 이간질을 하는 것

3) 욕설(惡口) : 무례하거나 험한 말을 하는 것

4) 꾸밈말(綺語) : 헛되거나 어리석은 말을 지껄이는 것

- 해로운 마음의 업 세 가지

1) 과도한 욕심(欲貪) : 재산이나 명예 등에 끊임없이 욕심을 내는 것

2) 분노 장애(瞋恚) : 남을 시기하고 성냄을 억제하지 못하는 것

3) 어리석음(痴闇) : 상식에 어긋나거나 쓸데없는 집착에 사로잡힘

열 가지 유익한 업의 길

- 유익한 몸의 업 세 가지

1) 살생을 삼가는 것

2) 도둑질을 삼가는 것

3) 삿된 음행을 삼가는 것

- 유익한 말의 업 네 가지

1) 거짓말을 삼가는 것

2) 중상모략을 삼가는 것

3) 욕설을 삼가는 것

4) 잡담을 삼가는 것

• 유익한 마음의 업 세 가지

1) 보시 : 남의 재산을 취하는 것이 아니라 자기 재산을 남에게 베
      푸는 것

2) 이타 : 다른 사람과 다투지 않고 남을 배려하는 것

3) 정견 : 업과 업의 과보를 믿고 선업을 만들려고 노력하는 것

업의 과보

해로운 업의 과보 : 미혹에 뿌리박고 경망한 열 가지 해로운 의도
는 재생 연결 시에 심판을 받게 되며, 그 결과에 따라 네 가지 악처
와 재생이 연결된다.

유익한 업의 과보 : 욕계의 유익한 업은 그 업의 수승한 정도에 따
라 욕계 선처에서 재생에 연결되기도 하고, 색계에 연결되기도 하며,
무색계에 연결되기도 한다.

업설에 대한 평석

불교의 업과 과보설에 대해 불교학계의 평가는 일정하지 않다. 인
간의 일생을 현세에 국한시키지 않고 무한의 시공으로 확대함으로
써, 생애를 진지하게 보내려 하는 동인을 제공한다는 긍정적인 요소

가 있다. 한편 악을 배척하고 선을 추구하는 권선징악을 내용으로 하고 있어, 인류 보편의 도덕적인 생활을 뒷받침한다는 긍정적인 평가가 주류를 이루고 있다. 그러나 일부 학자들은 다음과 같은 이유를 들어 업설을 부정적으로 보는 입장을 취하고 있다.

첫째로, 업설은 불교를 숙명론으로 이끌고 있다는 것이다. 현세의 괴로움을 숙세의 인연으로 돌리는 체념적인 종교관이라는 것이다.

둘째로, 업설은 사람들에게 선행을 권장하려는 '통속적인 교화방편설'이라는 것이다. 왜냐하면 업설이 불교의 무아설과 모순되기 때문이라는 것이다.

셋째로, 불교에서는 인간이 인식할 수 있는 세계만을 실체라고 보는데, 삼세업보설은 여기에 모순된다는 것이다. 숙세와 내세는 인간이 통상적으로 인식할 수 있는 경계를 벗어나 있기 때문이라는 것이다.

그러나 이러한 부정적인 견해는 불교를 올바로 이해하지 못하는 데서 비롯된 것으로 보인다. 불교의 업설은 숙명론이 아니라, 스스로의 의지력으로 현실적인 고(苦)의 문제를 극복하려는 미래지향적인 인생관에 목적이 있다고 보아야 한다. 또한, 불교의 무아설은 무명 망념의 대상이 되는 '내'가 없다는 것이지, 그 존재 자체를 부정하는 것은 아니다. 그러므로 업설과 무아설은 상호 모순된다고 단정할 수 있는 것이 아니다. 업설은 누구나 인정하는 종교적 진리에 도달하고자 하는 의도가 있을 뿐, 다른 통속적인 의도가 있는 것은 아니다. 당시 인도의 '카스트제도'에 고통 받고 있는 많은 하층민들에게, 붓다는 자기의 책임에 따른 공평한 과보를 선언한 것이다.

불교의 교리를 깊이 연구하였던 고(故) 고익진 동국대 교수는 불교의 업설을 다음과 같이 평가하고 있다.

"불교 업설의 사회 윤리적 성격은 오늘날 민주사회에 있어서도 깊은 관심을 받을 만하다. 자유와 책임, 권리와 의무 등이 민주시민의 기본 정신이 되어야 하는데, 업설에서의 업은 인간의 자유의지에 입각한 능동적 행위이며 보(報)는 그에 대한 철저한 책임을 행위자에게 지우고 있다. 또 현대사회가 바라는 인간관은 현실 극복의 강인한 의지를 가진 창의적 인간이라고 보겠는데, 업설의 정신은 바로 그런 입장을 잘 나타내고 있는 것이다."

6. 윤회론

「베다」 시대의 윤회론

『브리하드 아라냐까 우파니샤드』에 의하면 죽음에 이른 후 윤회는 다음과 같은 방식으로 이루어진다는 것이다.

"임종의 순간이 되어 자아(自我, 아트만)가 쇠약해지고 혼수상태에 빠지게 되면 모든 감각기관들이 아트만에게로 모여든다. 그리고 모든 감각능력(시각, 청각, 후각, 미각, 촉각, 의각)이 심장 속으로 흡수되면서 더 이상 감각능력을 발휘하지 못한다. 이 아트만이 이 육체를 빠져나가면 호흡이 그 뒤를 따라간다. 그리고 호흡이 육체를 빠져나가면 모든 감각기관이 그 뒤를 따라간다. 그는 이때 그가 지은 행위의 습관으로 인해 어느 특정한 생각에 이끌리게 되는데, 이 특정한 생각이 앞으로 그가 거주하기에 적당한 육체를 찾아가게 한다. 그의 모든 생각과 활동력, 그리고 과거의 경험들도 그를 따라간다. 이는 마치 저 벌레가 풀잎을 기어가다가 그 끝에 이르면 문득 다른 풀잎으로 옮겨가 버리듯, 아트만은 이 육체를 떠난 후에 또 다른 육체 속으로 들어간다."

고대 인도의 시가집으로 힌두교의 복음서로 불리는 『바가바드기타(Bhagavad Gita)』에서는 죽음을 영혼(아트만)이 지나가는 변화의 과정으로 묘사하고 있다.

"영혼은 이 육체 속으로 들어와 어린 아기에서 소년으로, 소년에서 청년으로, 청년에서 노인으로 변화해 가다가 마침내는 이 육체를 벗어 버린다. 낡은 옷을 벗어 버리고 새 옷으로 갈아입듯, 영혼은 낡고 병든 이 육체를 벗어 버리고 새로운 육체 속으로 들어간다."

윤회를 구성하는 요소는 atman(자아), karma(업)와 brahman(창조주) 등 세 가지 요소이다. 이 세 가지 요소의 상호 작용은 다음과 같다.

- 아트만은 개체의 영혼과 같은 것이지만 인간이 죽어 육체가 사라져 버린 뒤에도 아트만은 혼자 존재할 수 있다.
- 다음 생을 결정하는 카르마는 그 전생에서 지은 것이다. 현재의 생은 이전에 지은 카르마의 결과이고, 동시에 현재의 생에 지은 카르마는 어느 날 다시 태어날 미래의 생을 결정한다.
- 카르마는 아트만이 육체에서 벗어날 때 아트만에 달라붙는다.

- 카르마는 아트만을 옭아매고 윤회의 소용돌이에 휩쓸리게 한다.
- 해탈을 이루기 위해서는 카르마를 제거·소멸시키지 않으면 안된다
- 최종적으로 아트만은 카르마를 제거시켜 아트만의 순수성을 회복시켜야 범아일여(梵我一如)를 이루어 해탈(解脫)을 성취하게 된다.

초기불교의 윤회론

불교는 인도문화라는 기반 위에서 윤회론을 배경 문화로 삼기는 하였지만, 윤회론을 바탕으로 성립한 종교는 아니다. 따라서 기존의 윤회설과 불교의 윤회론 사이에는 큰 차이점이 있다. 인도의 다른 종교 즉 힌두교에서는 아트만(atman)을, 자이나교에서는 지바(jiva)를 윤회의 주체로 인정하지만, 불교에서는 명시적인 윤회의 주체가 없다. 붓다는 이에 대해 '업과 과보는 있지만 그것을 짓는 자는 없다고' 분명하게 설시하고 있다.(『잡아함경』제335경)

붓다는 이러한 논리상의 문제점을 극복하기 위해서 해탈과는 다른 열반(涅槃)이라는 새로운 개념을 제시하였다. 열반은 해탈과 같은 영속의 논리가 아닌 해체의 논리이다. 해탈은 사후에 발생하는 일이고 열반은 생전에 발생하는 일이다. 그러나 열반은 해탈에 비해서 윤회와 관련한 논리구조가 명확하지 않아 또 다른 논쟁을 야기하여 왔다. 현재는 해탈과 열반이 거의 같은 의미로 혼재하여 사용되고 있다.

죽음에 대한 불교의 성찰

윤회의 내용

윤회의 전개 방향에 대해서 복수의 설이 존재한다.

- 삼계(三界)윤회설
우파니샤드에 제시되어 있는 것으로
  - 신들(demigods)의 영역인 열락의 길(天上界)
  - 고통과 열락이 반반인 인간의 길(人間界)
  - 고통이 많은 짐승의 길(畜生界)
- 오도(五道)윤회설
부파불교시대에 존재하던 윤회설로 지옥도(地獄道), 아귀도(餓鬼道), 축생도(畜生道), 인간도(人間道), 천상도(天上道)로 구성
- 육도(六道)윤회설
초기불교시대 이후 불교에서 인정하고 있는 윤회설로 오도윤회설에 아수라가 추가됨.

윤회의 구조

윤회(輪迴, skt-samsara, reincarnation)란 깨달음을 얻지 못한 중생이 업력(業力)으로 인해 내생에 새로운 생명으로 태어난다는 교설을 말한다. 윤회는 문자 그대로 '영원한 방황'을 의미한다. 이것은 계속해서 태어나고 늙고 고통을 당하고 죽는 연속적인 과정에 붙여진 이름이다. 다시 말해 윤회는 상상할 수 없는 시간 동안 순간순간 계속 변하고,

계속해서 뒤따르는 오온의 해체와 결합이 중단 없이 연속되는 것이다. 윤회를 벗어나는 길은 열반을 통해 해탈을 이루는 길 뿐이다.

일묵스님은 윤회의 구조를 12연기에 연계하여 다음과 같이 설명한다.

"과거에 일어난 무명과 의도적 행위를 조건으로 현재 생이 일어나는데, 이 생에서 최초로 일어나는 마음을 재생연결식이라 한다. 재생연결식이 일어난 순간부터 또 계속 정신과 물질이 이어지면서 여섯 감각 장소가 갖추어진다. 여섯 감각 장소를 조건으로 바깥 대상과의 접촉이 일어나고, 그때 느낌이 일어나면 그 대상에 대한 갈애가 일어나고 갈애가 강해지면 취착이 되는데 그 취착으로 인해 존재, 즉 업의 존재가 생겨난다. 이와 같이 의식에서부터 존재까지가 현재에 해당한다. 그중에서도 의식부터 느낌까지는 과거의 원인에 의한 현재의 결과이고, 갈애부터 존재까지는 현재의 원인이다. 이 현재의 원인들인 갈애, 취착, 존재가 태어남과 늙음·죽음이라는 미래의 결과를 일으킨다. 이와 같이 십이연기는 과거 생의 원인에 의해 현재의 결과가 있고, 현재의 원인에 의해서 미래의 결과가 일어나는 것이다."

육도윤회설에 대한 해석

현재 동남아에 퍼져 있는 상좌부 불교에서는 부파불교(설일체유부)의 전통을 이어받아 5도윤회설을 취하고 있는 반면, 대승불교의 영향권 하에 있는 한국, 중국, 일본 및 티베트에서는 6도윤회설을 취하고 있다. 육도윤회란 사람이 죽으면 영혼이 육체를 빠져나와 해탈하지 못한 영혼은, 중음계의 여러 과정을 거쳐 삼선도(인간, 아수라, 천상)나 삼악도(지옥, 아귀, 축생)로 환생하게 된다는 것이다.

고대의 티베트 학자들이나 현대 학자들 중 상당수는 생물이 진화하는 과정에서 가장 고등한 동물로 진화한 인간이 악업을 지었다하여 축생 등 하등의 동물로 환생하는 것은 원천적으로 불가능하다고 보고 있다. 그들의 논리에 따르면 모든 인간은 사후에 중음의 과정을 거쳐 인간으로 환생할 수밖에 없는데, 지난 생에서 선업을 쌓은 사람은 삼선도에 상당하는 형태의 인간으로, 악업을 쌓은 사람은 삼악도의 형태에 상당하는 인간으로 태어나게 된다고 보는 것이다. 필자는 이 논리에 합리성이 있다고 인정한다.

7. 열반론

열반의 개념

인간이 처해 있는 존재적 상황을 불교에서는 삼법인이라 하여 무상·고·무아로 표현한다. 여기에 열반적정을 더하여 사법인이라고도 부른다. 존재적 상황을 벗어나는 길이 열반이고, 열반을 얻으면 적정에 이른다고 보는 것이다. 이는 사성제의 멸성제와 크게 다르지 않다. 다만 사성제에서는 고(苦)를 타파하는 것에 초점을 두었다면, 사법인에서는 고를 포함한 모든 존재적 상황을 벗어나는 길을 찾으려한 것이다.

열반(涅槃, extinction)은 산스크리트 nirvana를 음역한 것으로 '불어서 끄다' 또는 '불길이 꺼진 상태'를 말한다. 다시 말해 열반은 욕망에 지배 받는 세계와 물질에 지배받는 세계, 그리고 정신적인 끄달림의 세계를 넘어서서 '생사로부터 자유로운 경계'에 이른 것을 의미한다. 인도에서 파생된 윤회론과 해탈론은 죽음이라는 인간존재의 소멸에 대한 두려움을 극복하고자 하는 문제의식에서 비롯되었다. 윤회가 변화와 순환을 통해서 영생을 추구한다면, 해탈은 존재의 지속을 통해 영생의 가치를 실현할 수 있다고 보는 것이다. 해탈론은 창조주 브라흐만과 창조주의 분신인 아트만을 기반으로 하는 인도의 전통사상에 기초하여 생성된 죽음관이다. 이에 반해, 불교는 아트만을 부정하는 무아론을 바탕으로 하여 생성된 종교사상이다. 그러므로 불교에서 해탈론을 그대로 받아들이기에는 무리가 따를 수밖에 없었다.

열반의 정의

붓다는 이러한 문제의식을 가지고 해탈을 통해 윤회의 굴레에서 벗어나고자 하는 기존의 죽음관을 대신해, 열반이라는 새로운 방편을 제시한다. 윤회를 하되 깨우침을 통해 존재에 수반되는 고통에서 벗어나고자 하는 새로운 개념을 제시한 것이다. 그런데 열반이라는

죽음에 대한 불교의 성찰

개념을 중생들이 정확하게 이해하기 어려웠고, 해탈이라는 개념은 인도사회에 깊이 뿌리박힌 전통사상이었던 관계로, 초기불교 당시 해탈과 열반은 혼재되어 사용되었던 것이다. 열반은 다음과 같은 특성을 통해 정의를 내릴 수 있다.

① 열반은 죽음을 지나왔다. 그러므로 열반에서는 죽음이 발생하지 않는다.

② 열반은 죽음이라 불리는 끝을 지나왔다. 그러므로 열반은 끝이 없다.

③ 열반은 네 가지 원인인 업, 마음, 온도, 음식 등에 의해 조건 지어지지 않는다. 그러므로 열반은 영원하고, 원인도 결과도 아니다.

④ 열반은 어떤 담마(dhamma)보다도 더 수승하고 더 성스럽다.

⑤ 열반은 성자들에 의해 실현될 수 있는 객관적인 실체이다.

열반의 양상

부파불교 시대에 와서 열반에 대한 연구가 깊어지면서, 열반을 세 가지 양상으로 분류하였다.

1) 공성의 열반

열반은 탐·진·치가 비어 있고, 정신과 물질의 무더기가 비어 있다. 그래서 열반은 '공성(空性)의 열반'이라 불리운다. 그러나 열반이 아무 것도 없음을 의미하는 것은 아니고, 열반의 요소는 영원히 존재한다.

2) 표상 없음의 열반

물질로 구성되어 있는 존재는 다양한 형태와 모양을 갖추고 있다.

마음과 마음부수로 구성되어 있는 정신의 존재도 어떤 종류의 형태를 가지고 있다고 추정할 수 있다. 그러나 열반은 어떠한 형태나 모양을 전혀 갖고 있지 않다. 그래서 열반을 '표상이 없는 열반'이라고 불린다.

　3) 원함 없음의 열반

　열반은 갈애(渴愛)의 대상이 되는 어떠한 정신이나 물질을 갖고 있지 않다. 열반은 탐욕에서 자유로울 뿐만 아니라 탐욕의 갈망으로부터도 자유롭다. 그래서 열반을 '원함 없음의 열반'이라고 불린다.

열반의 두 가지 측면

　여기에 열반은 다시 유여의열반(有餘依涅槃)과 무여의열반(無餘依涅槃)으로 구분되어 사용되는데 이것이 윤회와 관련하여 수많은 논쟁을 일으키게 한다. 유여의열반은 번뇌와 업을 끊음으로써 마음의 해탈을 얻은 경지를 말한다. 그런데 무여의열반을 신체를 남김없이 열반을 이룬다고 해석하면 죽음을 의미하게 되는데 과연 그러한 것인가. 이 논쟁을 촉발시키는 데 기여한 것이 『금강경』 대승정종분(大乘正宗分)에 나오는 다음과 같은 구절이다. "소유일체중생지류(所有一切衆生之類) (중략) 아개영입무여열반(我皆令入無餘涅槃)"이라는 구절이다.

　무여의열반이 죽음을 통한 완전한 열반이라고 주장하는 근거로 다음과 같은 사실을 제시한다. 유여의열반을 통해 정신적인 고통은 소멸하였지만 병고로 인한 육체적인 고통은 그대로 지속하게 되어, 이 고통을 이기지 못하고 자진한 아라한들이 무수히 많다는 것이다.

죽음에 대한 불교의 성찰

무여열반에 대한 다양한 해석

주 체	전 거	해 석	비 고
육조혜능 (六祖慧能)	육조구결 (六祖口訣)	깨닫고 닦더라도 얻을 것이 있다는 생각을 하는 것이 법아(法我)이니 이를 모두 없앤 것을 무여열반이라 한다.	
틱낫한스님	틱낫한스님의 금강경	무여열반은 번뇌가 완전히 사라진 열반이고, 번뇌가 조금이라도 남아 있는 유여열반과 비교된다.	
무비스님 (無比)	금강경강의	욕심과 분노와 어리석음 등 모든 번뇌가 사라진 상태를 무여열반이라 한다.	
각묵스님 (覺黙)	금강경역해	무여열반은 원만한 열반, 구경(究竟)의 열반, 완전한 열반을 이룬 상태이다. 죽음을 의미하는 반열반 (般涅槃)과는 다른 것이다.	
법산스님 (法山)	깨달음으로 가는 금강경	고통의 조건인 업을 만들지 않음으로써 고통의 조건에서 완전히 해방된 상태가 무여열반이다.	
성본스님 (性本)	깨지지 않는 법 금강경	무여열반은 중생의 생사심·생멸심을 완전히 초월하여 불성의 지혜작용을 실행하는 것이다.	
고익진 교수	불교의 체계적 이해	정신적인 끄달림의 세계를 넘어서서 생사로부터 자유로운 경계에 이른 것이 무여열반으로, 살아서도 성취할 수 있는 경계이다.	
이상규 교수	아함경과 함께 보는 금강경	무상(無上)의 깨우침을 이룩함으로써 감수기능인 수(受)의 작용까지 끊긴 경지, 그러나 반열반과는 다르다.	
김용옥 교수	금강경강해	유여열반은 열반은 하였으되 몸이 남아 있는 것이고, 무여열반은 몸조차 남아 있지 않은 것이다.	죽음과 동일

반대로 죽음이 아니라고 주장하는 견해에 따르면, 무여의열반은 남김없이 열반에 이름으로써 오온의 감수기능인 수(受)의 작용 곧 느낌마저 끊긴 상태를 말할 뿐, 죽음 그 자체를 말하는 것은 아니라는 것이다. 그렇기 때문에 부처님이나 조사들의 죽음을 열반(涅槃)이라 하지 않고 반열반(般涅槃)이라고 구분해서 칭한다는 것이다. 그러나 많은 불자나 불교학도들은 무여의열반과 반열반 등에 대해 그 정확한 해석과 차이점 등에 의문을 가지고 있다. 그래서 이 문제와 관련하여 동서고금의 석학들의 견해를 요약한 표를 만들어 보았다.

열반과 보리

초기불교에서는 깨달음의 세계인 열반을 '탐·진·치를 벗어나 번뇌를 여의는 것'이라고 단순하게 보았다. 그러나 대승불교 시대에 와서는 중관사상, 유식사상, 여래장사상 등이 등장하면서 깨달음을 보는 시각이 복잡하고 다양해졌다. 깨달음의 문제를 가장 깊이 있게 논리적으로 분석한 논서가 『대승기신론(大乘起信論)』이다. 2세기경에 인도의 마명(馬鳴, Asvagosa)이 저술한 것으로 알려져 있으며, 554년 인도에서 온 진제(眞諦)에 의해 한역이 이루어져 동양사회에 알려지게 되었다. 『대승기신론』에 대해서는 지금도 전 세계에서 많은 학자가 연구에 참여하고 있다.

『대승기신론』에서는 깨달음을 그 깊이에 따라 다음과 같이 네 가지로 분류하고 있다.

- 불각(不覺) : 아직 깨달음에 이르지는 못하였으나 신구(身口) 7종

의 악업을 소멸한 범부의 경지

- 상사각(相似覺) : 보살행의 십주(十住)와 십회향(十廻向)을 마친 삼
  현보살의 깨달음으로, 탐진치의 추한 상을 버린 경지
- 수분각(隨分覺) : 보살행의 초지(初地)부터 십지(十地) 사이에 있는
  법신보살의 깨달음으로, 무분별각을 얻은 경지
- 구경각(究竟覺) : 보살행을 마친 등각보살의 깨달음으로, 업상(業
  相) 등의 미세한 번뇌가 완전히 없어진 경지

　불각의 경지에 있는 범부를 초발심(初發心)보살이라고도 하고, 삼현
보살과 법신보살을 불퇴전(不退轉)보살이라고도 하며, 구경각에 이른
등각보살을 마하살(摩訶薩)이라고도 한다. 구경각의 원래의 명칭은
아뇩다라삼먁삼보리(阿耨多羅三藐三菩提)인데, 이를 무상정등각(無上
正等覺)이라 부르기도 하고 줄여서 보리(菩提 Skt-Bodhi, Enlightment)
라고 부르기도 한다. 구경각에 이른 보살이 특별한 서원을 세운 후
그 서원이 모두 이루어지면 그를 부처(佛, Buddha)라고 부른다. 법장
보살이 48서원을 세운 후 서원이 모두 이루어져 아미타불이 된 것이
대표적인 예이다. 초기불교에서의 붓다는 석가모니불이 유일한데,
대승불교에 와서 새로운 교리가 개발되면서 이에 맞추어 수많은 삼
세제불이 탄생하게 된 것이다. 이와 같이 초기 불교의 열반의 개념은
대승불교에 이르러 보리의 개념으로 변신한 것이다.

8. 해탈론

베다시대의 해탈관

『우파니샤드』에 의하면 해탈(解脫, Skt-moksha, liberation)이란 '영혼의 해방'을 일컫는 말로서, '아트만이 윤회의 악순환에서 풀려난 상태'를 말한다. 해탈에 이르기 위해서는 ① 나 자신의 본성인 아트만을 깨달아야 하고 ② 이 우주의 본질인 브라만을 깨달아야 하며 ③ 아트만과 브라만이 하나임(梵我一如)을 경험해야 한다는 것이다.

윤회가 전제되지 않은 해탈이란 있을 수가 없다. 왜냐하면 윤회가 없다면 해탈도 없기 때문이다. 그런데 윤회가 성립하기 위해서는 반드시 카르마(업)가 있어야 한다. 앞에서 윤회를 설명할 때 언급한 바와 같이 카르마는 아트만이 육체에서 벗어날 때 아트만에 달라붙는다. 해탈을 이루기 위해서는 달라붙은 카르마를 제거하고 소멸시켜야 한다. 그러므로 『우파니샤드』의 가르침인 영적인 수행을 통해, 아트만이 자신과 동거하고 있는 카르마의 속박으로부터 벗어나야만 한다. 그리하면 '내가 하는 모든 행위는 이제 더 이상 나를 속박하지 않을 것이다.'

초기불교시대의 해탈관

불교는 '해탈사상'과 '구원사상'을 본질로 하여 구성되어 있다. 그래서 불교를 해탈의 종교인 동시에 자비의 종교라고 부른다. 불교에 있어 해탈은 매우 중요하면서도 다양한 의미를 내포하고 있다. 해탈은 정신과 물질의 엉킴, 즉 재생의 연속에서 벗어나는 것, 다시 말해 고통의 윤회에서 벗어나는 것이다. 『아비담맛타 상가하』에서는 세 가지 해탈의 문에 대해 설명하고 있다.

- 무아의 수관을 통한 해탈의 문 : 무아(無我)의 수관(修觀)을 수행하는 사람은 공(空)의 개념을 깨닫게 되어, 이를 통해 해탈을 얻었으면 이를 '무아의 해탈'이라 한다.
- 무상의 수관을 통한 해탈의 문 : 오온(五蘊)에 있는 정신과 물질이 끊임없이 무너지는 것을 관찰하는 무상(無常)의 수관을 수행하는 동안에, 이로부터 벗어나는 해탈을 얻었으면 이를 '무상의 해탈'이라 한다.
- 고의 수관을 통한 해탈의 문 : 만약 수행자가 괴로움의 온갖 형태에 대한 수관을 통해 오온에 대한 집착으로부터 벗어나는 해탈을 얻었으면 이를 '고(苦)의 해탈'이라고 한다.

붓다가 깨닫고 설한 바 있는 초기불교에서의 해탈이란 번뇌의 속박으로부터 해방되어 미망(迷妄)의 세계, 곧 윤회의 괴로움으로부터 벗어나 자유롭고 행복한 경지에 도달하는 것이었다.

어느 때 부처님이 사위국 기수급고독원에 계셨다. 그때 세존께서 모든 비구들에게 말씀하셨다.

"색은 무상하다고 관찰하라. 이렇게 관찰하면 그것은 바른 관찰이니라. 바르게 관찰하면 곧 싫어하여 떠날 마음이 생기고, 싫어하여 떠날 마음이 생기면 기뻐하고 탐하는 마음이 없어지며, 기뻐하고 탐하는 마음이 없어지면 이것을 심해탈이라 하느니라. 이와 같이 수·상·행·식도 또한 무상하다고 관찰하라. 이와 같이 비구들아, 마음이 해탈한 사람은 만일 스스로 증득하고자 하면 곧 스스로 증득할 수 있으니, 이른바 '나의 생은 이미 다하고 범행은 이미 섰으며, 할 일은 이미 마쳐 후세에 몸을 받지 않는다'고 스스로 아느니라. '무상하다'고 관찰한 것과 같이, '그것들은 괴로움이요, 공하며, 나가 아니다'라고 관찰하는 것도 또한 그와 같으니라."

– 『잡아함경』 제1권 무상경

이 해탈의 개념이 부파불교시대를 거치면서 다음과 같이 세 가지의 해탈로 분화하면서 열반이라는 개념과 혼동의 과정을 거치게 된다.

분류	개념	수행법	비고
심해탈 (心解脫)	탐욕으로부터 벗어나 번뇌로부터의 해방	소승의 수행법인 사마타 (집중수행)을 통해서 개발	해탈의 단계
혜해탈 (慧解脫)	진리에 대한 무지, 즉 무명 (無明)으로부터의 해방	소승의 수행법인 위빠사나 (통찰수행)을 통해 개발	열반의 단계
구해탈 (俱解脫)	심해탈과 혜해탈을 두루 갖춘 상태	사마타 수행과 위빠사나 수행의 겸행을 통해 개발	열반의 단계

대승불교시대의 해탈관

소승불교에서는 개인이 출가 수도하여 자신이 직접 현세에 해탈을

죽음에 대한 불교의 성찰

이루어내는 것이 목적이었다면, 대승불교에서의 해탈관은 전혀 다르다. 대승에서의 해탈의 실상은 누구나 다 해탈의 경지에 들어가 생사의 고통에서 벗어날 수 있다는 확신에 기초하는 것이다. 이를 위해 대승보살들은 원을 세운다. 자신은 물론이거니와 모든 중생들이 모두 해탈을 이룰 때까지 계속하여 정진한다는 서원을 세우는 것이다. 그 대표적인 서원이 사홍서원(四弘誓願)의 일부인 중생무변서원도(衆生無邊誓願度) 번뇌무진서원단(煩惱無盡誓願斷)인 것이다.

이렇게 대승불교의 해탈관은 '대신(大信), 대원(大願), 대행(大行)'이 된다. 이것을 신행(信行)이라고도 하고 행원(行願)이라고도 한다. 대승불교는 이 행원에 의거해서 해탈을 성취한다. 행원에 있어서는 소승처럼 개인의 수도력(修道力)에 의지하는 것이 아니라, 부처님의 위신력(威信力), 보살의 대원력(大願力), 그리고 중생들의 행업력(行業力)에 의거해서 불국토와 대해탈을 성취하는 것이다.

선불교시대의 해탈관

선불교는 달마대사가 인도로부터 중국에 와서 불교를 전수한 후에 인도불교가 중국의 도교 등 전통 종교와 융합하여 만들어진 일종의 종교개혁이다. 불교의 1차 종교개혁이 소승불교의 대승불교화라면, 2차 종교개혁은 대승불교의 밀교화와 중국에서의 선불교화일 것이다. 선불교는 기존의 경전 위주의 불교를 배척하고, 자신들이 개발한 선법 즉 조사선, 간화선, 묵조선 등에 의거하여 정각(正覺)에 이르고자 한다. 선불교의 중흥조인 육조혜능에 이르면, 불교라는 교리적인 탈을 벗고 바로 견성(見性)에 이르는 해법을 제시하게 되면서 해탈이라는 개념도 사라지게 된다.

이와 같이 해탈관은 불교가 변천되어 가는 과정 속에서 변화를 겪게 된다. 이를 살펴보면, 불교 이전 시대에는 '윤회해탈(輪廻解脫)'을 기조로 하였다면, 초기불교 시대에는 '수도해탈(修道解脫)'에 방점을 두었다. 대승불교 시대에 이르러서는 '행원해탈(行願解脫)'을 추구하게 되었고, 그리고 선불교 시대에는 굳이 이름을 붙이자면 '휴심해탈(休心解脫)'이라는 방편이 도입된다.

해탈과 열반의 비교

해탈이라는 개념은 베다시대부터 인도에 뿌리내린 윤회사상과 더불어 확고한 신앙체계로서 지금의 힌두교에 기본 신앙이 되어 있다. 이후 붓다에 의해 불교라는 새로운 종교가 생겨나서 인도사회를 지배하게 된다. 불교는 아트만을 부정하고 무아사상을 도입하게 되면서 전통신앙과의 문화적 종교적 충돌이 불가피하게 되었다. 붓다는 이러한 상황에 대처하여 열반이라는 새로운 종교사상을 도입함으로써 기존 신앙과의 조화를 모색하게 된다.

불교에서도 기존의 윤회사상을 그대로 받아들이면서 해탈의 개념 역시 불교 속에 녹아 들어가게 된다. 그러나 해탈사상은 불교가 중국으로 들어와 선불교로 변화하면서 빛을 잃게 되었다. 선불교의 이상인 직지인심 견성성불(直指人心 見性成佛)하게 되면 굳이 해탈에 연연할 필요가 없기 때문이다. 한편 열반의 개념 역시 대승불교 시대에

죽음에 대한 불교의 성찰

들어오면서 깨달음 즉 보리(菩提)의 개념으로 대체가 된다. 그런 연유로 해서 오늘날 현실불교에서 해탈과 열반은 쓰임새가 줄어들면서 혼동하여 사용되고 있다. 그러나 이 양자는 토양과 연혁이 전혀 다른 것이므로 이를 명확히 구분해야 할 필요가 있다. 해탈과 열반의 차이점에 대해 독자의 이해를 돕기 위해서 다음과 같이 비교표를 만들어 보았다.

	해 탈	열 반
역사적 기원	『우파니샤드』 등 베다시대의 문헌	불교 초기경전인 『아함경』과 『니까야』
기원의 배경	자아의 실체인 아트만이 윤회의 순환으로부터의 해방	탐·진·치 삼독에서 비롯된 번뇌로부터의 해방
수행의 방법	사마타(집중수행)를 통해 탐욕에서 벗어남	위빠사나(통찰수행)를 통해 지혜를 개발하여 무명에서 벗어남
궁극적 목표	윤회에서 벗어나 고통의 지속상태를 종식	소승불교에서는 깨달음을 얻어 고통에서 벗어나는 것이었으나, 대승불교에서는 보리(菩提)로 변의, 깨달음과 동시에 중생 구제를 추구

9. 정토론

정토론의 배경

중생의 생활은 괴로움의 연속이다. 그렇게 살다가 죽음에 이르면 윤회를 한다고 한다. 평소에 나쁜 업을 지었으면 사후에 악도에 떨어져 엄청난 고통 속에 삶을 이어가게 되는 것이다. 윤회를 벗어나려면 해탈을 해야 하는데, 각고의 수행을 하지 않으면 해탈을 이룰 수 없으니 해탈에 이를 자신이 없다. 설혹 그러한 수행을 거쳐 해탈을 이루어 낸다 한들 그 결과는 윤회를 벗어나는 것뿐이다. 그리하여 중생의 마음속에는 이러한 생각이 깔려 있다. 죽은 후에 윤회를 하든 해탈을 하든 그것은 현재의 내가 알지 못하는 새로운 세계이다. 내가 알지 못하는 미지의 세계에 대해 지금부터 걱정을 하고 괴로워 할 필요는 없는 것이 아닌가. 이러한 중생의 마음속에 파고든 것이 정토사상이다.

정토론의 유입

정토사상은 붓다가 의도하였던 것은 아니다. 당시의 붓다는 고통 속에 허덕이는 중생들에게 희망의 메시지를 전하는 것만으로도 시간이 부족하였다. 새로운 신도를 받아들이고, 승단을 만들고 유지하는 것만으로 벅찬 일이었다. 부파불교 시대에서도 불교 교리를 정리하고 확장하는 데에 급급하였을 뿐, 중생들의 아픈 마음을 이해하고 보듬어 줄만한 여유가 없었다. 이러한 중생의 마음을 불교에 불러들인 것은 대승불교였다.

카스피해 북동쪽에 살던 아리안 족이 남쪽으로 이동하면서 두 갈래로 갈라져 나갔다는 사실에 대해서는 이미 언급한 바가 있다. 이때 서쪽으로 이동한 아리안 족은 페르시아 제국을 건설하였고, 그곳에서 새로운 종교인 조로아스터교를 일으킨다. 한편, 동쪽으로 이동한 일족은 인도 서북부로 침투하여 그곳에서 인더스문명을 일으켰던 드라비다 족을 아래로 밀어내고, 또 하나의 종교인 불교를 일으킨다. 그들은 다른 지역에서 각각 다른 종교를 믿게 되었지만 서로 뿌리가 같았기 때문에 끊임없이 소통하고 교류하였던 것이다.

조로아스터교는 이 종교를 국교로 삼은 페르시아의 사산왕조(AD 226-651) 때에 크게 융성하였다. 이때 인도에서는 새로운 종교 사상인 대승불교가 꽃을 피우게 된다. 조로아스터교는 아후라 마즈다(Ahura Mazda)와 미트라(Mithra) 그리고 아나히타(Anahita)라는 삼신을 모시는 종교이다. 이후 불교와 기독교의 삼신사상도 여기에서 유래되었다고 한다. 아후라 마즈다는 광명의 신으로 불교에서는 아미타불(Amitayus)로 나타난다. 미트라는 태양의 신으로 불교에서는 미륵불(Maitreya)로 변신한다. 아나히타는 물의 신과 풍요의 신으로 불교에서는 관세음보살(Avalokisesvara)이 된다.

정토론의 연혁

불교에서 정토경전으로 처음 등장한 것은 세친이 저술한 『무량수경우파제사(無量壽經優婆提舍)』이다. 이 경전을 줄여서 '왕생론' 또는 '정토론'이라고 부른다. 세친은 이 경전에서 서방 아미타불의 정토에 왕생하는 방법으로 오념문(五念門)을 제시하고 있다. 오념문은 ① 예배문, ② 찬탄문, ③ 작원문, ④ 관찰문, ⑤ 회향문을 말한다. 세친은 넷째 문인 관찰문에서 서방정토의 모습을 17종의 국토 장엄, 8종의 불 장엄, 4종의 보살 장엄으로 나누어 총 29종의 장엄 공덕을 세밀하게 설하고 있다. 즉 비유정세계인 기세간(器世間)을 관찰하는 법과 유정세계인 부처님이나 보살의 중생세간(衆生世間)을 관찰하는 법을 설한 것이다.

정토론의 개요

1) 정토의 의의

정토(淨土, purified land)란 원래 삼독을 여읜 깨달음의 경지에 든 제불보살이 머무는 청정한 세계를 이르는 말이다. 그래서 이 세계를 불토 또는 불국토라고도 한다. 그러나 정토는 제불 보살만 가는 곳이 아니라 중생이라도 원을 세우고 지극 정성으로 염불을 하면 또한 갈 수 있는 곳이므로 중생토라고도 할 수 있다. 다만, 세속의 왕이 백성을 교화하는 것처럼, 부처님도 그곳에서 중생을 교화하는 곳이기 때문에 불국토라고도 하고 정토라고도 하는 것이다.

2) 정토의 종류

- 현교의 5방정토설 : 미륵보살의 도솔정토, 보현보살의 정토, 아촉불의 정토, 약사여래의 유리광 정토, 아미타불의 극락정토
- 밀교의 5방정토설 : 중앙의 대일여래 정토, 동방의 부동여래 정토, 남방의 보생여래 정토, 서방의 아미타불 정토, 북방의 불공성취불 정토
- 영장정토설 : 석가모니불의 정토, 관세음보살의 정토, 문수보살의 정토

죽음에 대한 불교의 성찰

- 시방정토설 : 동방 아서타불, 남방 이니라타라불, 서방 아사타 타불, 북방 아사타불, 동북방 아유나타국타불, 동남방 아전타 타타불, 서남방 울침타대불, 서북방 아파라타국, 하방 풍마타 라불, 상방 타색불

3) 정토론의 요소

본원사상

본원(本願)이란 불보살이 아직 불과를 얻지 못한 과거세에 중생을 구제하고자 일으키는 서원 또는 숙원을 말한다. 이 서원은 총원과 별원으로 나뉘는데, 그 총원은 불보살이 공통적으로 일으키는 사홍 서원을 말한다. 이에 반해 별원은 불보살이 각각 독자적으로 세우는 서원을 말한다. 별원으로서 유명한 것은 석가모니불의 500대원, 미륵보살의 열 가지 서원, 아촉불의 20대원, 약사여래의 12대원, 그리고 아미타불의 48대원 등이 있다.

염불사상

불교의 여러 수행문 중에 가장 쉽게 접근할 수 있는 수행문이 염불왕생문이다. 그리하여 여타의 수행문을 난행도(難行道)라고 하는데 반해, 염불문은 순수하게 타력에 의해 깨달음에 이르는 수행문이라 하여 이행도(易行道)라고 한다. 염불의 형태별로 보면 부처님의 실상과 상호를 대상으로 하는 관념(觀念)염불과 부처님의 명호를 대상으로 하는 칭명(稱名)염불, 그리고 부처님의 본원을 대상으로 하는 억

념(憶念)염불 등이 있다. 한편 염불의 목적에 따라 정토왕생을 위한 염불, 석가모니불, 아미타불 등 부처님의 대상에 따른 염불로 분류된다.

죽음에 대한 불교의 성찰

죽음의 개념체계 변천도

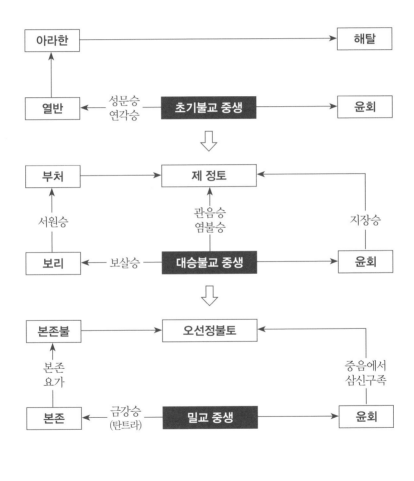

3장

아비담마에서 보는
죽음의 세계

1. 아비담마의 성립

부처님의 입멸 직후에 열린 1차 결집에 의해 부처님의 가르침을 담은 불경이 모습을 갖추게 된다. 이후 불경이 성문화되면서 4종의 초기경전이 완성되는데 빨리어로 기술된 불경을 『니까야』라 하고, 산스크리트어로 기술된 불경을 『아함경(阿含經)』이라 한다. 경전이 성립된 이후 율장에 대한 해석을 둘러싸고 동·서 교단 간에 갈등이 계속되자 결국 장로회의를 열어 이를 수습한 바 있다. 이를 계기로 하여 보수파인 상좌부와 진보파인 대중부가 근본 분열을 일으키게 된다. 이후 3차에 걸친 지말 분열이 일어나며 부파불교라는 한 시대를 열어간다. 이후 대중부는 대승불교로 변신하게 되지만, 보수파인 상좌불교는 지금까지도 유유히 그 명맥을 이어오고 있다.

부파불교 시대에 이르러 각 부파들은 붓다의 가르침, 즉 불경에 대하여 치밀하고 깊이 있는 연구와 해석을 지속적으로 행하게 된다. 붓다의 가르침 중에서 대중들에게 설법한 주요 내용을 경장(經藏)이라 하고, 비구들이 지켜야 할 규율을 담은 것을 율장(律藏)이라고 하며, 우주의 궁극적 실체와 깨달음의 본질에 대해 탐구한 내용을 논장(論藏)이라고 하여 이 셋을 합쳐 삼장(三藏)이라고 한다. 그중에서 논장에 대한 연구가 가장 활발하게 전개되었는데, 그 연구 결과를 집성한 것을 『아비담마(Abhidhamma)』라 한다. 이를 중국에서 아비달마(阿毘達磨)로 음역하면서 현재 두 개의 용어가 같이 사용되고 있다. 아비담마의 원천은 붓다의 가르침인 논장이지만, 각 부파에서 논장에 대해 다양하고 깊이 있게 연구가 진행되면서 『아비담마』는 '부파불교의 논서'로 그 의미가 전이되었다.

　전술한 바와 같이 주로 대중부에 속하는 부파들의 논서는 카니시카왕 시기에 500 아라한을 동원하여 『아비달마대비바사론』으로 집대성하였고, 이를 5세기경에 세친보살이 『아비달마구사론』으로 평석하여 정리한 바 있다. 구사론은 2002년 동국역경원에서 한글로 번역 출간하였다. 그러나 총 30권에 이르는 방대한 분량과 추상적인 개념의 해석으로 채워져 있어 일반 독자들이 접근하기에는 어려움이 있다. 이와는 별도로 11세기경 스리랑카의 아누룻다(Anuruddha) 스님에 의해 쓰여진 것으로 추정되는 빠알리 어 원본의 『아비담맛다상가하(Abhidhammattha Sangaha)』라는 논서가 있다. 이 논서는 대중부의 구사론에 대비되는 상좌부의 『청정도론』을 저본으로 하여, 상좌불교의 논리를 매우 간결하고 친절하게 소개하고 있다. 영국을 비롯한 여러 나라에서 이 책의 가치를 발견하고 번역 출판하면서 상좌부 계통의 아비담마가 세계에 널리 알려지게 되었다.

　빠알리 삼장의 우리말 완역을 발원하고 2002년에 설립된 초기불전연구원은 첫 사업으로 『아비담마 길라잡이』를 택하였다. 연구원장을 맡고 있는 대림스님은 각묵스님과 더불어 이 책의 번역을 맡게 되었다. 이 책을 출판하면서 연구원은 "아비담마가 상좌부 불교에서 차지하는 비중이 매우 높기 때문에, 상좌부 불경인 『니까야』의 번역에 앞서 이 책을 먼저 번역 출판하게 되었다"라고 출간사에서 밝히고 있다. 아비담마는 마음의 실상을 상세하고 치밀하게 설명한다. 마음을 분석하고 마음의 특성을 설명하며, 마음의 작용(마음부수, 心所)을 52가지로 분류하여 설명한다. 그리고 죽음과 재생의 연결과정에 대해서도 세밀하게 설명하고 있다. 이외에도 동 논서는 여러 종의 한국어 번역판이 출간되어 있다.

2. 『아비달마구사론』의 사후세계

『아비달마구사론』(이하 '구사론'이라 한다)은 제9권 「분별세품」에서 중유(中有)에 관하여 설하고 있다.

중유의 개념

여기서 어떤 법을 설하여 중유라고 일컬은 것인가? 또한 어떠한 이유에서 중유를 '생'이라고 이름하지 않는 것인가? 게송으로 말하겠다.
"사(死)와 생(生)의 두 가지 유(有) 중간에 있는 오온을 중유(中有)라고 이름하니 마땅히 이르러야 할 곳에 아직 이르지 않았기 때문에 중유는 '생'이 아닌 것이다."

중유란 사유(死有) 이후, 생유(生有) 이전, 다시 말해 그 중간에 존재하는 오온 그 자체를 말한다. 태어나야 할 곳에 이르기 위해 이러한 몸을 일으킨 것이나 2취 중간에 존재하기 때문에 이를 '중유'라고 이름하는 것이다. 이러한 몸도 이미 일어난 것인데 어째서 '생'이라고 이름하지 않는 것인가? '생'이란 말하자면 마땅히 이르러야 하는 곳에 이르는 것이므로, '이른다'는 사실에 의해서 '생'이라는 명칭을 얻게 되는 것이다. 그러나 이러한 중유의 몸은 비록 그 자체로서는 일어났을지라도 아직 그곳(마땅히 이르러야 하는 곳)에 이르지 않았기 때문에 '생'이라고 이름하지 않는 것이다. 업에 의에 생겨난 이숙(異熟)의 오온이 마침내 분명하게 되는 것, 이것을 '마땅히 이르러야 하는 곳'이라고 말한다.

중유의 형상

중유는 장래 어떠한 취(趣)로 나아가고, 생기한 중유의 형상은 어떠한가? 게송으로 말하겠다.

"이것은 동일한 업에 의해 인기(因起)된 것이기 때문에 장래의 본유(本有)의 형상과 동일한데 본유란 말하자면 죽는 찰나 이전에 태어나는 찰나 이후에 존재하는 것이다."

죽음에 대한 불교의 성찰

만약 어떤 업이 장차 나아가게 될 취(所趣)를 능히 이끄는 것이라고 한다면, 그러한 업은 바로 당연히 나아가는 것(能趣)인 중유도 함께 한다. 따라서 이러한 중유가 그러한 '취'로 나아가게 될 때는 바로 나아가게 될 장래의 본유의 형상과 같다. 만약 중유의 형상이 장래의 본유의 그것과 동일하다고 한다면 다음과 같은 예시를 주목할 필요가 있다. 예컨대 어미개가 다섯 마리의 새끼를 배었다가 어떤 사정에 의해 그것이 일시에 죽었을 경우, 그 다섯 마리는 각기 가진 업에 따라 각각의 '취'의 형상을 띤 중유가 될 것이다. 그런데 만약 그중에서 지옥취의 중유가 있다면 어찌 하겠는가. 어미개의 뱃속을 태워야 하지 않겠는가.

중유의 특징

중유는 가장 빠른 업의 신통을 갖추고 있어 모든 부처님이라 하더라도 능히 그것을 막을 수는 없다. 왜냐하면 중유는 업의 세력이 가장 강성하기 때문이다. 또한 일체의 중유는 오근(五根)을 모두 갖추고 있다. 중유는 벽이든 산이든 무엇이든지 뚫고 지나갈 수 있다. 다음 생으로 갈 중유가 이미 형성되면 이를 돌이킬 수는 없다.

『아비달마대비바사론』에 의하면 중유의 수명에 대하여 논사마다 다르게 주장한다고 한다. 대덕(大德)은 '중유의 지속기간에는 정해진 한도가 없어 탄생할 인연이 없으면 무한하다'고 하였고, 세우(世友)는 '길 경우는 7일인데 탄생할 인연이 없으면 중유의 상태에서 계속 생사한다'고 하였으며, 설마달다(設摩達多)는 '최대한 칠칠일(49일) 지속한다'라고 주장하였다. 그러나 위의 논서는 '중유에 적은 시간만 머문다'라고 결론지었다. 왜냐하면 모든 영혼은 생유를 선호하기 때문이라는 것이다.

중유로부터 재생에의 연결

『구사론』에서는 중유로부터 입태(入胎)의 과정을 비교적 소상하게, 그리고 난해하게 설하고 있다. 중유는 태어날 곳에 이르기 위하여 먼저 전도된 마음을 일으켜 원하는 경계(欲境)로 치닫게 된다고 한다. 비록 멀리 떨어진 곳에 머물고 있을지라도 업력에 의해 일어난 안근(眼根)으로써 태어날 곳의 남녀가 교회(交會)하는 것을 보고 성적 욕구를 일으킨다는 것이다. 만약 남자의 경우라면 여성 배우자를 내상으로 애욕을 일으키고, 여자의 경우라면 남성 배우자를 대상으로 애욕을 일으킨다는 것이다. 중유의 몸은 반드시 근(根)을 갖추고 있기 때문에 중유로서 여성도 남성도 아닌 경우는 없다. 이렇게 부지불식간에 수정란에 부착되어 모태의 자궁에서 명색으로 자라나며 다시 내생의 삶을 받게 된다.

그리고 입태(入胎)에는 네 가지 상태가 있다고 하면서, 이를 게송으로 다음과 같이 설한다.

"첫 번째의 경우는 들어가는 것에 대해 올바로 아는 것이며, 둘째와 셋째의 경우는 머무는 것이나 나오는 것에 대해 아울러 아는 것이며, 넷째의 경우는 그 모든 상태(位)에 대해 알지 못하는 것이며,

죽음에 대한 불교의 성찰

그리고 난생(卵生)의 경우에는 전혀 알지 못한다."

『구사론』은 수행자가 가진 정지(正知)의 근기에 따라 입태의 상태를 네 가지로 구분한다. 첫째 유형은 입태 시에만 정지가 있고, 둘째 유형은 입태와 주태 시에 정지가 있으며, 셋째 유형은 입태, 주태와 출태 시에 모두 정지가 있고, 넷째 유형은 모든 경우에 미혹되어 있다는 것이다. 논서는 이를 결론지어 첫째 유형을 전륜성왕에게, 둘째 유형을 독각승(獨覺乘)에게, 셋째 유형을 정등각자에게, 그리고 마지막 유형을 범부들에게 적용시킨다.

3. 『아비담맛다 상가하』의 사후세계

네 가지 죽음의 도래

사람은 다음과 같은 원인 중의 하나로 죽음에 이른다.
- 수명이 다한 죽음
- 생산하는 업력이 다한 죽음
- 수명이 다하고 업력이 다한 죽음
- 파괴하는 업이 끼어드는 죽음

아비담마에서 죽음은 '생명기능이 끊어진 것'을 말한다. 삶의 과정에서 모든 생명은 매 찰나에 죽고 다시 태어나는 것을 반복하는데,

아비담마에서는 이것을 찰나생(利那生) 찰나사(利那死)라고 부른다. 정신과 물질이 존재하였다가 존재하지 않은 이 기간을 '찰나'라고 한다. 아비담마의 핵심을 담고 있는 『청정도론』에서는 찰나를 '일어나고 사라지는 것으로 한정된 자신의 존속 기간', 즉 특정한 법계가 존속하는 기간으로 정의한다. 『구사론』에서 상세하게 규정하는 바에 따라 현대식으로 계산해 보면 1찰나는 대략 75분의 1초에 해당한다고 한다. 상좌부 불교에 의하면 1찰나에 사람의 마음은 16번 일어나 머물고 사라진다고 한다. 그렇다면 사람의 마음은 1초 동안에 1,200번 일어나고 머물고 사라진다고 계산할 수 있다. 사람의 일생을 이렇게 짧은 기간으로 비유하는 것은, 영겁의 입장에서 보면 100년의 기간이나 100분의 1초의 기간이나 별반 다르지 않다고 보는 것 같다.

　수명이 다하였다고 하는 것은 수명의 한계에 이르렀다는 것으로 자연사에 해당하는 것이다. 이 세상에서 기대할 수 있는 최대치의 수명을 살다 죽었지만 아직 그의 생산업이 다하지 않았다면, 업의 힘에 의해 이전과 같은 생이나 더 높은 세상에 태어날 수 있다는 것이다. 그러나 업력이 다한 죽음은 비록 정상적인 수명을 다하지 않았다 하더라도, 업 그 자체가 힘을 상실해서 생기는 죽음이다. 업은 과보를 가져오는 역할에 따라 이를 네 가지로 분류하는데, 첫째가 생산하는 업, 둘째가 돕는 업, 셋째가 방해하는 업, 넷째가 파괴하는 업이다. 과보를 주는 시간에 따라 다시 네 가지 업이 있는데, 첫째가 금생에 받는 업, 둘째가 다음 생에 받는 업, 셋째가 세 번째 생부터 받는 업, 넷째가 효력을 상실한 업이다.

　　　　　　　　　　　　　죽음에 대한 불교의 성찰

정상적인 수명이 다하기 전이라 하더라도 아주 막강한 파괴하는 업이 끼어들어 죽음에 이르는 경우가 있다. 이 같은 경우를 불시의 죽음이라 하여, 앞의 세 가지 정상적인 죽음과 구분된다. 이와 같은 네 가지 경우의 죽음의 도래는 등잔불이 꺼지는 네 가지 경우에 비유되기도 한다.

- 심지가 다 타버린다.
- 기름이 다 타버린다.
- 심지와 기름 둘 다 타버린다.
- 심지와 기름이 아직 남아 있는데 바람이 갑자기 불어와 불을 훅 불어 꺼버린다.

죽을 때의 표상

이제 막 죽어가는 사람에게 내생을 조건 지을 업에 대하여 다음의 세 가지 대상 가운데 하나가 육처(六處, 眼耳鼻舌身意) 중 어딘가에 어렴풋이 떠오른다.

- 업 : 다음 생에서 재생에 연결하여 줄 업의 환영
- 업의 표상 : 그 업을 짓는 동안에 보이거나 들리던 장면이나 소리 등의 주변 현상
- 태어날 곳의 표상 : 바로 다음 생에서 경험하게 될 '태어날 곳'의 주변 모습이나 환경 등의 어렴풋한 형상

죽음과 재생의 연결

한 생명체가 죽은 후 그 생명이 다음의 생명체에 어떻게 연결되어 가는 것인가. 아비담마는 그 메커니즘을 다음과 같이 설명한다.

- 살아 있는 존재의 삶은 '재생연결심(patisandhi-citta)'이라는 바왕가 즉 마음기능에 의해서 형성되어지고 일정 기간 유지된다.
- 이 마음이 서서히 사라진 후에 죽음이 찾아 올 때까지는 생명지속심(bhavanga-citta)이라는 바왕가가 계속해서 일어났다 사라지기를 반복하며 한 생애를 살아간다.
- 이 생명지속심은 생애를 마친 후 죽음의 기능을 수행하는 '생명단절심(bhavanga-paccheda)'이라는 바왕가가 일어나면 여기에 승계된 후 사라져 버린다.
- 이와 같이 살아 있는 존재들에게 이 세 가지 마음의 기능, 즉 재생연결심, 생명지속심, 생명단절심이라는 바왕가는 순차적으로 빠르게 혹은 느린 속도로 그 기능을 수행하며 생명체를 이어간다.

업의 환영이나 태어날 곳의 형상은 죽음의 직전에 생명단절심이 일어나는 순간 안문(眼門)에 부딪치게 된다. 한 생애에서 마지막으로 나타나는 생명단절심은 그 생을 받을 때 생긴 재생연결심과 그 삶의 과정에서 가졌던 마음의 상태인 생명지속심과 부딪치다가 서서히 사라진다. 이 죽어가는 사람의 죽음 직전에 생긴 바왕가인 생명단절심은 바로 다음 생의 재생연결심과 연계된다. 그것은 새로 받는 생의 바왕가로 또 다른 생명체의 출생을 주도하지만, 결국에는 새로운 생의 생명지속심을 거쳐 다시금 생명단절심으로 흘러가는 것이다.

죽음에 대한 불교의 성찰

생명단절심이 나타난 직후에 생겨난 재생연결심은 어떠한 마음의 흐름도 중단되지 않고, 어떠한 시간의 간격도 없이 다음의 생명체에서 일어난다. 내생은 매우 먼 장소에서 일어날 수도 있지만 어떠한 시간적인 간격이 없다. 그러므로 마음의 흐름이 흘러가는 데에는 어떠한 시간과 공간의 장벽이 없다. 따라서 영혼이 다음의 생에 들어가기 전에 여기저기를 떠돈다는 생각은 옳지 않다. 아비담마의 관점에서 보면 영혼도 육체도 없으며 연기법에 따라 오직 정신의 흐름과 물질의 흐름이 있을 뿐이다

재생연결심은 마음의 작용인 마음부수(cetasika)들과 함께 한다. 재생연결심은 생명체의 마음부수들의 핵이자 선구자이며 인도자이다. 마음부수는 항상 마음과 함께 결합되어 일어나는 정신현상으로, 마음이 특별한 임무를 수행하도록 돕는 기능을 한다. 만약 새로운 존재가 오온을 가진 존재로서 세상에 생겨난다면, 재생연결심은 같은 업에 의해 제공되는 마음부수를 갖추게 될 것이다. 마음부수는 모두 52가지로 형성되어 있는데, 그중에서 13가지는 중립적인 마음부수이고, 14가지는 해로운 마음부수이며, 25가지는 아름다운 마음부수이다.

죽은 후 재생의 세계

죽음이란 일시적인 현상의 순간적인 소멸이다. 죽음이 의미하는 것은 한 특정한 세상에서 한 개인의 생명기능과 열과 의식이 소멸하는 것이다. 그러나 죽음은 한 존재의 완전한 단멸이 아니다. 다음 생

의 원인들이 소멸하지 않는 한, 어느 한 장소에서의 죽음은 다른 장소에서의 재생을 의미한다. 죽음 이후 재생이 일어날 수 있는 세상은 다음과 같다.

1) 무색계에서 한 범천(梵天)이 죽으면 그는 같은 세상이나 더 높은 세상에서 재생할 수는 있지만, 더 낮은 무색계 세상에서 재생하지는 않는다. 그러나 그 범천은 세 가지 원인으로 인간으로 욕계에 태어날 수 있다.
- 공무변처에서 죽은 후에 네 가지 욕계의 세 가지 원인으로 재생연결이 되는 경우
- 식무변처에서 죽은 후에 네 가지 욕계의 세 가지 원인으로 재생연결이 되는 경우
- 무소유처에서 죽은 후에 네 가지 욕계의 세 가지 원인으로 재생연결이 되는 경우
- 비상비비상처에서 죽은 후에 네 가지 욕계의 세 가지 원인으로 재생연결이 되는 경우

2) 색계의 범천이 죽으면 네 가지 악처를 제외하고 업에 따라 어떤 세상에도 태어날 수 있다. 그러나 그는 타락한 인간이나 타락한 아수라로는 태어나지는 않을 것이다. 다시 말해서, 네 가지 욕계의 두 가지 원인 있는 재생연결과 여섯 가지 색계의 재생연결과 네 가지 무색계의 재생연결이 가능하다

3) 욕계의 인간이나 천신이 죽을 때, 만약 그가 세 가지 원인 있는 존재라면 그는 어떤 세상에도 태어날 수 있다. 선정을 닦은 자는 범

죽음에 대한 불교의 성찰

천으로 재생할 수 있고, 해로운 행위를 저지른 자는 악처에 떨어질 수도 있다. 두 가지 원인 있는 인간이나 천신이 죽으면 열 가지 욕계의 재생연결이 가능하다.

4) 인간계와 낮은 사대왕천의 천신이 특별한 원인이 없이 죽으면, 열 가지 모든 욕계의 재생연결이 가능하다. 네 가지 악처의 비참한 존재가 죽으면, 다시 열 가지 욕계의 재생연결이 가능하다.

윤회의 대상이 되는 불교적 세상

육도 삼계	무색계		33. 비상비비상천(非想非非想天)	물질은 사라져 버리고 정신만 남은 최상위의 세계
			32. 무소유처천(無所有處天)	
			31. 식무변처천(識無邊處天)	
			30. 공무변처천(空無邊處天)	
	색계	사선천	29. 색구경천(色究竟天)	깨달음을 통해 탐욕은 여의었으나 물질에 갇혀 있는 중간단계의 세계
			28. 선견천(善見天)	
			27. 선현천(善現天)	
			26. 무열천(無熱天)	
			25. 무번천(無煩天)	
			24. 무상천(無想天)	
			23. 광과천(廣果天)	
			22. 복생천(福生天)	
			21. 무운천(無雲天)	
		삼선천	20. 변정천(遍淨天)	
			19. 무량정천(無量淨天)	
			18. 소정천(少淨天)	
		이선천	17. 극광정천(極光淨天)	
			16. 무량광천(無量光天)	
			15. 소광천(少光天)	
		초선천	14. 대범천(大梵天)	
			13. 범보천(梵輔天)	
			12. 범중천(梵衆天)	
	욕계	육욕천	11. 타화자재천(他化自在天)	삼독에 물들어 괴로움에 처한 중생이 사는 세계
			10. 화락천(化樂天)	
			9. 도솔천(兜率天)	
			8. 야마천(夜摩天)	
			7. 도리천(忉利天)	
			6. 사왕천(四王天)	
		인간	5. 인간(人間)	
		악처	4. 아수라(阿修羅)	
			3. 축생(畜生)	
			2. 아귀(餓鬼)	
			1. 지옥(地獄)	

죽음에 대한 불교의 성찰

4장

티베트 불교의
죽음에 대한 탐구

1. 티베트 불교의 역사와 종파의 성립

티베트의 국토와 민족

티베트는 아시아의 중앙에 위치해 있고 국토의 평균 고도가 4000m에 이르고 있어 '세계의 지붕'으로 불린다. 국토의 면적이 중국 전체 면적의 1/4을 차지하고 있고, 한반도의 12배나 되는 광활한 고원이다. 티베트 민족은 대략 700만 명이 되는데, 이 중 600만 명은 티베트 자치구에 살고 있고 나머지 100만 명은 중국, 인도 등 인접국가에 살고 있다. 티베트 남서부 히말라야 산맥에 카일라스라고 불리는 명산이 있다. 높이가 6,656m나 되는 높은 봉우리인데 아직 인류가 정복하지 못한 봉우리이다. 불교에서는 이 산을 '수미산'이라 부를 정도로 특별한 성지로 여기고 있다. 불교 이외에도 뵌교, 힌두교, 자이나교 등에서도 성지로 숭모한다. 그런 까닭에 매년 수많은 순례객이 이 산을 찾는다.

스웨덴의 진화유전학자 스반테 파보(Svante Paabo)는 2010년 초 시베리아 남부 알타이 산맥에 있는 데니소바 동굴에서 발굴된 사람의 손가락뼈에서 DNA를 추출하여 조사한 후 놀랄만한 발표를 하게 된다. 그 뼈의 주인은 현생인류도 아니고 네안데르탈인도 아닌 제3의 인류라는 것이다. 이 뼈의 주인공은 지금 '데니소바인'이라고 불리고 있다. 학자들은 현생 인류가 태어나기 훨씬 전인 지금으로부터 약 100만 년 전 네안데르탈인이 아프리카를 떠날 무렵에, 제3의 인류가 아프리카를 떠나 인더스강을 따라 올라와서 이곳까지 이동해 정착하였다고 보고 있다.

최근까지도 티베트인은 중국의 티베트고원 동부의 내륙지역에 있던 한족의 일부가 티베트고원으로 이동하였을 것으로 추정하고 있었다. 2014년에 어떤 계기가 있어 한족과 티베트족 간에 유전자 비교 분석을 하게 되었다. 그런데 놀라운 분석 결과가 나왔다. 한족과 티베트족 간에는 유전적인 유사성이 거의 없다는 것이다. 분석 결과 티베트인의 유전자는 데니소바인과 거의 같았다. 그런 연유로 해서 티베트어는 알타이어계에 속해 있다. 티베트어는 중국어와는 달리, 그리고 한국어와 같이 주어·목적어·동사의 순서로 되어 있다. 티베트 민족과 우리 민족 간에는 인류사적으로 어떤 연관 고리가 있어 보인다.

전기 불교시대(600-850)의 개막

티베트에 불교가 전래된 것은 서기 600년경 밀교로 변화된 인도의 불교였다.

죽음에 대한 불교의 성찰

●티베트 카일라스산

이후 송첸감포왕(617-650)이 집권하면서 최초로 티베트를 통일하고 당나라와 대등할 정도로 국력을 키워나갔다. 그는 불교를 최초로 받아들이는 한편, 산스크리트어를 참고로 해서 티베트 문자를 창조했다. 문자가 만들어지자 그는 7세기경부터 불경의 번역사업에 착수할 수가 있었다. 당시 티베트에는 주술을 위주로 하는 뵌교가 오랫동안 자리 잡고 있었는데, 이때부터 불교에 포섭되어 뵌교는 자취를 감추게 되었다.

송첸감포왕 이후 한 세기를 지나 등극한 티송데첸왕(742-797) 시기에 불교를 국교로 받아들이면서, 불교는 티베트에서 전성기를 맞게 된다. 그는 인도의 저명한 승려인 파드마삼바바를 초빙해 당시 인도에서 유행하던 밀교를 본격적으로 도입한다. 파드마삼바바는 당시 티베트의 주요한 현안사항이었던 쌈예사원의 건립에 기여하는 한편, 티베트에 최초로 승단을 만들었다. '구루 린포체'로 불리며 대단한 존경을 받았던 그는 티베트에 탄트라불교가 정착하는 데 크게 기여하였다. 왕은 한편으로 중국의 저명한 승려를 초청하여 밀교와 중국의 선종(禪宗) 간에 '돈점논쟁(頓漸論爭)'을 유도하였는데, 선종이 패퇴하면서 선종이 다시는 발을 붙이지 못하게 되었다.

티송데첸의 후손인 랑달마왕(838-842)은 선대왕과는 달리 이미 퇴출되어 사라진 뵌교를 신봉하면서 극심한 폐불 정책을 폈다. 불경을 불태우고 많은 승려들을 죽였다. 결국 그는 암살당했고 티베트 왕조는 몰락했다. 왕위 쟁탈전을 벌이던 후계자들은 각각의 나라를 세웠는데, 그중 '구게 왕국'만이 이후 700여 년간이나 존속하였지만 변방에 위치하고 있어 역사의 뒤안길로 사라져 버렸다.

죽음에 대한 불교의 성찰

후기 불교시대(950-1250)의 도래

티베트 왕국의 몰락 이후 400년 동안 티베트는 중앙 정부가 없는 무정부시대에 접어들었다. 이에 따라 티베트 불교는 지방 토호들의 지원을 받아 자생적으로 발전하게 된다. 이 당시에 인도에서 불교가 쇠락하면서 많은 승려들이 티베트로 넘어오게 되어 그들이 불교 발전에 동력을 제공한다. 이 승려들이 지방 불교세력과 규합하면서 종파불교로 발전해 나간다. 가장 먼저 두각을 나타낸 종파는 닝마파이다. 닝마파는 전기에 번역된 불경에 의존하였기 때문에 구역파라 부르고, 이후 새로 번역된 불경에 의존하였던 여타 종파는 신역파라 부르게 되었다.

티베트 불교의 황금시대(1250-1450)

각 종파 간에 오랜 주도권 쟁탈 과정을 거친 후, 사까파가 마침내 중앙 티베트의 지배세력이 되었다. 그러나 원나라가 멸망하면서 사까파는 지원세력을 잃게 되고, 까규파가 지배세력으로 대체되었다. 한편 총카빠라는 뛰어난 지도자와 그의 제자들에 의해 세력을 넓혀가던 겔룩파가 극심한 견제를 뚫고 마침내 중앙 티베트의 주도세력이 된 것은 17세기 초반이었다. 종파 간에 그처럼 극심하게 대립하던 시기임에도 불구하고 이 시기를 불교의 황금시대라고 하는 것은, 종파 간의 견제와 교류를 통해 교리를 확립하게 되면서 티베트 불교의 근간을 구축하였기 때문이다.

티베트 불교 4대 종파의 성립

닝마파(Rnying-ma-pa)

티베트 4대 종파 가운데 최초로 성립되었다. 파드마삼바바의 가르침에 기초하여 교리를 정립하였다. 구역(舊譯)에 기초하는 유일한 종파이다. 족첸이라는 수행법을 운용하고 있다. 족첸은 일상 속에서 말하고 생각하는 바를 관찰하는 수행법이다.

까규파(Ka-gyu-pa)

까규파는 티베트어로 부처님의 가르침을 구전을 통해 가르친다는 의미를 가지고 있다. 이처럼 사자상승(師資相承)을 강조하는 것이 까규파의 특징이다. 11세기에 재가생활을 하면서 불경 번역가로 이름을 떨친 위대한 스승 마르빠를 추종한다. 이 종파의 핵심적 가르침은 마하무드라와 나로파의 여섯 가지 교리이다. 라마가 죽은 후 다른 사람의 몸을 빌려 태어난다는 달라이라마 전통은 까규파에 의해 처음 제기되었다. 현 제14대 달라이라마의 후계자로는 제17대 까규파의 젊은 수장인 오겐 틴레 도젠이 거론되고 있다.

사까파(Sa-bakya-pa)

사까파의 종조는 인도 출신의 달마팔라인데, 1073년에 사까 지방에 사원을 세우면서 종파를 결성하였다. 사까파는 밀교의 가르침을 체계적으로 분석하고 정리하여 13세기-14세기에 가장 강력한 정치적 영향력을 행사하였다. 당시 다섯 명의 구루(종교지도자) 중의 하나였던 최 겔 곽파는 원나라에 가서 쿠빌라이 칸의 왕사가 되었다. 곽파는 몽골에서 문자를 만드는 데 공헌하는 등 몽골의 문화 발전에 크게 기여하였다. 그로 인해 원나라는 한때 사꺄파에게 중앙 티베트의 통치권을 부여하기도 하였다.

겔룩파(Dge-lugs-pa)

14세기 말, 티베트 불교를 혁신한 위대한 스승 쫑카빠(1357~1419)와 그의 제자들에 의해서 가장 마지막으로 창립된 밀교 종파이다. 종파원들이 노란 모자를 쓰고 다닌다고 하여 황모파(黃帽波)라고 불리기도 한다. 총카빠는 문수보살로부터 영감을 얻어 중관학파의 가르침을 사상체계의 핵심으로 삼았다. 제3대 달라이라마인 소남 강쪼가 몽골을 방문, 후원을 받아내는 데 성공하여 중앙 티베트에 대한 주도적인 지배세력이 되었다. 이러한 겔룩파의 절대적인 위치는 현재까지도 지속되고 있다. 현재 겔룩파의 수장인 텐진감초는 제14대 달라이라마로서 인도의 다람살라에서 망명정부를 이끌고 있다.

2. 티베트의 활불전세 체계

전세 제도의 확립

티베트 불교의 전세(轉世) 제도는 오늘날 세계적인 수수께끼의 하나가 되어 있다. 4대 종파의 하나인 까규파가 티베트의 정치와 종교를 지배하고 있던 시절인 1193년, 종파의 창시자인 뒤쑴겐빠 대사가 임종하면서 전세 제도를 행할 것을 유언하였다. 그의 제자들이 이를 받아들여 스승의 어린 화신을 찾아내면서 활불 전세제도가 개시된다. 이후 까규파의 전세 전통은 현재까지 이어져 왔고 다른 종파들도 이를 따르게 되었다. 티베트 불교의 새로운 지도자로 부상한 쫑카빠 대사가 1409년 겔룩파라는 종파를 창시함에 따라 전세 제도는 새로운 전기를 맞게 된다. 겔룩파는 한때 까규파의 견제를 받아 존립의 위기를 맞기도 하였지만, 5대 달라이라마의 시기에 몽골의 지원을 받아 까규파를 몰아내고 정교합일의 실질적인 지배체제를 구축하게 된다. 겔룩파의 유명한 양대 활불전세의 전통은 달라이라마 계통과 빤첸라마 계통으로 나뉘어 전승된다.

달라이라마 계통

제1대 달라이라마는 쫑카빠 대사의 상수제자인 겔찹제 겐뒨둡빠이다. 3대 달라이라마인 쏘남가초가 1578년 몽골의 실력자와 만나 상호 협력체계를 구축하면서 이때부터 '달라이라마'라고 하는 활불체계에 대한 명칭이 확정된다. 이리하여 겐뒨둡빠는 초대 달라이라마로 추인되고, 현재 제14대 달라이라마인 텐진가초까지 이어진다. 달라이라마는 티베트의 정치적 지도자의 역할을 담당하고 있다.

죽음에 대한 불교의 성찰

빤첸라마 계통

빤첸라마는 티베트 불교 겔룩파의 양대 활불 체계 가운데 하나이다. 1654년, 몽골의 지배자가 제4대 빤첸라마인 롭상최끼겔첸에게 빤첸 보고또라는 존칭을 전수하였다. 이로부터 '빤첸라마'라는 명칭이 확정되었고, 쫑카빠 대사의 양대 제자 중의 하나인 케둡체는 제1대 빤체라마로 추인되었다. 이후 빤첸 계통의 활불은 현재의 제11대 빤첸라마인 최끼겔뽀로 이어지고 있다. 빤첸라마는 티베트의 종교 지도자의 역할을 담당하며, 달라이라마와 더불어 티베트를 이끌어가고 있다.

3. 티베트 불교에 두 거인의 출현

파드마삼바바

파드마삼바바(蓮花生)는 파키스탄 동북부 스와트 계곡에 위치하였던 '우디아나'라는 나라의 왕자로 태어났다. 그는 청소년 시절에 세속을 버리고 출가하여 인도의 유명한 불교대학인 나란다 대학에서 전통 불교에 대한 교육을 받았다. 이후 스승을 찾아 오늘날의 미얀마와 아프가니스탄 지역에서 수행하면서 마침내 정각을 얻게 되었다. 이후에 그는 인도에서 성자(聖者)로 인정을 받아 저명한 나란다 대학

●파드마삼바바의 초상

죽음에 대한 불교의 성찰

의 교수로 재직하게 되었다. 대학에서 신비과학에 대해서 강의를 해 오던 그를 티베트에 오도록 초청한 사람은 불교를 적극적으로 옹호하고 지원하던 티송데짼 왕이었다.

파드마삼바바는 티베트 왕의 초청을 받아 747년 네팔을 통과해 티베트에 도착하였다. 당시 티베트의 쌈예 지방에 쌈예사(桑耶寺)를 지으려고 하는데 악귀들의 방해로 진척이 안 되고 있으니, 악귀들을 퇴치시켜 달라는 것이 초청의 목적이었다고 한다. 그런데 놀랍게도 그는 단시간 내에 악귀들을 몰아내고 사원을 성공적으로 건립하였다는 것이다. 티베트에 머무는 동안 그는 산스크리트어로 되어 있는 많은 탄트라 경전들을 티베트어로 번역해 냄으로써, 티베트 불교를 한층 심화하고 다양화하는 데 기여하였다. 또한 그는 라마승들의 공동체인 사원을 최초로 창건하였는데, 이것이 현재 4대 종파의 하나인 '닝마파'이다. 이로 인해 파드마삼바바는 닝마파의 창시자가 된 것이다.

파드마삼바바가 티베트에서 이룬 최대의 공적은 『티베트 사자의 서』를 찬술한 것이다. 그가 이 책을 직접 저술한 것인지, 아니면 구전으로 전해 내려오던 것을 엮어서 책을 만든 것인지는 확실하지 않다. 중요한 것은 그가 이 내용을 기록으로 남겼다는 것이고, 그것을 동굴 속에 숨겨 두었다는 사실이다. 만약 그가 당시에 책을 숨기지 않고 공표하였다면, 얼마 후에 일어난 악명 높은 법난(法難)의 시기에 다른 불서들과 더불어 타 없어졌을 수도 있기 때문이다. 아마도 그는 장차 일어날 법난을 예견하였을 것이다.

『티베트 사자의 서』(후술)는 헤아릴 수 없이 많은 세대에 걸쳐 전승

된 사후세계에 대한 믿음의 기록이다. 티베트에서 오랜 세월에 걸쳐 라마승들이 이 책을 가지고 죽은 자를 구원하기 위해 독송하여 왔다는 것은 매우 의미 있는 일이다. 티베트인들은 이 책을 성전(聖典)으로 숭모하고 소중하게 모신다. 티베트 이외의 수많은 나라의 사람들에게도 깊은 감명을 주고 있는 이 책은 세월과 장소를 뛰어 넘는 소중한 책이다. 파드마삼바바는 오늘날에도 티베트 문화권에 속해 있는 여러 나라들(현 티베트 자치지역과 몽골, 부탄 및 중국, 인도, 네팔, 아프가니스탄의 일부 지역)에서 '제2의 석가모니불'로 추앙받고 있다.

쫑카빠

쫑카빠 대사는 중국 칭하이성 쫑카(宗喀)현에서 1357년 출생하였다. 그는 7세 때에 사미계를 빈고 출가한 후 고산시내에 있는 자콩사(夏瓊寺)에서 밀교의 고승 된둡린첸으로부터 무상요가 등에 대한 가르침을 받았다. 그는 16세 때에 스승을 따라 불교의 성지인 티베트로 갔다. 그는 티베트에서 불교의 현·밀 제법을 깊이 있게 학습하고, 각종의 수행을 통해 이른 시기에 이름을 떨쳤다. 스무 살이 되는 무렵에 그는 부처님 가르침의 근본 의치를 정확하게 깨우치게 되었다. 40세에 이르러 그는 고승의 지도를 받고 흔들림 없이 정진하여 마침내 무상정등각을 얻었다.

정각을 이룬 후 그를 따르는 제자들이 늘어나자 그들을 수용할 사원이 필요하게 되었다. 그는 사원 건립의 서원을 세우고 각고의 노력을 기울여 사원을 완성하게 되었는데, 그 사원이 바로 겐덴 사원이다. 겐덴 사원의 건립은 겔룩파의 창건을 의미한다. 그가 창립한 겔룩파는 이후 수많은 부침을 겪었지만 현재 티베트를 지배하는 최고의 종파가 되었다. 쫑카빠 입멸 후 그의 1대 제자인 법왕자 겔찹제는 달라이라마 활불 계통을 이어가고 있고, 2대 제자인 심전(心傳)제자 케둡제는 빤첸라마의 계통을 이어오고 있다.

쫑카빠 대사의 업적은 티베트에서 현교와 밀교를 통합하고 이론 체계를 확립하여, 티베트 불교를 세계적인 종교로 발전시켰다는 점이다. 이 중 현교 사상을 구체화하여 『보리도차제광론』을 저술하였고, 밀교사상을 발전시켜 『밀종도차제광론』을 저술하였다. 차제는 티베트어로 '람림'이라 한다. 중생이 범부로부터 여러 단계를 거쳐 성자가 되고, 종국에 구경 성불하는 길과 과정을 밝히는 지침서이다. 람림의 특징은 불법을 수행하는 중생을 근기에 따라 하사(下士), 중사(中士), 상사(上士)의 세 등급으로 분류하고, 각각의 등급에 적합한 수행 방식을 제시하는 데에 있다. 대사가 가르치고자 하는 불법 수행의 세 가지 기본적인 요소는 출리심(出離心)과 보리심(菩提心) 그리고 공성(空性)에 대한 정견(正見)이라는 것이다.

4. 죽음에 대한 밀교의 명상

죽음에 대한 명상은 불교의 오랜 종교적 과제였다. 초기 불교에서는 불교의 전제조건인 무상과 고통 및 무아 즉 삼법인을 관조함으로써 삶과 죽음을 명상하는 것이었다. 명상의 방법으로 주로 활용된 것이 부정관(不淨觀)이었다. 부정관은 시체가 썩어서 분해되는 과정을 9단계로 관찰하는 것이다. 부정관은 애욕을 대처하는 수행법으로서 수식관(數息觀)과 더불어 초기불교의 대표적인 명상법이다. 부파불교 시대의 아비담마에 이르러서는 죽음 자체에 대한 명상을 넘어, 삶과 죽음 그리고 재생까지의 연결과정에 대해 심도 있는 명상이 이루어졌다. 죽음에 대한 명상은 티베트의 밀교에서 한층 깊이 있고 다양하게 발전되었다.

밀교의 수행 방식을 탄트라(tantra)라고 한다. 탄트라는 우주의 진리를 담아 놓은 경전이라는 뜻으로 현교의 경전인 수트라(sutra)에 대비되어 사용되어 왔다. 탄트라에는 네 단계의 수행 단계가 있다.

- 소작(所作) 탄트라 : 구밀인 다라니(dharani)와 신밀인 무드라(mudra)를 중심으로 외형직 수행에 중점을 둔다.
- 행의(行儀) 탄트라 : 특정의 존격과 만달라 제존에 대한 관법 중심의 수행에 중점을 둔다. 신밀(身密), 구밀(口密), 의밀(意密)의 조화를 강조한다.
- 요가(瑜伽) 탄트라 : 사마타 수행을 통해 본존과 자기를 일체화하는 수행에 중점을 둔다.
- 무상요가(無上瑜伽) 탄트라 : 공성(空性)반야(여성의 특성)와 대비(大悲) 방편(남성의 특성)을 동시에 구족하기 위한 수행방식이다.

밀교 수행의 목적은 명상 속에서 죽음의 해체 과정을 경험하는 것이다. 이런 경험을 성취한 요가행자는 죽음을 준비할 수 있으며, 죽음의 과정에서 이를 통제할 수 있게 된다는 것이다. 죽음에 대한 명

죽음에 대한 불교의 성찰

상은 무상요가탄트라의 과정에서 행해진다. 무상요가탄트라의 목적은 미래의 재생을 준비할 뿐만 아니라, 죽음의 과정과 죽음 뒤에 오는 재생의 과정을 해탈을 성취하는 기회로 활용하고자 준비하는 것이다.

무상요가 탄트라에서는 삼신(三神)을 관상하는 것이다. 다시 말해 법신과 보신, 그리고 화신의 삼신을 수행도로 취하고 있다. 죽을 때의 청명한 빛을 법신으로, 중유상태를 보신으로, 재생단계를 화신으로 보아 탄트라 과정에서 이를 인식할 수 있도록 관상하는 것이다. 다시 말해 임종과 중유상태 및 재생과정을 통해 이들 삼신의 변화 과정을 관상하는 것이다. 죽음의 과정에서 발생하는 세 가지 형태의 존재(삼신)를 깨우침의 수행에 활용하는 것이다. 수행을 통해 정각을 이루고 이를 중생에게 회향하여 수행의 목적을 성취하는 데 있어, 삼신에 대한 관상법을 발전시켜 나간 것이다.

이 죽음에 대한 관상법인 무상요가탄트라는 티베트의 종파별로 더욱 세밀하고 특색 있게 발전시켜 왔는데, 종파별 연혁과 관상법의 형상을 다음과 같이 비교표를 만들어 소개한다.

티베트 불교 4대종파 대비표

종파명	창시인	종본사원	특징 및 수행법	비고
닝마파 (紅敎)	파드마삼바바	쌈예사원	• 가장 오래된 종파로 구역 경전을 기본으로 함 • 토착종교인 뵌교를 항복받고 창설 • '족첸명상'을 기본으로 함	
까규파 (白敎)	마르빠	출푸사원	• 인도의 나로빠가 마르빠에게 전수 • '마하무드라'라는 밀교 수행을 고수 • 밀라레빠가 '나로육법'을 창안 • 최초로 환생 활불제도를 도입	
사꺄파 (花敎)	뀐촉괼뽀	사꺄사원	• 인도의 고승 아띠샤가 이주하여 전수 • 결혼하여 자식을 낳아 종주 상속의 전통 • '헤바즈라'탄트라 수행을 고수	
겔룩파 (黃敎)	쫑카빠	간덴사원	• 쫑카빠가 불교 혁신을 위해 창설 • 제 종파의 수행방식을 종합하여 '람림'이라는 수행법으로 통합하여 정착 • 이후 사꺄파로부터 불교 주도권을 쟁취 • 달라이라마와 빤첸라마라는 지배체제를 현재까지 유지	까담파라는 주요 종파를 흡수

죽음에 대한 불교의 성찰

5. 빤첸라마의 죽음의 명상록

쫑가빠 대사에게는 두 명의 심전(心傳)제자가 있었다. 겔찹제(1391-1474)와 케둡체(1385-1438)가 그들이다. 이들은 쫑카파 대사 사후에 각각 제1대와 제2대 간덴떼빠(간덴사의 주지로 법륜계승자를 의미)가 되었다. 이 중 케둡체는 쫑카빠 대사의 전기를 쓰는 등 겔룩파의 종교적 기반을 확고히 하는 데 크게 기여하였다. 케둡체의 제4대 법손(法孫)인 롭상최끼겔첸(1567-1622)은 활발한 저술활동으로 법명이 높았다. 그의 제자였던 제5대 달라이라마 롭상가초는 라싸에 포탈라 사원을 건립하는 등 많은 공적을 남겼다. 그는 자신의 스승인 롭상최끼겔첸에게 '빤첸라마'라는 지위를 최초로 부여함으로써, 스승은 사실상의 초대 빤첸라마가 된 것이다. 그러나 그는 자신의 법조(法祖)인 케둡체에게 제1대 빤체라마의 지위를 봉헌하고, 자신은 제4대 빤첸라마로 스스로를 격하하였다.

빤첸라마 법계를 창설한 롭상최끼겔첸은 무상요가 탄트라에 대해 깊은 이해를 가지고 있었다. 그는 요가 수행 중에 죽음의 과정에 진입하여 영적 체험을 한 후, 이를 17송으로 된 명상록으로 남겼다. 이렇게 17세기에 쓰여진 후 잊혀져 있던 명상록을 끄집어내어 세상에 알린 이는 버지니아대학교의 제프리 홉킨스(Jeffrey Hopkins) 종교학 교수이다. 티베트 불교에 심취하여 오랜 기간에 걸쳐 연구를 해온 그는, 명상록에 대한 소문을 듣고 찾아 나선 끝에 어렵게 그 명상록을 구할 수 있었다. 홉킨스 교수는 달라이라마의 수석 통역사로

10년간이나 봉사한 인연이 있다. 이 인연으로 해서 그는 달라이라마의 자문을 받아 동 명상록을 출판하게 되었다. 출간된 책의 제목은 『Advice on Dying, and Living a Better Life』이다. 한국어로는 『달라이라마, 죽음을 말하다』라는 제목으로 번역 출판되었다.

『죽음의 명상록』은 죽음의 공포를 극복하고 죽음의 순간을 현명하게 맞이하기 위한 가르침을 담고 있다. 죽음이 진행되는 과정별로 17개의 송(頌)을 지었는데, 이에 대해 간략히 소개하면 다음과 같다.

죽음이 다가오는 모습

- 제1송 : 현재의 삶과 중음도, 그리고 내생에 걸친 죽음의 공포에서 벗어나는 기원문
- 제2송 : 어리석은 생각에 빠지지 않고 올바른 삶을 살아가도록 하는 기원문
- 제3송 : 죽음이 도래하기 전에 우리에게 낭비할 시간이 없다는 사실을 일깨워 주는 기원문
- 제4송 : 육신과 의식이 분리되는 죽음의 순간에 이르러 죽음의 공포로부터 벗어나기를 바라는 기원문
- 제5송 : 죽음을 맞이하면서 죽음의 원인을 초래하는 잘못된 모습들이 나타나지 않도록 바라는 기원문
- 제6송 : 죽음이 임박한 순간에 라마의 가르침을 기억할 수 있도록 하는 기원문
- 제7송 : 두려운 곳으로 홀로 가면서 환생에 대한 확신이 함께 하기를 바라는 기원문

죽음에서 나타나는 형상

- 제8송 : 육신을 이루는 4대가 무너지는 상황에 이르러 강한 마음을 일으키는 공덕이 있기를 바라는 기원문
- 제9송 : 죽음의 과정에 나타나는 여러 환상들을 보면서도 자신의 존재를 인식할 수 있도록 하는 기원문
- 제10송 : 거친 몸의 해체 과정에서 의식을 집중하여 내생에 대한 희망을 버리지 않게 하는 기원문

죽음에 도달하는 과정

- 제11송 : 미세한 몸의 해체 과정에서 공성(空性)에 대한 깨우침을 이룰 수 있도록 하는 기원문
- 제12송 : 청명한 빛이 나타나는 의식의 마지막 해체의 순간에 윤회의 징후를 잃지 않기를 바라는 기원문
- 제13송 : 생명이 다하는 마지막 순간에 삼매의 명상이 사라지지 않도록 하는 기원문

중음도의 현상과 대응

- 제14송 : 중음도에서 삼매를 성취하여 환신(幻身)의 몸으로 거듭나기를 바라는 기원문
- 제15송 : 업에 의해 이르게 되는 중음도에서 자성의 실상을 알아차리기를 바라는 기원문
- 제16송 : 다양한 영상들이 떠오를 때 수행의 공덕으로 정토에서 태어나기를 바라는 기원문

• 제17송 : 내생에서 태어나 계·정·혜를 깨우쳐 붓다의 삼신(三神)

을 빠르게 얻을 수 있기를 바라는 기원문

죽음에 대한 불교의 성찰

5장

티베트 사자의 서

1. 『티베트 사자의 서』의 발견과 출판

파드마삼바바는 『티베트 사자의 서』를 완성한 후 여러 중요한 경전들과 함께 적절한 신비 의식을 행한 뒤 은밀한 여러 장소에 감추게 했다. 아직 때가 아니라고 생각했기 때문이었다는 것이다. 그리고는 숨겨진 책들을 내세의 적당한 시기에 찾아낼 수 있도록 조치해 두었다. 자신의 몇몇 제자들에게 점성술에 정해진 대로 적당한 시대에 환생할 수 있도록 요가 능력을 심어 주었다는 것이다. 그렇게 소중한 서적들은 감추어져서 잊혀졌고 오랜 세월이 흘러갔다.

그런데 그 이후 언제부터인가 이 책들을 찾아다니는 사람들이 나타났다. 이들을 테르푄이라고 부른다. 이들이 지난 수 세기에 걸쳐 찾아낸 목판본 경전들이 무려 65권에 이른다고 한다. 이렇게 발견된 외경(外經)들 중에 『사자의 서』가 포함되어 있었다. 이 책은 테르푄 중에서도 가장 뛰어난 인물인 릭진 카르마 링파가 14세기 중반 티베트의 감뽀다르 설산자락의 한 동굴에서 찾아낸 것이다. 릭진이 이 책의 두루마리를 동굴 속에서 꺼낸 뒤에 필사본과 목판본을 만든 것이 티베트와 히말라야 인접국가에서 전해지고 있었다.

　이 책은 옥스퍼드 대학교의 종교학 교수였던 에반스 웬츠의 헌신적인 노력의 결과로 세상에 알려지게 되었다. 그는 인도 시킴지방(네팔과 부탄 사이에 있는 회랑과 같은 지역으로, 원래 독립된 왕국이었으나 1975년에 인도에 복속되었음)의 강톡(옛 시킴왕국의 수도)을 여행하던 중에『사자의 서』의 존재를 알게 되었다. 티베트 불교 연구의 선구자였던 그는 다르질링의 한 사원에서 결국 그 책의 필사본을 구할 수 있었다.

　웬츠 교수는 이 책을 영어로 번역하기 위해 시킴에 있는 티베트 승려 라마 카지 다와삼둡에게 도움을 청했다. 그는 영어와 티베트어 그리고 산스크리트어까지도 능통한 저명한 학승이었다. 그들은 1919년 강톡에서『사자의 서』의 원 제목인『바르도 퇴돌』의 번역을 마쳤다. 그리고 1927년 옥스퍼드 대학 출판부에서『티베트 사자의 서』라는 제목으로 초판본이 출판되었다. 이 책이 서구 사회에 일으킨 반응은 실로 엄청난 것이었다. 이 책의 한국어 번역판은 1984년 백봉초 번역본이 처음 출간되었고, 2004년 시인 유시화의 번역본이 출간되면서 널리 알려지게 되었으며, 이후 여러 본의 다른 번역판이 출간되었다.

2. 세 바르도의『사자의 서』

　이 책의 원제목은『Bardo Toedol』이다. Bardo는 '사이bar'와 '둘

do'의 합성어이다. 다시 말해 죽음과 환생 사이가 바르도이다. 퇴돌(Thos-grol)은 듣는 것으로(thos) 영원한 자유에 이르기(grol)라는 뜻이다. 바르도는 중간의 과도기 상태로서, 전통 불교에서는 이것을 중음(中陰)이라는 용어로 사용하여 왔다. 이 책의 제목이 의미하는 것은 '사후세계에서 듣는 것으로 영원한 자유에 이르기'라는 것이다. 이 책은 사후 49일 간에 사자가 겪게 되는 현상을 기록하고 있다. 49일이라는 숫자의 의미는 윤회계 안에 일곱 세계 또는 7등급의 마야(환영)가 있고, 그것은 또 7개의 행성으로 이루어져 있어 바르도에 모두 49단계의 정거장이 존재한다는 인식에 근거하는 것이다.

죽음을 맞이한 순간부터 3일 반이나 4일 동안 대부분의 경우 기절 상태 또는 수면 상태에 빠져 자신이 육체로부터 분리되었다는 사실을 알지 못하게 된다. 이 기간을 '치카이 바르도(Hchikahi Bardo)'라고도 하고 임종중음이라고도 한다. 이 기간 동안에 사자는 두 번의 기회에 깨달음을 얻어 윤회계에서 벗어날 수 있다.

첫 번째 바르도가 끝나고 자신에게 죽음이 일어났다는 사실을 깨달은 사자는 두 번째 바르도를 경험한다. 이를 '초에니 바르도(Choesnyid Bardo)'라고 부르는 실상중음이 도래한 것이다. 사자가 기절 상태에서 깨어나는 순간 그의 앞에는 상징적인 환영들이 하나씩 나타나기 시작한다. 그가 육체를 갖고 있을 때 행한 행위들이 카르마의 환영들로 출몰하는 것이다. 첫째 날부터 일곱째 날까지는 평화의 신들이 나타나고, 여덟째 날부터 열넷째 날까지는 분노의 신들이 나타난다. 이 단계에서도 윤회계에서 벗어날 수 있는 방법들이 제시된다.

두 번째 바르도에서 사자는 자신이 육체를 갖고 있지 않다는 사실을 깨닫는 순간 육체를 소유하려는 욕망을 갖기 시작한다. 그러면서 사자는 환생의 길을 찾는 세 번째의 단계 즉 '시드파 바르도(Syidpa Bardo)'라고 부르는 환생중음에 진입하게 된다. 그리고 마침내 그는 자신의 카르마가 선호하는 결정에 따라 이 세상이나 다른 어떤 세상에 환생을 하고, 그것으로써 사후세계는 끝이 난다.

치카이 바르도 : 임종 중음

1) 치카이 바르도에서의 첫 번째 단계

죽음의 순간에 나타나는 투명한 빛의 정광명(淨光明, clear pure light)은 사자를 좋은 곳으로 인도하는 안내자 역할을 한다. 살아 있을 때 영적인 안내서 등을 통해 실제 수행을 쌓은 사람이라면 누구나 그 빛을 알아본다. 수행 단계의 가르침을 통해 존재의 근원에서 나오는 투명한 빛을 알아보고, 그 빛을 따라 올바른 길로 인도될 수 있다. 그는 어떤 사후세계도 거치지 않고 공중에 일직선으로 난 큰길을 따라, 태어남이 없는 근원의 세계로 곧바로 들어가게 된다. 기본적으로 누구에게나 존재하는 이 정광명을 깨달아 이를 따르게 되면 누구나 사후세계인 바르도를 거치지 않을 수 있다. 곧바로 위대한 초월의 길을 통해 법계와 합일한 뒤 무생(無生)의 법신(法身)을 얻게 된다.

임종의 바르도에서 첫 번째 나타나는 정광명을 알아보도록 일깨워 주는 방법은 다음과 같은 사람들에게 영적인 문구를 읽어주는 것이다. 첫째로 정광명을 비록 잘 이해할지라도 실제로 인식을 하지 못하는 사람들이다. 둘째로 정광명을 인식은 하였을지라도 닦고 익힘이 부족한 사람들이다. 셋째로 이 가르침을 받고 닦은 적이 있는 모든 부류의 일반 범부들이다. 읽어주는 사람은 생전에 사자가 가르침을 받았던 근본스승이 참석해서 읽어주면 가장 좋다. 읽어주는 시기는 사자의 바깥 숨이 끊어지고 내호흡이 남아 있을 때까지이다. 생명의 기운이 좌우의 두 맥도 속으로 들어가기 전까지 읽어 주어야 한다. 바깥 숨이 끊어진 뒤 내호흡이 남아 있을 때까지의 기간은 한 끼의 식사시간(약 20분) 정도이다.

2) 치카이 바르도에서의 두 번째 단계

만일 최초의 정광명을 깨닫지 못하고 지나가면 두 번째의 투명한 빛이 사자 앞에 나타난다. 이것은 호흡이 완전히 정지되고 나서 한 식경(30분)쯤 지난 뒤에 일어난다. 사자가 살아 있을 때 좋은 카르마를 쌓았는지 나쁜 카르마를 쌓았는지에 따라서, 생명력은 오른쪽이나 왼쪽 에너지 통로로 흘러 들어간다. 그리고 신체의 적당한 출구를 통해 빠져나간다. 이때 마음의 상태가 갑자기 밝아지면서, 그 자신이 죽었는지 아닌지를 분명히 인식하지 못하는 환신(幻身)의 상태가 된다. 그때 사자가 바르도 퇴돌의 가르침을 받게 되면, 법성의 모자합일(母子合一)을 이룸으로써 업의 지배에서 벗어나게 된다. 마치 태양 빛이 어둠을 멸하는 것과 같이, 지혜의 광명이 업의 힘을 파괴함으로써 법신의 광명을 성취하게 되어 해탈에 이르게 된다.

두 번째의 정광명은 사자가 자신이 죽었는지 살았는지 알지 못하는 사이에 사자에게 나타난다. 이 상태에 있을 때에 사자에게 가르침을 성공적으로 수행하면 사자는 카르마의 지배를 벗어나 태어남이 없는 근원의 세계로 들어가게 된다. 사후세계의 이 두 번째 단계에서 사자의 의식체는 살아 있을 때와 마찬가지로 제한된 영역 안에서 배회한다. 이때 소중한 가르침이 사자에게 잘 전달되기만 하면 틀림없이 목적을 이룰 것이다. 왜냐하면 카르마의 환영이 아직 나타나지 않았기 때문에, 사자는 영원한 자유를 얻으려는 목표에서 벗어나 이리저리 방황하는 일이 생기지 않기 때문이다.

초에니 바르도 : 실상 중음

1) 세 번째 빛의 사후세계

치카이 바르도에서 첫 번째와 두 번째의 투명한 빛을 알아보지 못했을지라도, 초에니 바르도에 이르러서 세 번째의 빛을 알아볼 수만 있다면 사자는 영원한 자유를 얻을 수 있다. 이 세 번째 단계에서는 사자가 살아 있을 때 쌓아 놓은 카르마가 만들어 내는 환영들이 빛나기 시작한다. 이 시기에 초에니 바르도의 가르침을 읽어 주는 것이 중요하다. 왜냐하면 이 가르침은 많은 힘을 가지고 있어 매우 효과적이기 때문이다. 이때쯤 사자는 그의 친구들과 친척들이 모두 애통해하는 소리를 들을 수 있다. 그들을 볼 수 있고, 그들이 외치는 소리를 들을 수도 있다. 그러나 그들은 사자가 부르는 소리를 들을 수 없

죽음에 대한 불교의 성찰

기 때문에 사자는 실망한 채로 떠나게 된다.

이 시기에 사자는 소리와 색과 빛 세 가지를 경험한다. 이것들은 그를 놀라게 하고 당황하게 하며 두렵게 하여, 마침내 사자를 몹시 지치게 만든다. 그러므로 이 순간에 존재의 근원으로 사자를 인도하는 가르침이 행해져야 한다. 먼저 사자의 이름을 부르고 나서 그에게 분명하고 정확한 목소리로 현재 사자가 처해 있는 상황을 알려주고, 앞으로 닥쳐올 사태에 대처하는 방법을 알려 주어야 한다.

2) 첫째 날부터 일곱째 날까지 평화의 신들이 나타남

사자를 인도하려는 거듭된 노력에도 불구하고 대부분의 사자는 49일 동안을 사후세계에서 보내게 된다. 그것은 그의 카르마 때문이다. 따라서 처음 7일 동안에 그가 겪어야 하고 무사히 넘겨야 할 위험과 시련들에 대해 그에게 자세하게 설명해 주어야 한다. 이 기간 동안에는 평화의 신들이 사자에게 다가온다. 첫째 날은 사자가 자신이 죽었다는 사실을 인식하고 환생의 길로 나아가기 시작한 날을 말하는데, 대개의 경우 사후 3일 반에서 4일경에 해당하는 날이 된다.

법신불 비로자나의 출현

첫째 날, 하늘은 전체가 청색으로 나타난다. 사자의 법신(法身)을 대변하는 비로자나(Vairocana)가 중앙의 정토인 아까니스타(密嚴世界)에서 사자 앞에 나타날 것이다. 청정한 식온(識蘊)의 광명인 법계체성지(法界體性智)의 맑고 투명한 청색 광명이 비로자나불의 심장에서 발산되어 그대 앞에 나타난다. 그와 동시에 천상계의 흐릿한 백색 광명이 또한 그대 앞에 나타난다. 그때 그대는 무지(無知)의 업력으로 인해 법계체성지의 눈부신 청색 광명에 공포를 느껴 달아나게 되고, 대신 천상계의 흐릿한 백색 광명에 호감을 갖게 된다. 만약 그대가 백색 광명에 이끌려 따라가게 되면, 그대는 천상계를 유랑하다가 결국 육도에 윤회하게 된다. 반면에 그대가 비로자나의 불빛으로 따라가면 그대는 비로자나의 심장 속으로 녹아들어, 중앙의 정토인 아까니스타에서 보신(報身)의 몸으로 성불하게 될 것이다.

아촉불의 출현

둘째 날에는 하늘에 백색 광명이 나타난다. 그때 동방의 정토인 아비라띠(妙喜世界)에서 악쇼비아(阿閦佛)의 가슴으로부터 밝고 눈부신 흰색 빛이 그대의 눈앞으로 다가올 것이다. 청정한 색온(色蘊)의 광명인 대원경지(大圓鏡智)의 희고 눈부시며 투명한 백색광명이 악쇼비아의 심장에서 발산되어 그대 앞에 나타난다. 그와 더불어서 지옥계의 흐릿한 회색 광명 또한 그대 앞에 나타난다. 그때 그대는 성냄(瞋恚)의 카르마로 인해 대원경지의 백색 광명에 두려움을 느껴 달아나게 되고, 대신 지옥계의 흐릿한 회색 광명에 끌려들게 될 것이다. 그러면 그대는 지옥계에 떨어져서 견딜 수 없는 고통의 늪 속에서 빠져나오지 못하게 될 것이다. 만약 그대가 지상에서 들려주는 구원의 메시지를 듣고 각성하여 악쇼비아의 심장 속으로 녹아든다면, 그대는 동방의 정토인 아비라띠에서 보신의 몸으로 성불하게 될 것이다.

죽음에 대한 불교의 성찰

보생여래의 출현

셋째 날에는 하늘에 물의 원소인 금색 광명이 나타난다. 그때 남방의 정토인 쓰리마띠(吉祥世界)로부터 금색의 라트나삼바바(寶生如來)가 그대 앞에 나타날 것이다. 청정한 수온(受蘊)의 광명인 평등성지(平等性智)의 찬란한 한 줄기 금색 광명이 라트나삼바바의 심장에서 발산되어 그대를 향해 비추어 올 것이다. 그와 동시에 인간계의 흐릿한 청색 광명이 더불어서 나타날 것이다. 그때 그대는 아만(我慢)의 카르마로 인해 평등성지의 금색 광명에 공포를 느껴 달아나게 되고, 대신 인간계의 흐릿한 광명에 호감을 갖고 따라가게 될 것이다. 그 길을 따라가면 그대는 생로병사의 고통을 받으면서 육도의 윤회에서 벗어나지 못하게 될 것이다. 만약 그대가 지상에서 들려주는 구원의 메시지를 듣고 각성하여 보생여래의 심장 속으로 녹아든다면, 그대는 남방의 정토인 쓰리마띠에서 보신의 몸으로 성불하게 될 것이다.

아미타불의 출현

넷째 날에는 하늘에 청정한 불의 원소인 적색 광명이 나타난다. 그때 서방의 쑤까와띠(極樂世界)로부터 적색의 아미타바(阿彌陀佛)와 그가 거느린 수행 신들이 사자를 맞이하러 나타나게 된다. 그때 아미타바의 가슴으로부터 밝고 투명한 붉은빛이 그대의 가슴을 향해 뻗어 올 것이다. 그 빛은 너무 밝아서 그대는 그것을 똑바로 바라볼 수조차 없을 것이다. 그러나 그 빛을 두려워하지 말라. 그것이 대지혜의 빛(妙觀察智)이라는 것을 깨달으라. 이 지혜의 빛과 함께 불행한 귀신들의 세계인 아귀계로부터 어두운 붉은색 빛이 그대를 비출 것이다. 그것은 현상계의 존재들에 대해 그대가 가졌던 집착의 카르마로부터 생겨난 빛이 그대를 맞으려고 온 것이다. 그대가 그 빛을 따라가면 그대는 불행한 혼령들의 세계인 아귀계에 떨어져서, 굶주림으로 참을 수 없는 고통을 겪을 것이다. 만약 그대가 지상에서 들려주는 구원의 메시지를 듣고 각성하여 투명한 붉은 빛을 따라간다면, 그대는 서방의 정토인 쑤까와띠에서 보신의 몸으로 성불할 것이다.

불공성취불의 출현

다섯째 날에는 하늘에 바람의 원소인 녹색 광명이 나타난다. 그때 북방의 정토인 쁘라꾸따(妙業世界)로부터 아모가싯디(不空成就佛)가 수행 신들을 거느리고 나타날 것이다. 이때에 아모가싯디의 가슴으로부터 밝고 투명하고 눈부신 초록색 빛이 뻗어 나와 그대의 가슴을 칠 것이다. 그 빛은 의지의 집합체의 원초적 형태로부터 나오는 빛이고, 모든 것을 성취하는 대지혜의 빛(成所作智)이다. 그대여, 그 빛을 두려워하지 말라. 그것은 그대 마음에서 나오는 자연스런 지혜의 빛이다. 그 빛과 함께 거인 신들이 사는 아수라 세계로부터 어두운 초록색 빛이 그대에게 비칠 것이다. 이 어두운 빛은 그대의 질투심에서 비롯되어 생겨난 것이다. 그대가 그 빛에 끌려간다면 그대는 아수라 세계에 떨어져 전쟁과 다툼의 참을 수 없는 고통을 겪을 것이다. 만약 사자가 지상에서 들려주는 구원의 메시지를 듣고 각성하여 투명한 초록색 빛을 따라간다면, 그대는 북방의 정토인 쁘라꾸따에서 보신의 몸으로 성불할 것이다.

죽음에 대한 불교의 성찰

오선정불이 일제히 출현

여섯째 날에는 지금까지 나타났던 다섯 명의 명상하는 붓다(五禪定佛)들이 그의 수행 신들을 데리고 일제히 그대에게 나타나 한꺼번에 그대를 비출 것이다. 이 순간 그대를 향해 비쳐오는 이 모든 빛들이 그대 자신의 내면에서 나오는 것임을 깨달아야 할 것이다. 그리되면 완전한 깨달음의 세계로 들어가 붓다의 경지를 얻게 될 것이다. 순수한 지혜의 빛과 함께 이들 여섯 색채의 어두운 빛이 그대를 비출 것이니 이때 어떤 것에도 끌려 들어가지 말아야 한다. 만일 그대가 지혜의 순수한 빛들을 두려워하고, 순수하지 못한 빛들에 이끌린다면 그대는 여섯 세계의 어느 한 곳에서 몸을 받을 것이다. 그리고 그대는 윤회의 바다에서 결코 헤어나지 못하고, 거기서 무한한 고통을 맛보며 돌고 돌게 될 것이다.

극락세계 신들의 출현

일곱째 날에는 성스러운 극락세계들로부터 지식을 가진 신들이 사자를 맞이하러 나타날 것이다. 원의 중앙에는 카르마를 익게 하는 최고의 지식을 가진 자라는 신이 그대를 비추기 위하여 나타날 것이다. 원의 동쪽에는 대지에 머무는 자라는 신이 흰색으로 빛나면서 나타날 것이다. 원의 남쪽에는 수명을 연장하는 힘을 가진 자라는 신이 노란색으로 빛나면서 나타날 것이다. 원의 북쪽에서는 스스로 생겨난 자라는 신이 초록색으로 빛나면서 나타날 것이다. 원의 서쪽에서는 상대성을 초월한 지식을 가진 자라는 신이 붉은색으로 빛나면서 나타나리라. 이때 지식을 가진 다섯 명의 신들의 가슴으로부터 다섯 가지 색깔의 빛들이 뻗어 나와 그대의 가슴을 때릴 것이다. 그 빛은 너무나 밝아서 눈을 똑바로 뜨고 쳐다볼 수가 없을 것이다. 이 지혜의 빛들과 함께 동물 세계로부터 어두운 푸른색 빛 하나가 그대를 향해 다가올 것이다. 이때 그대는 다섯 가지 색의 빛나는 빛깔을 두려워하고, 오히려 동물 세계로부터 오는 어두운 푸른색 빛에 이끌리게 될 것이다. 이 순간 그대는 다섯 가지 색의 눈부신 빛을 두려워하지 말고, 이를 받아들여 깨달음의 세계로 나아가야 한다.

3) 여덟째 날부터 열넷째 날까지 분노의 신들이 나타남

여덟째 날부터 열넷째 날까지는 분노의 신들이 사자 앞에 나타나게 된다. 평화의 신들이 사라진 뒤에, 불꽃에 싸인 58명의 분노한 신들이 나타난다. 그들은 평화의 신들이 장소에 따라 모습을 바꾸어 나타난 것이다. 사자는 두려움과 공포심 때문에 그들의 실체를 알아차리기가 한층 더 어려워진다. 그러나 사자는 이 단계에서 쉽게 깨달을 수도 있다. 공포와 전율로 인해 사자의 의식이 잔뜩 긴장되어 집중되어 있기 때문이고, 또 사자의 의식 체는 초자연적 능력을 지니게 되기 때문이다.

비로자나불의 분노의 현신(대영광 헤루카)의 등장

여덟째 날, 대영광 헤루카는 그의 불모와 같이 피를 마시며 분노한 모습으로 그대를 비출 것이다. 그들은 그대의 마음이 투영되어 형상으로 나타난 것이다. 그들은 그대의 수호신이니 무서워하지 말라. 그들은 사실 불부와 불모가 결합된 바이로차나(비로자나불)이다. 만일 그대가 그들을 알아보기만 하면 그대는 그 수호신 속으로 녹아들어가 하나가 될 것이다. 그리하여 붓다의 경지를 얻게 되리라.

아촉불의 분노의 현신(바즈라 헤루카)의 등장

아홉째 날에는 바즈라 헤루카라고 부르는 피를 마시는 신이 사자를 맞으러 오리라. 바즈라 헤루카가 불모와 같이 그대의 두뇌 동쪽 방향으로부터 나타나서 그대를 비출 것이다. 그들은 그대 자신의 모습이 투영된 것이다. 사실 그들은 아촉불의 분노한 모습이니 그들을 신뢰하라. 그들을 알아본다면 그 즉시 그대는 대 자유에 이를 것이다. 그리하여 붓다의 보신(報身)의 불과를 얻게 될 것이다.

보생여래의 분노의 현신(라트나 헤루카)의 등장

열째 날에 이르러 보석 신단의 피를 마시는 신이 그대를 맞으러 올 것이다. 라트나 헤루카와 그의 불모는 그대의 남쪽 방향으로부터 나와서 그대를 비출 것이다. 그러나 그들을 두려워 말라. 그들은 그대 자신의 모습이 투영된 것이다. 사실 그들은 수호신인 라트나 삼바바(보생불)이니 그들을 신뢰하라. 그들을 알아본다면 그 즉시 대 자유에 이를 것이다. 그리하여 붓다의 경지를 얻으리라.

아미타불의 분노의 현신(파드마 헤루카)의 등장

열 하루째 날에 사자가 만나는 신은 파드마 헤르카와 그의 여성 배우자이다. 이들 신들은 사자의 두뇌 서쪽 방향에서 나왔는데 피를 마시며 검붉은 색을 하고 있다. 그들은 불부와 불모가 결합된 모습의 아미타불이다. 사자는 마음을 집중해서 이들을 알아내야 한다. 이들이 서방 극락정토를 다스리는 아미타불임을 알아보고 반기면 대 자유에 이르게 된다.

불공성취불의 분노의 현신(카르마 헤루카)의 등장

매일 깨달음의 길로 인도하지만, 사자의 나쁜 성향 때문에 사자는 자신의 수호신을 알아보지 못한다. 열둘째 날에 이르러 카르마 신단의 피를 마시는 카르마 헤루카와 그의 배우자를 만나게 된다. 부부의 신은 사자의 두뇌 북쪽 방향에서 나온다. 이들은 사실 아모가싯디(불공성취불)의 분노한 모습이다. 사자가 그들을 알아보는 즉시 대 자유에 이르게 된다. 사자가 자신의 근본을 깨닫게 되는 것이다.

16명의 분노한 여신들의 등장

열셋째 날에는 여덟 명의 분노한 숲의 여신들이 여러 동물의 머리를 하고 사자의 두뇌 속에서 나와서 사자를 비출 것이다. 숲의 여신들의 바깥쪽 원에는 두뇌의 여덟 방향에서 나온 여덟 명의 죽음의 여신들이 그대를 비출 것이다. 이상의 모든 신들은 모두 사자의 두뇌 속에서 나온 존재들이다. 사자가 이들을 두려워하지 않고, 자신의 내부에서 나온 존재들임을 알아차리게 되면 그대는 대 자유의 길로 접어들게 된다.

죽음에 대한 불교의 성찰

네 명의 동물머리 여신들과 28명의 요가 여신들의 등장

열넷째 날에는 사자의 동서남북의 두뇌에서 동물 머리를 가진 네 명의 여성 문지기 신이 나타난다. 문지기 여신들의 원 바깥 둘레에는 스물여덟 가지의 다양한 머리를 한 요가 하는 여신들이 동서남북에서 여러 가지 무기를 들고 나와 사자를 위협하게 된다. 그러나 사자는 그들을 무서워 할 이유가 없다. 그들이 모두 사자의 생각 속에서 나온 실체 없는 존재들이기 때문이다. 사자가 그들 피를 마시는 신들이 자기 자신에게서 나왔다는 사실을 알아차리면, 모든 두려움이 사라지고 그들과 계합하여 비로소 깨달음을 얻게 된다.

시드파 바르도 : 투생 중음

1) 사후의 심판

지금까지 사후세계인 초에니 바르도에 있을 때, 사자에게 존재의 근원을 체험할 수 있도록 여러 가지 방편을 써서 사자를 인도했다. 그럼에도 불구하고 오직 진리를 체득하고 있거나 생전에 선한 카르마를 쌓은 사자들만이 자유에 이를 수 있었다. 살아 있을 때 진리를 탐구하지도 않았고, 악한 카르마를 지어 두려움과 공포에 휩싸여 있는 사자들은 깨달음에 이르기가 어렵다. 이들은 열넷째 날을 지나고 나서 더 아래쪽으로 방황해 들어간다.

만일 그대가 존재의 근원에 대해 기도하지도 않았고, 상대성을 초월한 존재나 수호신에 대해 명상하지도 않았다면, 그대는 머지않아 심판대 앞에 서게 될 것이다. 이때 그대와 동시에 태어난 선한 수호령이 흰 조약돌로 그대가 생전에 행한 선행들을 하나하나 헤아릴 것이다. 동시에 악한 수호령이 나타나서 검은 조약돌로 그대가 행한 악행들을 하나하나 헤아릴 것이다. 그러면 그 모여진 조약돌로서 사자가 살아있을 때 행한 모든 선한 행동과 악한 행동이 그대로 나타날 것이다. 그때 죽음의 집행관이 그대의 악행을 보고 그대의 목에 밧줄을 걸고, 그대의 몸을 조각조각 난도질을 할 것이다. 그러나 그대는 다시 살아날 것이니 두려워하거나 무서워하지 말라. 그대의 몸은 심령체이기 때문에 칼로써 죽일 수가 없기 때문이다.

2) 삼신에 이르는 길

이 순간에도 지금 그대가 바르도에 있나는 사실을 깨달으라. 죽음에서 진리를 깨달을 수 있도록 깊은 명상에 마음을 집중하라. 사실 깨달음의 대상은 아무런 모습도 갖추고 있지 않은 텅 빈 세계(空)로부터 나오는 진리의 실체이다. 이 텅 비어 있는 진리의 실체를 다르마카야(法身)라고 하는 것이다. 그 텅 빔은 아무것도 존재하지 않는 텅 빔이 아니라, 그대가 두려움을 느끼고 그 앞에서 그대의 참 본성을 찾게 해주는 텅 빔이다. 이러한 본성의 실체를 삼보가카야(報身)라고 하는 것이다. 그대는 다르마카야를 치카이 바르도에서, 그리고 삼보가카야를 초에니 바르도에서 찾을 수 있었으나 기회를 놓치고 말았다.

지금 있는 상태에서 그대는 밝음과 텅 빈 세계(空)를 더없이 강렬하게 체험하게 될 것이다. 텅 빈 세계는 본래 밝은 것이고, 밝은 것은

죽음에 대한 불교의 성찰

본래 텅 빈 성질을 갖고 있어서 밝음과 텅 빔은 서로 분리할 수가 없다. 이것은 원초적이고 순결한 상태인데 이러한 순수의 실체를 아디카야(原初身)라고 한다. 그리고 아디카야는 막힘없이 비춰 나가서 어디에서나 빛날 것이다. 어디에서나 빛나는 광명의 실체를 니르마나카야(化神)라고 하는 것이다. 이제 마지막 남은 니르마나카야를 반드시 성취해서 중음의 세계를 벗어나 대 자유에 이르도록 온 힘을 다 기울여야 할 것이다.

3) 자궁문 닫기

나쁜 업이 두터운 사자는 초에니 바르도에서도 깨달음을 얻지 못한다. 그리되면 사자는 주변 현상의 실상을 깨닫지 못하고 두려움과 공포에 쫓기게 된다. 안식처를 찾아 헤매다가 사자는 자궁으로의 도피를 꾀하게 된다. 자궁으로의 도피는 윤회계로의 진입을 의미한다. 영적 스승은 사자가 윤회계로 떨어지는 것을 막기 위해서 자궁 문 닫는 방법을 가르쳐 주는 것이 중요하다. 자궁 문 닫는 방법은 크게 두 가지가 있다. 하나는 사자가 자궁으로 들어가는 것을 막는 것이고, 다른 하나는 들어갈 자궁의 문을 닫아 버리는 방법이다.

사자가 자궁으로 들어가는 것을 막는 방법은 사자로 하여금 수호신을 명상하도록 가르침을 읽어주는 것이다. 사자로 하여금 수호신을 마음속에 떠올려 고요히 명상에 들도록 유도해야 한다. 명상이 깊어지면 수호신의 영상을 점차 녹여서 사라지도록 한다. 그리고 나서 아무 것도 존재하지 않는 텅 빈 세계에서 비쳐 나오는 빛을 명상하도록 한다. 그렇게 함으로써 사자가 자궁 속으로 들어가는 것을 막을 수 있다.

그러나 사자가 생전에 필요한 수행을 거치지 않아 이 방법으로 자궁으로 들어가는 것을 막는 데 적합하지 않거나, 이미 자궁 안으로 들어갈 준비를 마친 상태라면 다음과 같이 다섯 가지 자궁 문을 닫는 가르침을 읽어 주어야 한다.

자궁 문을 닫는 첫 번째 방법 : 순수하고 착한 생각을 견지하기

사후세계의 마지막 단계인 시드파 바르도가 밝아 오는 이때 그대가 지금 환생을 찾는 사후세계에서 방황하고 있다. 이 단계에서 마음이 흩어져서는 안 된다. 높은 차원으로 올라가는가, 낮은 차원으로 떨어지는가의 갈림길이 지금 여기에 있다. 만일 한순간이라도 머뭇거리지 않고 오직 순수하고 착한 생각만을 지속하게 되면 자궁문은 닫힐 것이다.

자궁 문을 닫는 두 번째 방법 : 성행위를 하는 남녀를 스승으로 섬기기

이제 그대는 남녀가 성교를 하고 있는 환영을 보게 될 것이다. 그대가 그 모습을 보게 될 때 그들 사이로 들어가지 않도록 그대 자신을 억제해야만 한다. 그 남녀를 그대의 영적인 스승과 그 스승의 여성 원리로 여기고 그들에 대해 명상하라. 겸허한 마음을 갖고 마음속으로 정성을 다해 예배를 올려라. 그리고 그들에게 영적인 안내를 부탁할 것을 결심하면, 이 결심만으로 자궁문은 닫힐 것이다.

죽음에 대한 불교의 성찰

자궁 문을 닫는 세 번째 방법 : 애욕과 미움의 정서를 버리기

마음을 모아서 아버지이며 어머니인 영혼의 스승에 대해 명상하라. 그대가 남자로 태어날 운명이라면 그대는 어머니에게는 애착이, 아버지에게는 거부감이 생겨날 것이다. 그리고 여자로 태어날 운명이라면 아버지에 대해서는 애착이, 어머니에 대해선 거부감이 들 것이다. 집착과 거부감을 버리고 어느 곳에도 유혹에 빠지지 않도록 결심을 굳건히 할 때 자궁문은 닫힐 것이다.

자궁 문을 닫는 네 번째 방법 : 모든 현상을 실체 없는 환영으로 보기

나는 지금까지 '거짓과 환영'을 이해하지 못하고 존재하지 않는 것을 존재하는 것이라고 생각해 왔다. 이제 마음을 집중해서 앞으로 내 앞에 나타날 갖가지 현상들이 환영에 불과하다는 사실을 깨달아야 한다. 그것들이 실제로 존재하는 것이 아니라는 인식이 마음속에 깊이 박힐 때 자궁 문은 닫힐 것이다.

자궁 문을 닫는 다섯 번째 방법 : 청정한 빛을 명상하기

아직도 그대가 자궁 속으로 들어가려는 마음을 가지고 있다면, 그대는 투명한 빛에 대한 명상을 통해 자궁의 문을 닫아야 한다. 마음을 있는 그대로의 편안한 상태, 아무런 인위적인 것이 섞이지 않은 자연스러운 상태에 머물게 해야 한다. 이와 같이 청정한 빛에 대한 명상을 통해 긴장하지도 않고 불안하지도 않은 마음 상태를 유지하게 될 때, 자궁 문은 닫히게 될 것이다.

4) 자궁 문 선택하기

이렇게 많은 기회가 주어졌음에도 불구하고, 대부분의 사자들이 대 자유에 이르지 못하고 중음의 세계에서 방황하고 있다. 그들을 가로막고 있는 악한 카르마의 장애 때문이다. 그들은 영겁의 세월 동안 선한 행위에 익숙해 있지 않고, 악한 행위에 길들여져 왔기 때문이다. 그러므로 아직까지도 자궁 문이 닫히지 않았다면, 이제부터는 자궁 문을 선택하는 가르침을 사자에게 주어야 한다.

환생할 장소가 미리 환영으로 나타남

- 만일 그대가 천상계에서 태어날 운명이라면, 온갖 보석으로 치장된 화려한 사원이나 저택들이 보일 것이다. 거기에는 들어가도 좋으니 들어가라.

- 그대가 만일 거인 신들이 사는 아수라계에 태어날 운명이라면, 멋진 숲이 보이거나 서로 반대 방향으로 원을 그리며 회전하는 불꽃들이 보일 것이다. 그것들에 대해서는 혐오감을 일으켜야 한다. 그리고 절대 그곳에 들어가지 말라.

- 만일 짐승들 사이에 태어날 운명이라면, 바위굴과 지상의 깊은 구멍과 안개가 나타날 것이다. 그곳으로는 들어가지 말라.

- 만일 불행한 귀신들이 사는 아귀계에 태어날 운명이라면, 나무 한 그루 없는 황량한 평원과 낮은 동굴들과 밀림 사이의 빈 터와 폐허가 된 숲이 보일 것이다. 그곳에 들어가지 않도록 최대한의 에너지를 쏟으라.

죽음에 대한 불교의 성찰

- 그대가 만일 지옥에 태어날 운명이라면, 악한 카르마 때문에 울
부짖는 노래 소리를 듣게 되리라. 그대는 저항하지도 못하고 그
곳으로 끌려 들어갈 것이다. 젖 먹던 힘까지 다하여 그곳에 들어
가지 말아야 한다.

괴롭히는 악령들로부터 자신을 지키기

환생할 장소의 환영으로부터 벗어난다 하더라도 그대를 괴롭히
는 수많은 악령들에게 쫓길 것이다. 그리고 회오리바람, 요란한 소
리, 눈보라 등이 그대를 괴롭힐 것이다. 그대는 그것들로부터 달아나
려고 피난처를 찾고 있을 때 거대한 저택과 바위굴과 땅굴과 연꽃 등
의 환영을 보게 될 것이다. 그대가 그것들 속으로 들어가는 순간 입
구가 닫힐 것이다. 그곳이 바로 자궁이다. 그대가 그 자궁 속에 숨어
있게 되면 그대는 매우 바람직하지 못한 육체를 받게 되고 많은 고통
속에 신음하게 될 것이다. 그대는 보이는 어떤 것에도 현혹되지 말고
오직 수호신과 자비의 신을 마음을 다해 명상하라.

초자연적인 탄생

만일 그대가 카르마의 영향 때문에 자궁에 들어가야만 한다면 자
궁 문을 선택하는 가르침을 잘 들어야 한다. 여기에 두 가지 선택이
있다. 그대의 의식체계를 순수한 붓다의 세계로 탈바꿈시키는 것과
아니면 순수하지 않은 윤회계의 자궁 문을 선택하는 것이 그것이다.
그대가 순수한 극락세계에 태어나기를 진심으로 원한다면, 다음과
같은 지극한 명상을 통해서만 가능하다. "나는 이제 윤회에서 벗어

날 준비를 할 때가 되었다. 나는 이제 서방 극락세계 아미타불의 발 아래 피어 있는 한 송이 연꽃 속에서 기적적으로 태어나리라."

자궁을 통한 탄생

만일 그대가 초자연적인 탄생이 불가능하고 자궁에 들어가고 싶거나 들어가야만 한다면, 여기 윤회계의 자궁 문을 선택하는 가르침이 있으니 잘 들으라. 자궁이 좋아 보여도 여기에 이끌리지 말라. 또한 자궁이 나빠 보여도 거기에 혐오감을 갖지 말라. 혐오감과 애착심, 또는 취하려는 마음과 피하려는 마음으로부터 벗어나는 것. 다시 말해 조금도 편견을 갖지 않는 마음으로 자궁에 들어가는 것이 가장 중요한 방편이다. 오직 천상계에서 나오는 흰색 빛의 길과 인간 세상에서 나오는 노란색 빛의 길을 따라서 걸어가야 한다. 그리하여 천상계에서 태어나면 오선정불토에 이르게 될 것이고, 인간으로 태어나서 니르마나카야(化神)을 성취하게 되면 꿈에 그리던 대 자유를 얻게 될 것이다.

3. 여섯 바르도의 『사자의 서』

『티베트 사자의 서』의 변모

『티베트 사자의 서』가 1927년 옥스퍼드대학 출판부에서 『The

죽음에 대한 불교의 성찰

Tibetan Book of the Dead』라는 이름으로 출간되자 전 세계에서 엄청난 반향을 일으켰다. 이후 오랜 세월동안 많은 나라에서 이 책을 자국어로 번역 출판하게 되었다. 우리나라에서도 1984년 백봉초 번역본이 처음으로 출판된 이후에 여러 종의 번역본이 출간되었다. 이 책에 대해서 오랜 기간 동안 세계적으로 수많은 연구 논문이 발표되었고 토론회가 개최되면서 많은 오류가 발견되었다. 그 결과 초감트롱 파 린포체가 번역한 신역본이 1975년에 출간되었다. 신역본은 추가로 발견된 3종의 목판본을 저본으로 하고 다른 자료들을 참조하여 번역이 이루어졌다.

이 책의 구역본과 신역본 간에는 다음과 같은 기본적인 차이점이 있다.

첫째, 구역은 사자(死者)가 중심이 되어 죽음의 세계를 경험하는 것이라면, 신역은 생자가 명상을 통해 죽음의 세계를 관찰하고, 죽음의 진행 단계별로 대처하는 데 필요한 수행을 행하도록 하는 것이다.

둘째, 구역은 사자가 거쳐야 하는 중음의 세계를 세 개의 바르도로 설정한 반면, 신역에서는 살아 있는 동안의 대비과정을 포함하여 모두 여섯 개의 바르도를 설정한 것이다.

셋째, 구역은 사자가 겪는 죽음의 현상에 초점을 두고 사자에 대한 타력구제를 강조한 반면, 신역은 밀교의 수행의 단계를 각각의 바르도에 연계하여 사자 자신이 자력으로 해탈에 이루도록 하는 데에 초점을 맞추었다.

이러한 사실은 구역 본에서도 본질을 잘 이해하고 있었다. 우선 『사자의 서』의 필사본에 담겨 있는 '부록' 중에 「여섯 바르도의 서시(序

詩)』가 실려 있기 때문이다. 그 책의 해설을 쓴 '라마 아나가리카 고빈다'는 이 문제에 대하여 다음과 같이 설명하고 있다.

"서자의 서의 원래의 목적은 사자를 돕는 것보다도, 죽음에 대한 올바른 자세를 갖도록 뒤에 남아 있는 사람들을 돕는 데에 더 큰 목적이 있었다. 사후세계의 여러 과정에서 적절히 대응하기 위해서는, 살아 있는 동안에 수행을 통해 정신적인 준비를 하지 않으면 어렵기 때문이다. 이런 까닭으로 본래 여섯 바르도로 되어 있는『사자의 서』가 후대에 와서 죽은 자만을 위한 책으로 변이된 것은 매우 안타까운 일이다."

티베트의 4대 종파 중의 하나인 까규파는 가장 먼저 활불전세 제도를 채택하였다. 그런데 까규파는 4대 종파와 8소 지파로 분화되어 있어 법맥의 흐름이 가장 복잡하다. 4대 종파 중의 하나인 까르마파의 소 지파 중의 하나로 보여지는 족첸폰롭 법맥의 7대 전세활불이라고 주장하는 린포체(환생신으로 공식 인정된 활불)가 2006년『Mind Beyond Death』라는 책을 출간하였다. 그는 현재 북미지역에서 불교수행센터를 운영하고 있다. 2002년 미국 텍사스주 샌안토니오에서 '지혜의 보물안거'라는 명상회를 개최하고 14회에 걸쳐 강의한 내용을 기본으로 하여 이 책을 발간한 것이다.

이 책의 내용은『티베트 사자의 서』의 부록에서 파드마삼바바가 남긴 '여섯 바르도의 서시'를 기반으로 하여, 죽음의 세계를 삶의 과정과 연계한 '여섯 개의 바르도'에 대해 설명한다. 앞으로 누구에게나 닥쳐올 바르도에 대처해서, 살아 있는 동안에 준비해야 하는 수행법과 수행내용에 대해 소상하게 기술하고 있다. 이 책은 2014년 국내에서 『티벳 사자의 여행 안내서』라는 제목으로 번역 출판되었다. 여섯 개의 바르도는 책에 따라 내용이 조금씩 다른데, 본서에서는 후술하는 바와 같은 '여섯 개의 바르도'로 명명하였다. 각각의 바르도에 적합한 수행법은 이 책의 내용과는 달리 필자가 여러 논서들을 참조하고 선택하여 기술하였다.

현생의 바르도

1) 현생의 표상

인간은 자기 의사와 상관없이 이 세상에 태어나서 업(카르마)을 짓고 살아간다. 그러나 살아가면서 생산하는 업은 생각하고 마음먹기에 따라서 선업을 짓기도 하고 악업을 짓기도 한다. 그가 짓는 업이 선업이냐 또는 악업이냐에 따라 죽음의 세계에서 전혀 다른 경험을 하게 되며, 해탈하지 않은 한 전혀 다른 윤회계를 돌게 된다. 따라서 인간은 살아가는 동안 선업을 쌓기 위해 모든 노력을 기울여야 한다. 불교의 관점에 따르면, 바르게 죽기 위해서는 먼저 바르게 살아야 한다. 바르게 죽는 것은 바르게 사는 법을 앎으로써 이루어질 수 있다. 현생에서 해야 할 수행으로는 툼모(Tummo)라고 부르는 요가 수행을 권유하고 있다. 툼모 수행에 앞서 일반적 예비수행과 특별한 예비수행을 거쳐야 한다. 「여섯 바르도의 서시(序詩)」에서는 현생의 바르도를 다음과 같이 표현하고 있다.

"아, 지금은 출생지의 바르도가 내 앞에 밝아 오는 때!

게으름을 버려야 한다.

구도자의 삶에 게으름이란 없는 것.

진지하게 듣고 사색하고 명상하며

마음이 흩어짐 없이 존재의 근원으로 들어가

마음과 현상의 진정한 본질을 깨닫게 되기를,

한번 인간의 몸을 얻으면

인간의 삶을 게으름으로 헛되이 써 버리지 않기를."

2) 일반적 예비수행

불교에서 전통적으로 내려오는 기본 원리를 터득하고 이를 수행에 적용하려는 것이다.

① 인간으로 태어난 기회의 소중함에 대한 명상

윤회계를 돌고 있는 중생들은 천상계, 인간계, 수라계, 축생계, 아귀계, 지옥계 중의 하나에 떨어질 수 있는데, 그중에서 인간계에 태어난 것을 축복으로 생각하는 명상을 한다.

② 무상(無常)에 대한 명상

세상의 어느 것도 변하지 않는 것이 없다는 제행무상(諸行無常)의 원리를 깊이 인식하고 이를 명상한다.

③ 카르마에 대한 명상

악업을 짓지 않고 선업을 짓기 위하여 어떻게 할 것인가에 대해 반성하면서 이를 명상한다.

④ 윤회계의 불완전성에 대한 명상

내가 지은 업에 의해 사후에 어떻게 윤회할 것인지에 대해 생각하면서, 윤회계로부터 해탈하기 위해 어떻게 해야 할 것인지에 대해 명상한다.

3) 특별한 예비수행

밀교의 특별한 가르침에 대한 깊은 명상을 통해 이를 체득하고, 이를 바탕으로 하여 수행과정을 진행해 나간다.

삼보에 귀의하여 삼보의 공덕을 명상

기본적으로 불·법·승 삼보에 마음을 다해 귀의한다. 오직 삼보만이 그들을 삼악도에 떨어지지 않도록 할 수 있다는 것을 알고, 그 마음으로써 보살핌을 구한다. 금강승에게는 대승의 삼보 이외에 세 가지 근원에 귀의해야 할 의무가 있다. 그것은 가피의 근원인 '구루 만달라', 성취의 근원인 '본존 만달라' 그리고 행위의 근원인 '다키니 만달라'이다.

보리심을 일으키는 명상

깨달음의 길로 나아가기 위해서는 수행을 방해하는 자신의 부정적 사고와 장애물을 제거하는 것이 중요하다. 이에 필요한 예비수행이 '금강살타 수행'이라는 근본 수행이다. 밀교에서는 공성의 지혜를 '불모'라 하고 보리심을 '불부'라고 말한다. 공성의 지혜와 보리심이 어울려야 불과를 낳을 수 있다.

출리심(出離心)을 일으키는 명상

성불의 과정인 '람림'에 들어서기 위해서는 보리심과 더불어 출리심을 내야 한다. 출리심을 기르려면 인간의 몸을 얻기 어렵다는 것을 깊이 인식해야 한다. 그리고 내세에 대한 탐욕을 없애고 윤회를 벗어나는 방법을 찾아야 한다. 갈애의 뿌리인 에고에 대한 집착을 벗어나기 위한 방법으로 '만달라 공양 수행'이 주로 행해진다.

스승의 가피를 구함

금강승의 전통에서 깨달음의 열쇠는 본인들의 지혜와 더불어 스승들의 가피에 있다. 법맥의 전승자인 구루의 가피 없이는 경지에 도달하기 어렵다. 그런 까닭으로 스승에 대한 헌신과 존경심을 키우는 '구루요가'를 성실히 수행해야 한다.

4) 툼모요가 수행

'툼모'는 생명열 요가라고도 부른다. 툼모라는 뜻은 자연계의 무한한 푸라나(prana, 氣)를 채취하여 체내에 축적한 뒤, 그것을 사용해 정액을 신비한 불의 에너지로 바꾸는 방법을 가리킨다. 이로 인해 체내에 열이 생겨나서 정신 신경 계통의 통로로 타고 흐르게 된다. 이 정신 신경 계통은 육체 신경 계통과 짝을 이루어 현생의 육체를 지배한다.

이 신경 계통은 척추 중앙을 타고 흐르는 중앙 통로와 좌우에 하나씩의 보조 통로가 있어 세 개의 통로로 구성된다. 자연으로부터 몸에 들어온 푸라나는 세 신경 계통에서 갈라져 나온 수많은 보조 신경 계통을 거쳐, 각 정신 신경 중추기관에 운반되어 저장되었다가 신체의 각 기관에 분배된다. 툼모 요가의 특정한 경지에 오르면 몸 속에서 열을 발생시켜 나신으로 눈 속에서도 견딜 수 있고, 열사의 사막에서도 견딜 수 있는 능력이 생겨나게 된다고 한다.

툼모 요가의 수행은 다음과 같은 방식으로 진행된다.

5단계의 예비수행

심령의 신경 계통의 구조와 심령의 흐름을 관상하여 심령 신경계가 비어 있음을 관상하고, 수련을 통해 심령 중추에 생기는 파동을 알아차린다.

3단계의 근본수행

고요한 호흡과 맹렬한 호흡을 통해 생명열을 발생시켜 이를 감지하고, 신체의 적당한 장소에 저장한다.

수행결과의 활용

수행을 통해 발생시켜 저장되어 있는 생명열을 신체의 특정한 부분에 전달하여 신체의 특정한 기능을 강화하고 활성화시킨다.

몽중의 바르도

1) 몽중의 표상

사람들은 꿈을 꾸고 살아간다. 매일 꾸기도 하고 이따금씩 꾸기도 한다. 어떤 경우에는 하룻밤에 몇 개의 꿈을 꾸기도 한다. 우리의 일상생활 중 가장 신비로움을 주는 것이 바로 꿈이다. 현실에서는 상상도 할 수 없는 황당무계하고 기괴한 일들이 꿈에서는 나타나는 것이다. 그래서 예전에는 꿈을 해석해 주는 전문적인 해몽가가 있었다고 한다. 꿈에 대해 가장 깊이 있게 연구한 사람은 독일의 심리학자 지그문트 프로이드(1856-1939)이다. 그가 1900년 출판한 『꿈의 해석』은 학계에 커다란 충격을 주었다. 그의 주장에 의하면 꿈은 인간의 잠재의식이 표출된 것이라고 한다. 따라서 꿈은 인간의 참된 의도를 알아내는 열쇠가 될 수도 있다. 그의 노력에 의해 정신분석학이라는 새로운 학문의 영역이 생겨나게 되었다.

꿈을 종교의 영역에 끌어들인 두 개의 종파가 있다. 바로 대승불교에서 진화해 나간 선불교와 밀교가 그들이다. 선불교는 불교가 중국으로 건너가 기존의 도교와 습합하면서 생겨난 새로운 형태의 불교이다. 선불교의 수행법으로 처음에는 조사선 형태를 취하였으나, 이후 분화의 과정을 거쳐 한국에서는 간화선을 취하고 있고, 일본에서는 묵조선을 택하고 있다. 간화선에서는 특정한 화두(話頭)를 들고 참선하는데, 그 화두를 타파하면 깨달음의 경지에 들게 되는 것이다. 참선 과정에서 어느 정도의 경지에 이르면 성성적적(惺惺寂寂)이

죽음에 대한 불교의 성찰

라 부르는 삼매(三昧)의 상태에 이르게 된다. 이로부터 용맹 정진하여 꿈속에서도 화두가 성성한 몽중일여(夢中一如) 또는 오매일여(寤寐一如)의 상태에 이를 수 있어야 비로소, 깨달음의 경계 즉 견성성불(見性成佛)을 성취할 수 있다고 성철스님은 『선문정로』에서 밝히고 있다.

에반 톰슨(Evan Thompson)이라는 학자에 의하면 잠에 빠져들 때 각성과 무의식이 혼재된 흐름이 일어난다고 한다. 그는 철학과 인지과학, 그리고 불교를 융합한 『Waking, Dreaming, Being』이라는 연구서를 출판하였다. 그는 서구의 심리철학과 인지과학이 주목하지 않았던 꿈의 의식과 깊은 수면상태의 의식에 대해 연구를 한 것이다. 더 나아가 자각몽이나 유체이탈 등 비일상적인 의식상태까지 연구대상에 포함시켰다. 그는 오랫동안 이 분야에 대해 연구를 한 결과 티베트 밀교에서 정교한 경지를 발견하게 된다. 그는 꿈 의식 분야 연구의 발전을 위해 밀교의 명상 수행은 물론, 동양의 다양한 명상 체험을 연구대상에 포함시켜야 한다고 주장한다.

밀교에서의 '몽중의 바르도'는 현재의 깨어 있는 상태의 현상들이 사라졌다가, 다음 깨어 있는 상태의 현상들이 일어나기 전까지 그 사이의 시간이다. 잠이 들면 바르도에 들어섰다가 깨어나면 바르도를 벗어나는 것이다. 파드마삼바바는 몽중의 바르도의 미혹에 대해 다루면서, 그 경험을 통해 중요한 가르침을 전하고 있다. 꿈을 꾸고 있는 상태는 중음에 처해 있는 것과 매우 유사한 속성을 보인다는 것이다. 꿈의 상태를 알아차리는 요가를 수행하게 되면 앞으로 중음의 상태에 처하게 되었을 때, 보다 적절하고 효과적으로 대응할 수 있다고 보는 것이다. 「여섯 바르도의 서시」에서는 몽중의 바르도를 다음과 같이 표현하고 있다.

> "아, 지금은 꿈속의 바르도가 내 앞에 밝아 오는 때!
> 시체와 다를 바 없는 아주 깊은 어리석음의 잠에서 깨어나
> 마음이 그 근본자리에 머물게 하소서.
> 꿈의 본질을 완전히 이해하고
> 기적의 탈바꿈을 일으키는 투명한 빛을 깨닫게 하소서.
> 게으른 짐승처럼 행동하는 일 없이
> 잠을 자는 상태에서도 의식이 깨어 있게 하소서."

2) 몽환의 요가

몽환의 요가는 꿈을 꾸는 동안에 꿈이라는 실상을 알아차리는 수행이다. 꿈을 꾸는 동안에 꿈이라는 실상을 알아차리게 되면, 중음에 처해 있을 때에도 중음이라는 실상을 알아차릴 수 있게 된다는 것이다. 꿈의 실상을 알아차리는 수행에 숙달하게 되면 꿈의 내용을 변화시킬 수도 있게 된다고 한다. 몽환의 요가에 정통한 사자가 중음에 이르게 되면 중음에 처해 있는 상태를 바로 파악할 수가 있을 것이다. 그리되면 그 사자는 임종중음의 상태에서 정광명을 알아보고 법신을 구할 수도 있고, 실상중음의 상태에서 올바른 선택을 하여 보신을 성취할 수도 있을 것이다. 몽환의 요가의 실천 방안은 아래와 같다.

꿈꾸는 동안 의식적 자각을 유지하기

본인이 꿈을 꾸고 있다는 사실을 자각할 수 있기 위해서는, 첫째, 잠들기 전에 깨어 있을 때와 꿈꿀 때에 의식의 연속성을 유지하겠다는 특단의 결심을 하고, 둘째, 자면서도 동일한 호흡을 유지하기 위해 오른쪽으로 누워 자도록 해야 하며, 셋째, 꿈의 내용이 잊혀지는 것을 막기 위해 '항아리 형상의 호흡'을 일곱 번에 걸쳐 해야 하고, 넷째, 꿈의 내용이 분산되는 것을 막기 위해 분산의 원인을 찾아내어 이를 방지하기 위한 명상법을 찾아 행해야 한다.

꿈의 내용을 변화시키기

평소에 꿈속에 보고 싶은 내용, 예컨대 극락세계, 묘희세계 등 특정한 불국토를 마음속으로 그리고, 그것을 꿈속에서 볼 수 있도록 지극한 마음으로 명상 수행을 한다.

꿈의 본성이 환영임을 알아차리기

꿈의 내용이 환영에 불과하고, 공포의 대상이 아니라는 사실을 요가를 통해 마음속 깊이 각인시킨다. 그리되면 장차 죽음에 이르러 중음에 머물게 되어도 이미 각인된 인식을 통해 자신이 처해 있는 상황을 인식할 수 있게 된다.

꿈속에서 정광명을 알아보기

평소 요가수행을 통해 꿈속에서도 세속을 벗어난 영적인 존재에 대한 명상을 지속할 수 있게 된다면 마침내 청명한 광명의 빛을 볼 수 있게 된다. 그리되면 임종의 순간에 정광명을 알아차려 법신의 경지를 성취함으로써 사후세계를 벗어날 수가 있게 된다.

공성의 바르도

1) 공성의 표상

파드마삼바바 이후 밀교를 대표하는 대학자인 쫑카빠는 불법의 세 가지 근본으로 출리심, 보리심과 더불어 공성에 대한 정견(性空正見)을 들었다. 성공정견에 대한 그의 설명은 이러하다. 해탈과 성불을 이루는 데 있어 이를 가로막는 장애 요소는 번뇌장(煩惱障)과 소지장(所知障)이다. 이 두 가지 장애를 없애는 유일한 길은 공성을 바로 보는 것뿐이라는 것이다. '나는 항상 불멸하고 영원히 존재 한다'는 상견(常見)도 안 되고, '나는 단멸하므로 생명이 죽으면 없어지고 만다'는 단견(斷見)도 안 된다는 것이다. 그는 용수의 중관사상을 받아들여 '유하기도 하고 공하기도 하며, 항상하지도 않고 단멸하지도 않은 것', 이것이 곧 중도라는 것을 강조한다. 따라서 그가 말하는 성공정견은 다른 말로 하면 중관정견이 되는 것이다.

보통 사람들에게 있어 죽음의 징후는 대개 죽기 1–2년 전에 나타난다. 사람이 일생을 거의 마치고 이제 죽음에 가까워 오면 누구나 사후세계를 생각하게 되고 윤회를 생각하게 된다. 그리되면 집착에 대한 편견을 깨고, 허무에 대한 편견을 없애는 '공성에 대한 정견'을 갖기 위한 노력을 게을리 해서는 안 된다. 그래서 반야심경에서 '조견오온개공 도일체고액'을 설하고 있는 것이다. 성공정견이 생기고 중관정견이 마음속에 일어나도록 하는 데 적합한 수행법이 있다. '마하무드라 행법'이 그것이다.

이 행법을 처음으로 시도한 사람은 용수(Nagarjuna)와 그의 제자들이다. 11세기경에 티베트 까규파의 창시자인 마르파가 인도에 가서 당시 저명한 불교학자인 나로파에게서 이 행법을 전수받았다. 마르파의 후계자였던 밀라레파는 이 수행법을 티베트에서 시행하면서 한층 발전시키고 심화시켰다. 일찍이 파드마삼바바는 공성의 바르도를 위한 수행법으로 모든 것을 마야로 인식하는 '환신의 요가'를 제시한 바 있다. 그런데 그 이후에 도입된 마하무드라 행법이 보다 월등하므로, 본서에서는 공성의 바르도를 위한 수행법으로 마하무드라를 소개한다. 「여섯 바르도의 서시」에서 공성의 바르도를 다음과 같이 설하고 있다.

"아, 지금 명상의 바르도가 내 앞에 밝아 오는 때!
모든 사념과 헛된 생각을 버리고
영원히 흐트러짐 없는 깊은 명상에 들게 하소서.
존재의 빛을 마음에 떠올려 그 빛과 하나가 되게 하시고
다른 모든 행위를 접어두고 오직 명상에 전념할 때
나를 유혹하고 어리석게 만드는 욕망의 힘에 굴복하지 않게 하소서."

2) 마하무드라 요가

마하무드라 요가는 티베트어로 '작첸'이라고 부른다. 존재의 본성에 대한 통찰력을 기르기 위하여 정신집중 상태에 도달하게 하는 수행법이다. 마하무드라 실천법은 각 종파에 따라 상당한 차이가 있는데 본서에서는 가장 보편적인 수행법을 소개한다.

예비적 수행
마음의 본질을 파악하기 위해서는 공덕을 쌓고 장애를 제거해야 하기 때문에 다음과 같은 예비수행을 통해 마음을 다스려야 한다.
첫째, 금강살타의 백자 진언을 십만 번 독송한다.
둘째, 삼십오불의 참회문백회(百會)를 가능한 한 많이 반복하여 독송한다.
셋째, 이 세상의 부처인 스승(라마)에게 법의 전수를 진심으로 간청한다.

중심적인 준비수행
실제의 수행에 진입하기 전에 다음과 같이 마음의 다짐을 한다.
첫째, 붓다에게 귀의한다.
둘째, 보리심을 일으킨다.
셋째, 금강살타의 가호에 의해 수행자의 몸과 마음으로 정화되기를 기원한다.
넷째, 라마 최빠를 행한다. 이는 스승을 붓다의 화신으로 인식하고, 수행자 본인도 스승과 동일하게 되도록 수행하기 위한 의식이다.

사마타(samatha) 수행

마음을 한 곳으로 모아 마음의 대상이 한 곳에서 다른 곳으로 동요되는 것을 막는다. 수행자는 결가부좌를 하고 특별한 호흡법에 따라 잡념을 떨쳐버리고 생각을 한곳에 모은다. 한 대상에 강하게 고정된 마음을 통해 불선한 요소들이 일어나는 것을 막는 것이다. 이 수행의 목적은 번뇌장, 소지장 등 장애의 요소가 제거되어 성공정견이 계발되도록 하는 것이다. 수행이 진전되면 텔레파시 같은 초능력이 개발되는 경우가 있다.

위빠사나(vipassana) 수행

현상을 있는 그대로 보아 지혜를 얻어 나가는 수행법이다. 수행자는 사마타 수행을 통해 얻어진 마음의 고요와 평안 속에서 마음의 흐름을 면밀히 관찰하는 것이다. 수행이 진전되면 마음의 본질이 삼독을 벗어난 자성청정심이란 상태를 경험하고, 이는 실체가 없는 공(空)이라는 사실을 인식한다.

쌍수(雙修)

중국에서는 사마타와 위빠사나를 각각 지(止)와 관(觀)으로 번역하였다. 이와 같이 지와 관에 통달했다면 최종 단계인 쌍수에 들어간다. 이 단계에서는 지에 의해 체득된 부동의 마음(본질)과 관에 의해 체득된 다양한 마음 활동이 실은 다른 것이 아닌 마음의 다른 모습이라는 진리를 온몸으로 알게 된다. 이 인식을 통해 주체와 객체의 구별이 사라지게 되고, 윤회와 열반이 다름이 없다는 인식으로 일체의 집착이 사라진다. 이 경지야말로 마하무드라가 추구하는 절대적인 깨달음의 세계인 것이다. 저명한 논서인『대승기신론』에서도 깨달음에 이르기 위해서는 지관겸수(止觀兼修)를 행할 것을 강력히 권고하고 있다.

임종의 바르도

1) 임종의 표상

죽음이 진행되는 과정은 총 여덟 단계에 걸쳐 일어난다.

[육신의 해체]

- 첫째 단계 : 흙의 요소(地大)들이 물의 요소(水大)로 해체되고 퇴화한다. 뼈와 같이 몸 안의 딱딱한 요소들이 더 이상 신체의 지지기반으로서의 역할을 수행하지 못한다. 이때 사자에게는 사막의 신기루와 같은 모습이 떠오른다.
- 둘째 단계 : 물의 요소들이 불의 요소(火大)로 해체되거나 변화한다. 침이 말라 버리기 때문에 입, 혀 그리고 목이 말라간다. 이때 사자에게는 굴뚝에서 뿜어져 나오는 연기 혹은 방 전체에 퍼지는 가느다란 연기의 모습이 나타난다.
- 셋째 단계 : 불의 요소들이 바람의 요소(風大)들로 변하거나 해

죽음에 대한 불교의 성찰

체된다. 몸의 온기가 점차로 사라지면서, 음식물을 소화시킬 수 있는 기능이 사라진다. 이때 사자에게는 반딧불 또는 숯검정의 불꽃과 같은 모습이 나타난다.

- 넷째 단계 : 거친 바람의 요소들이 보다 미세한 의식으로 해체된다. 육신의 감각을 느끼거나 움직이는 것은 불가능하다. 이 단계에서는 쁘라나가 해체되기 시작하면서, 처음에는 초의 불꽃과 같은 영상이 깜박이다가 점차 타오르는 램프의 불꽃 영상으로 변하게 된다.

[의식의 해체]

- 다섯째 단계 : 의식의 거친 수위에 속하는 여든 가지의 개념들이 해체되면서 선명한 흰색 모습이 떠오른다. 이 단계에 이르면 흰색 빛 이외에는 어떠한 것도 보이지 않게 된다.

- 여섯째 단계 : 심장 아래쪽에 있는 좌우 에너지 통로에 있던 쁘라나가 중앙 에너지 통로로 들어간다. 이때 사자에게는 선홍색 모습이 떠오른다.

- 일곱째 단계 : 중앙 에너지 통로에 있던 쁘라나들이 심장에 모인다. 이때 사자에게는 검은색 모습이 드러난다.

- 여덟째 단계 : 쁘라나의 움직임은 점점 더 약해지고 가장 미세한 쁘라나의 상태가 일어난다. 이 시점에서 무의식은 사라지고 '청명한 빛의 마음'이 일어난다. 대부분의 사람들에게 있어 이 단계에서 죽음이 일어난다.

「여섯 바르도의 서시」에서 임종의 바르도를 다음과 같이 표현하고 있다.

"아, 지금은 죽음의 순간의 바르도가 내 앞에 밝아 오는 때!
집착과 욕망과 세속의 모든 사물에 대한 미련을 버리고
깨달음을 주는 밝은 가르침의 공간으로 마음을 집중해 들어가게 하소서.
나로 하여금 태어남 없는 하늘 공간으로 옮겨가게 하소서.
이제 살과 뼈로 만들어진 육체를 벗어버릴 때가 왔습니다.
이 몸이 영원하지 않으며 환영에 불과하다는 것을 알게 하소서."

2) 임종에 대비하는 포와 수행법

밀교 수행법 중 포와(Pho-ba)수행은 즉음의 순간에 자신의 의식을 육체 바깥으로 꺼내는 수행이다. 그래서 이것을 '의식전이 수행'이라고도 한다. 완성단계에 이른 수행자라면 죽음에 직면했을 때 자신의 의식을 육체 밖으로 이동함으로써 곧바로 해탈의 경지에 들어갈 수 있을 것이다. 그러나 수행을 하지 않은 일반인들은 죽음의 순간에 두려움에 떨다가 육체로부터 의식을 탈출하지 못하고 해탈의 기회를 놓치고 만다. 그래서 죽음이 닦아오기 전에 다음과 같은 포와 수행을 해 두어야 한다.

• 자리를 잡고 올바른 자세를 취하고 나서 육체의 여덟 가지 문을

막는 명상을 한다. 이는 여덟 가지 중 하나의 문을 빠져나가 윤회계로 환생하는 것을 예방하기 위한 것이다.

• 배꼽 조금 아래에서부터 머리 위의 정수리 차크라에 이르는 중앙 통로를 심상화 한다. 이 중앙통로는 아홉 번째 문인 정수리 차크라와 만나는 지점에서 나팔처럼 열려있는 모습으로 심상화 한다. 중앙 통로 가운데에 위치한 가슴 차크라에는 불꽃과 같이 빛나고 투명한 붉은 색의 빈두를 심상화 한다.

• 중앙 통로 입구의 정수리에 앉아 있는 5선정불 중의 한 부처를 심상화 한다. 수행하는 동안에 부처님의 다리가 열린 부분을 막고 있다고 심상화 함으로써 의식이 육신을 빠져나가는 것을 방지한다.

• 가슴 차크라에 심상화 된 빈두를 중앙 통로를 통해서 정수리 차크라로 올려 보내는 것을 되풀이해서 심상화 한다. 빈두가 올라가고 내려가는 것은 호흡과 일치한다. 말하자면 빈두가 호흡을 타고 오르내리는 것이다.

• 죽음의 순간에 포와를 실제로 수행할 때에는 중앙통로가 열려 있도록 하기 위해서, 이곳에 앉아 있는 선정불이 다리를 빼고 한 발 정도 위쪽에 앉아 있는 것으로 심상화 한다. 죽음의 순간에 빈두가 아무런 방해를 받지 않고 육신을 빠져나갈 수 있도록, 문이 활짝 열려 있는 것으로 심상화 한다.

포와를 적시에 실행했지만 실패해 버렸다면 어떻게 될까. 사자는 여전히 마음의 본성을 깨닫지 못한 채 제자리에 머물러 있을 것이다. 그런 경우에도 죽음의 과정은 계속 진행된다. 다음에 오는 법성의 바르도에서 정광명을 알아차릴 수 있도록 주의력을 잃지 않고 명상을 계속 해야 할 것이다.

법성의 바르도

1) 법신(法身) 광명의 표상

첫 번째 정광명의 출현

사자의 호흡이 멎었을 때 사자의 생명력은 심장에 있는 생명 에너지의 명점(틱레)으로 내려가고, 남아 있는 의식은 최초로 '청명한 정광명'의 빛을 보게 될 것이다. 이 순간은 사자에게 있어 매우 중요한 순간이다. 살아 있는 동안에는 아리아식에 가려져 덮여 있던 여래장의 불성이 육신이 해체되면서 밖으로 모습을 드러내기 때문이다. 생전에 마음의 본성을 깨닫지 못했을지라도 이 순간에는 알아차리기에 수월한 상황이 찾아 온 것이다. 명상수행을 꾸준히 하여 마음의 본성을 어느 정도 깨달은 사람은 이 시점에서, 정광명이 실재의 근원적 본성임을 알아차려 법신의 깨달음을 얻게 될 것이다.

두 번째 정광명의 출현

첫 번째 정광명이 나타나는 순간에 깨달음을 얻지 못한 사자에게 한 번 더 기회가 찾아온다. 이것은 호흡이 정지되고 한 식경이 지난 뒤에 일어난다. 이때 사자의 의식은 신체의 적당한 출구를 통해 밖

죽음에 대한 불교의 성찰

으로 빠져나와 있다. 자신이 죽었는지 살았는지 알지 못하는 사이에 청정하지 못한 정광명의 빛이 사자에게 나타난다. 이때 사자가 평소에 이에 대비한 수행을 하였다면, '어머니의 실상'과 '자식의 실상'의 만남이 이루어져 카르마의 지배에서 벗어나게 된다. '어머니의 실상'은 우주에 존재하는 공성 자체를 말하고, '자식의 실상'은 수행자가 일상으로 관상하며 체험한 실상을 말한다. 태양의 빛이 어둠을 몰아내듯이 모자의 만남은 카르마에 갇히어 있던 마음의 본성을 찾게 하여 법신의 깨달음을 얻게 할 것이다.

2) 보신(報身) 광명의 표상

임종 중음의 단계에서 사자는 청정한 빛을 체험하는 두 번의 기회를 가질 수 있었다. 이 기회를 놓치고 실상 중음의 단계에 들어가면 사자는 카르마에 의한 환영을 체험하게 된다. 사자의 영 앞에 나타나는 것은 갖가지 색상과 빛의 영상 그리고 공포의 음향 등이다. 처음의 7일 간에는 평화의 존격(存格)이 등장하고, 다음의 7일 간에는 공포와 분노의 존격이 등장한다. 사자의 영 앞에 나타나는 여러 존격들은 티베트 불교의 우주를 상징하는 만다라의 모습이다.

사자가 임종 중음에서 보게 되는 정광명의 빛은 사자가 이를 알아차리면, 마음의 본성을 스스로 발견하여 진리의 세계인 법신에 들어갈 수 있는 기회가 제공되는 것이다. 그러나 그 다음 단계인 중음의 세계에 들어서면 이러한 기회는 사라지고 오직 선택의 기회만이 제공되는 것이다. 우주 본연의 공성의 빛과 더불어 카르마에 의한 부정적인 음울한 빛을 동시에 보내어 사자로 하여금 선택하도록 한다. 사자가 공성의 빛을 선택하게 되면 카르마에 덮여있는 껍질을 벗겨내고 그 안에 숨겨져 있는 본성을 발견하는 것이다. 이는 마치 사자가 생전에 많은 수행을 통해 카르마를 벗겨내고 그 안에서 보리심을 찾아내는 것, 즉 깨달음을 얻은 몸인 보신을 얻는 것과 다를 바가 없는 것이다.

[평화의 존격의 출현]

• 첫째 날 : 대일여래의 출현

대일여래가 법계 대지혜의 빛인 강렬한 푸른색을 비추고 나타날 것이다. 동시에 무지의 카르마인 어두운 흰색 빛이 천상계로부터 다가올 것이다.

• 둘째 날 : 금강살타 아촉불의 출현

아촉불이 대원경지의 빛인 밝고 눈부신 흰색 빛을 비추고 나타날 것이다. 동시에 분노의 카르마인 어두운 회색 빛이 지옥계로부터 다가올 것이다.

• 셋째 날 : 보생여래의 출현

보생여래가 평등성지의 밝고 눈부신 노란빛을 비추고 나타날 것이다. 동시에 자만심의 카르마인 어둡고 푸르스름한 노란빛이 인간계로부터 다가올 것이다.

• 넷째 날 : 아미타불의 출현

아미타불이 묘관찰지의 눈부시고 투명한 붉은빛을 비추고 나타날 것이다. 동시에 탐욕의 카르마인 어두운 붉은빛이 아귀계로부터 다

죽음에 대한 불교의 성찰

가올 것이다.

• 다섯째 날 : 불공성취불의 출현

불공성취불이 성소작지의 밝고 눈부신 초록빛을 비추고 나타날 것이다. 동시에 질투의 카르마인 어두운 초록색 빛이 아귀계로부터 다가올 것이다.

• 여섯째 날 : 오선정불이 동시에 출현

오선정불이 동시에 나타날 것이다. 중앙에는 대일여래가, 동방에는 아촉불이, 남방에는 보생여래가, 서방에는 아미타불이, 북방에는 불공성취불이 각각의 색깔을 비추고 나타날 것이다. 동시에 윤회계의 여섯 세계로부터 순수하지 못한 환영의 빛들이 나타날 것이다.

• 일곱째 날 : 42명의 신들이 출현

10명의 지명주존(地明主尊)을 비롯한 42명의 신들이 춤추고 노래하며 다섯 가지 색깔을 비추며 나타날 것이다. 동시에 동물세계로부터 어두운 푸른색 하나가 나타날 것이다.

[분노의 존격의 출현]

• 여덟째 날 : 대영광 헤루카의 출현

대영광 헤루카는 비로자나불의 분노한 모습이다. 그를 알아보기만 하여도 그대는 붓다의 경지를 얻게 된다.

• 아홉째 날 : 금강부 헤루카의 출현

금강부 헤루카는 금강살타 아촉불의 분노한 모습이다. 그를 알아본다면 그대는 대 자유를 얻으리라.

• 열째 날 : 보부 헤루카의 출현

보부 헤루카는 보생여래의 분노한 모습이다. 그를 알아보는 즉시 그대는 대 자유를 얻으리라.

- 열 하루째 날 : 연화부 헤루카의 출현

연화부 헤루카는 아미타불의 분노한 모습이다. 그를 알아보는 즉시 그대는 대 자유를 얻으리라.

- 열둘째 날 : 업부 헤루카의 출현

업부 헤루카는 불공성취불의 분노의 화신이다. 그를 알아보는 즉시 그대는 대 자유를 얻으리라.

- 열셋째 날 : 가우리 여신들과 피사치 여신들의 출현

숲의 여신인 가우리는 본래 시바신의 반려자이고, 시신을 먹는 피사치는 '베다' 경전에 나오는 악귀이다. 이들 모두 사자의 마음에서 나온 투영체이니 두려워할 필요가 없다.

- 열넷째 날 : 동물머리 여신들과 요가 여인들의 출현

동물머리 여신들이 동남서북의 네 방향에서 출현하고, 28명의 요가 하는 여신들이 네 방향에서 나타난다. 이 모든 여신들은 사자의 영적 활동이 투사되어 나온 환영임을 인식하고 두려움을 떨쳐 내야 한다.

「여섯 바르도의 서시」에서 법성의 바르도를 다음과 같이 읊고 있다.

"아, 지금은 존재의 근원의 바르도가 내 앞에 밝아 오는 때
모든 현상에 대한 두려움과 공포와 무서움을 버리고
눈앞에 나타나는 모든 것들이 내 자신의 마음에서 투영된 것임을

죽음에 대한 불교의 성찰

깨닫게 하소서.

그것들 모두가 사후세계의 환영임을 알게 하소서.

더없이 중요한 순간이 다가왔으니

내 자신의 생각이 투영된 평화의 신들과 분노의 신들을

두려워하지 않게 하소서."

3) 람림 요가의 수행

티베트에는 불교의 여러 종파가 병존하고 있는데, 각 종파마다 특색 있는 수행법을 개발하여 수백 년 간에 걸쳐 시행되어 오고 있었다. 1357년에 태어나 티베트 밀교의 주도적 위치에 오른 쫑카빠 대사는 난립되어 있는 수행법을 정리하고 통합할 필요성을 느꼈다. 그래서 두 권의 수행 지침서를 썼는데 현교의 수행체제를 밝힌 책이 『보리도차제광론』이고, 밀교의 수행체제를 밝힌 책이 『밀종도차제광론』이다. 단계적인 수행방식인 차제를 티베트어로 '람림'이라 한다. 람림 수행의 체계는 가행(加行), 정행(正行), 결행(結行)으로 구성되어 있고, 수행 단계는 하사도, 중사도, 상사도의 삼사도(三士道)로 구성되어 있다. 대사는 기존의 네 가지 방식의 탄트라(사부, 행부, 요가부, 무상요가부)와는 별도로 '본존요가'라는 새로운 방식의 수행체계를 제시하였다. 본존요가는 '성자류 요가'라고 부르기도 하고 '비밀집회 요가'라고 부르기도 한다.

쫑카파 대사가 제시한 하사도의 수행방식 중 '죽음과 무상에 대한 관상법'을 소개한다. 람림의 죽음에 대한 명상은 다음 세 가지 근원을 전제로 한다.

첫 번째 근원은, 죽음은 반드시 온다는 사실이다.

두 번째 근원은, 죽음의 시간은 정해지지 않았다는 사실이다.

세 번째 근원은, 죽음이 이르렀을 때 오직 수행만이 나를 도울 수 있다는 사실이다.

이 근원들을 기초로 하여 죽음에 대한 다섯 가지 관상법을 제시하고 있다.

첫 번째 관상법

세간에는 영원히 변하지 않는 사물은 없다. 모든 중생과 우주 만물은 모두 무상하다. 이러한 것들을 생각하고 나서 자신에게 묻는다. "나는 이제 어떻게 해야 하나?"

두 번째 관상법

많은 사람이 세상을 떠났다. 일상생활 속에서 무상을 뛰어넘을 수 있는 것은 아무것도 없으니, 언젠가 무상이 우리의 머리 위로 찾아올 때가 있을 것이다. 그러므로 곧바로 생각해보는 것이 좋을 것이다. "나는 참으로 용맹 정진하여 불법을 수지해야만 한다."

세 번째 관상법

수없이 많은 환경이 사람들을 죽음에 이르게 한다. 천재와 인재는 예측하기가 어려우므로, 우리는 모두 장래에 어떻게 죽을지 그리고 언제 죽을지 모른다. 그러므로 간절하게 관상한다. "나에게 장차 어

죽음에 대한 불교의 성찰

떤 일이 발생할 것인가."

네 번째 관상법

죽음이 닥치는 순간에 어떤 일이 일어날 것이다. 나쁜 일을 저지른 사람은 임종 전에 상상할 수 없는 고통과 공포를 체험하게 될 것이다. 앞으로 다가올 윤회는 그 자신이 평생 저지른 업에 달려 있다. "그러므로 나는 지금부터는 불법을 수지하는 습관을 길러야 한다."

다섯 번째의 관상법

죽은 후에는 어떤 일이 발생하는가. 죽은 자는 마치 바람 속의 깃털과도 같이 마음의 통제력을 상실하여 두려운 중음의 세계를 체험하게 된다. 그러므로 다음과 같이 관상할 것을 당부한다. "가령 내가 제때에 노력하여 수행하지 않는다면, 죽은 후에는 아무도 나를 구해줄 기회가 없다."

본존요가는 다시 생기차제(生起次第)와 구경차제(究竟次第)라는 두 단계의 방식으로 구분된다. 생기차제는 집착하기 쉬운 우리들의 의식구조를 근저에서부터 뒤흔들어 붓다의 올바른 가르침을 받아들일 준비를 완성하는 단계이다. 구경차제는 성적 요가를 포함하는 궁극적인 수행법으로 매우 은닉성이 높고 극소수의 수행자에게만 전수되었다. 사자가 중음의 세계에서 법신의 광명이나 보신의 광명을 알아차릴 수 있으려면 생시에 생기차제의 수행을 받아두는 것이 필요하다. 그리고 중음을 벗어나 좋은 모습의 환생을 이루어 응신(應身)의 경지를 이루려면 구경차제의 수행까지도 숙달해야 한다.

4) 본존요가 - 생기차제

[생기차제의 개요]

생기차제는 인도의 힌두교나 불교의 전통에서 양성되어 온 명상법으로, 무상요가탄트라의 범주에 들어간다. 이 요가는 이른바 '공성(空性)의 지혜'를 획득한 후에 '자비의 마음'을 이끌어 내어 활성화시키는 것으로, 이를 밀교적 요가라 한다. 본존요가를 완성한 쫑카빠 대사는 생기차제에 대해 "살아 있는 모든 것이 피할 수 없는 죽음·중유·생의 과정을 대상으로 해서 그 생을 정화하기 위해 실천하는 수행법"이라고 정의하고 있다.

[생기차제의 3단계 관상법]

생기차제의 중심에는 다음과 같은 3단계의 관상법이 있다.

- 초가행유가삼마지 : 본존인 '아촉금강'을 관상하고, 최종적으로는 수행자 자신이 아촉금강이라는 것을 체득하여 '공성의 지혜'를 체험하는 것이다
- 만다라최승왕삼마지 : 만다라 전체를 관상한다. 구체적으로는 32존으로 구성되는 '본존만다라' 전체를 수행자의 심장 안에서 관상한다.
- 갈마최승왕삼마지 : 만다라를 수행자의 심신 내부로 받아들이는 것이다. 그리하여 수행자가 타인에게 실제로 행해야 할 '자비

의 지혜'를 체험하게 한다.

[요가의 구체적 실천 방안]

거친 마음의 요가 : 만다라를 관상하기

- 만다라 내부에 궁전을 세우고 그 안에 붓다를 불러들이는 과정을 서서히 관상해 간다.
- 서서히 관상하는 것이 익숙해졌다면, 단번에 전부를 관상할 수 있는 단계로 나아간다.
- 궁전과 그 안에 모시는 32존 붓다의 모습을 세세한 부분까지 단번에 관상할 수 있도록 연마한다.
- 거친 만다라와 붓다들, 미세한 만다라와 붓다들을 모두 단번에 관상할 수 있도록 한다.

미세한 마음의 요가 : 구경차제의 수행을 견딜 수 있는 심신을 기르기 위해서는 신체와 관련한 미세 요가까지도 수행할 필요가 있다.

- 수행자 자신의 코 혹은 남근의 끝, 요도, 혹은 배꼽이나 심장 그리고 빈두를 관상하고 거기에 마음을 집중한다.
- 그 빈두에서 만다라와 부처들이 생성하는 것을 관상한다.
- 이 미세요가를 통상 하루에 4회 실천하여 완벽한 경지에 이르게 한다.

[죽음과 중음에 대한 관상]

- 살아 있는 모든 것이 피할 수 없는 죽음·중유·생의 과정을 관

상함으로써 그 생을 정화하기 위한 수행법임을 인식한다.

• 해탈하지 않은 자의 '죽음과 중유와 생'은 해탈을 위한 필수 과
  정이라는 인식을 가지고, 중유에서는 불가능한 실천 방안을 생
  전에 마련한다.

• 종국에 도래할 죽음·중유·생의 과정에서, 인시(因時)의 업이 생
  기차제의 수행을 통해 과시(果時)의 법신, 수용신(보신), 변화신(응
  신)의 삼신으로 변화시켜 이를 성취하는 데 필요한 수행을 철저
  히 실천한다.

환생의 바르도

1) 응신 성취의 표상

공포의 법성 중음을 거친 사자의 영은 뒤이어 오는 닷새 반 동안
두려움으로 인한 현기증으로 까무러친다. 다시 깨어난 사자는 자신
의 신체가 없어진 것을 깨닫고, 육신을 갖고 싶어지기 시작하면서 사
방으로 자신의 본래 몸을 찾아 헤맨다. 그러나 그의 앞에는 여러 험
난한 여정이 기다리고 있다.

[사후의 심판]

사자는 선업과 악업에 대한 심판 과정을 지나가야 한다. 심판은
다음과 같이 행해진다.

• 희고 검은 조약돌로 심판한다.

선행을 담당하는 판관은 흰 조약돌로 사자의 생전의 선행을 계산한다. 악행을 담당하는 판관은 검은 조약돌로 악행을 계산한다. 이러한 상황에 닥치게 되면 사자의 영은 놀라고 당황한다.

• 업의 거울에 비추어진다.

생전에 행한 모든 악행과 선행은 염라대왕의 업의 거울에 선명히 비추어진다. 이때에 사자가 두려운 나머지 거짓말을 하게 되면 엄청난 벌을 받게 된다.

[자궁의 문을 닫기]

생전에 중음의 과정에 대비한 수행을 게을리 한 사자의 영은 육도의 업력에 이끌려 계속 방황하다가 자궁의 문 앞까지 이른다. 이때 어떤 방법으로든 자궁의 문을 닫을 방법을 찾아야 한다. 자궁의 문을 닫지 못하면 바람직하지 못한 자궁으로 휩쓸려 들어가 악도에 빠질 수 있기 때문이다. 자궁의 문을 닫는 방법에는 다섯 가지가 있다.

• 순수하고 청정한 착한 생각을 갖는다. 절대로 사악한 생각을 하지 말고, 생전에 받아들인 진리의 가르침이나 스승의 말씀을 기억해 내야 한다.

• 사랑의 행위를 하는 남녀를 스승으로 본다. 스승과 그의 반려자를 본존수호신으로 관상하고, 경건한 기도로 마음의 공양을 드린다.

• 애욕과 미움의 정서를 버린다. 애욕과 미움을 버리는 법문을 기억하면서, 향후에는 절대로 애욕과 미움에 따라 행동하지 않겠다고 다짐한다.

- 실재가 아닌 환영으로 본다. 중음의 세계를 떠도는 동안 진실이 아닌 것을 진실하다고 보고, 환영을 실체인 것으로 잘못 본 것을 후회하면서, 앞으로 이러한 잘못을 되풀이 하지 않겠다고 다짐한다.
- 청정한 빛을 명상한다. 청정한 빛을 관조한다는 것은 일체 만물이 개인의 마음속으로부터 온 것임을 깨닫는 것이다. 앞으로 텅 비고 순수한 마음으로 명상을 이어갈 것임을 다짐한다.

[자궁 문 선택하기]

그동안에 나타난 자궁 문을 모두 닫은 후 마침내 환생할 시간에 이르면, 육도의 형상이 사자 앞에 나타난다. 사자는 정신을 집중하여 올바른 길을 선택해야 한다.

- 보석으로 치장된 여러 층의 신전이 보일 것이다. 그러면 망설이지 말고 선택하여 천신으로 태어나라.
- 아름다운 숲이 보이거나 회전하는 둥근 불 바퀴가 보일 것이다. 그곳으로 가면 아수라도에 태어날 것이니 그곳으로 가지 말라.
- 안개가 자욱한 암석 동굴과 짚으로 덮은 초가가 보일 것이다. 그곳으로 가면 축생도에 태어날 것이니 그곳으로 가지 말라.
- 가지만 남은 나무가 넘어져 있고, 낮은 동굴과 검은 그림자가 보일 것이다. 그곳으로 가면 아귀도에 태어날 것이니 그곳으로 가지 말라.
- 흰색과 붉은색 집들이 보이고 신음 소리가 들릴 것이다. 그곳으로 가면 지옥도에 태어날 것이니 그곳으로 가지 말라.

죽음에 대한 불교의 성찰

[자궁을 통한 탄생]

다음과 같은 사람은 반드시 사람의 자궁을 통해 탄생한다.

- 처음부터 윤회의 태문을 선택하기로 결정한 사람
- 천식법으로 정토에서 태어나는 데 실패한 사람
- 업력 때문에 반드시 태에 뛰어들어야 할 사람

이 사람들에게 인간 세상에 환생하는 것이 가장 좋은 선택이고, 천도가 그 다음이다. 이 사람들은 전생에 좋은 수행을 하여 그 과보로 해탈하거나, 내생에 좋은 수행을 통해 응신(應身)을 이루어 다음 생에는 정토에서 태어나게 될 것이기 때문이다.

「여섯 바르도의 서시」에서 환생의 바르도를 다음과 같이 표현하고 있다.

"아, 지금은 환생의 바르도가 내 앞에 밝아 오는 때
한 가지 기원에 마음을 집중해
끝없는 노력으로 선행의 길을 계속하게 하소서.
자궁 문이 닫히게 하시고 그 반대의 것을 생각하게 하소서.
지금은 힘과 순수한 사랑이 필요한 때
질투심을 버리고 아버지이며 어머니인 영적 스승을 명상하게 하소서."

2) 본존요가 – 구경차제의 수행

구경차제 수행법은 까규파의 '나로의 육법'이란 명상법을 심화시키고 발전시킨 것이다. 이 명상법은 11세기에 인도의 고승인 나로파 (1016-1100)가 그의 티베트인 제자 마르파에게 전수한 것이다. 이 명상법은 까규파에서 전승 발전시켰는데 이후 다른 종파에서도 수용하게 되었다. 이 명상법은 밀교명상의 정수로 인정받아 왔는데, 여섯가지의 기법이란 ① 내적 열의 기법, ② 환신의 기법, ③ 청명한 빛의 기법, ④ 의식 전이의 기법, ⑤ 다른 신체로의 이전 기법, ⑥ 바르도에서의 기법으로 구성되어 있다. '나로 육법'에서 진화해 나간 본존요가인 구경차제를 이해하기 위해서는, 먼저 밀교에서 인식하고 있는 인간의 신체구조에 대해 알아야 할 필요가 있다.

[밀교적 신체구조]

- 인간의 몸에는 물질적 신체 이외에 영적인 신체가 있다. 거기에는 전부 7만 2천개의 맥관이 있다.
- 그 맥관은 중앙과 좌우에 있는 세 개의 통로를 통해 흐른다. 중앙의 맥관은 진공상태로 되어 있고, 그 매듭에 해당하는 곳에 일곱 개의 짜크라(cakra, 輪)가 있다.
- 마음은 쁘라나(氣)를 타고 이동한다. 인간의 생리적, 심리적 구조는 다섯 가지 주요한 쁘라나와 다섯 가지 보조적인 쁘라나로 구성된다.
- 심장에 위치한 짜크라에는 '빈두'라는 지극히 미세한 입자의 덩어리가 내재되어 있다. 이것은 '파괴되지 않는 빈두'라고 불리는데 먼 이전세대부터 끊임없이 상속되어 온 근원적인 의식의 주체라고 알려져 있다. 만일 쁘라나가 좌우의 맥관에서 중앙 맥관

죽음에 대한 불교의 성찰

으로 이끌려 들어와서 심장 짜크라에 도달해 멈추면, 이 빈두
는 용해되고 그 안에 내재된 근원적인 의식은 해방된다고 한다.
이 현상은 죽는 시점에만 일어난다. 죽을 때 해방된 근원의식은
그대로 내세로 이어진다고 한다.

[구경차제의 실천]

본존요가의 구경차제는 '나로 육법'과 유사한 점이 있으나, 중음에
서 삼신을 구족하는 데 있어 활용이 용이하도록 실천적인 방안을 제
시하고 있다. 구경차제는 성자의 반열에 오른 '본존'이 즉신성불 하는
최종 단계의 수행에 임하는 람림 수행이다. 모두 여섯 단계로 되어
있으며 각 단계 별 수행의 요체는 다음과 같다.

정적신(定寂身)

이 수행은 자신의 요도에 빈두가 위치하는 것으로 관상하고, 그
관상의 힘에 의해 그곳에 위치하는 쁘라나를 중앙의 맥관으로 끌어
올려서 멈추게 한다. 그리고 그 쁘라나를 용해해서 공성(空性)을 철저
하게 체득하게 하는 것이다.

정적구(定寂口)

수행자는 자신의 심장에 위치한 빈두를 관상한다. 그리고 상부에
있는 쁘라나와 하부에 있는 쁘라나가 중앙의 맥관에서 만나 멈추게
한다. 그런 후 쁘라나를 용해하면 심장 짜크라의 매듭이 조금씩 풀
리기 시작한다. 이렇게 하면 심장 짜크라에 쁘라나를 모아 생명활동

을 활성화 할 수 있다.

정적심(定寂心)

심장 짜크라의 맥관을 완전히 풀어서 그 안의 깊숙한 곳에 있는 '파괴되지 않는 빈두'에 쁘라나를 보내 이를 용해시킨다. 빈두가 완전히 용해되면 네 가지 비전이 허공에 나타난다. 이러한 비전은 인간이 죽음을 맞이할 때에 나타난다. 정적심의 수행으로 아래의 모습이 나타나면, 이는 '공'의 모습이 '환희'의 여러 모습으로 바뀌어 나타나는 것이다.

- 현명(顯明) : 가을 하늘과 같이 티 없이 맑고 깨끗한 흰 비전
- 증휘(增輝) : 가을 하늘에 태양이 떠올랐을 때와 같은 붉은 비전
- 근득(近得) : 가을 하늘이 저물 때와 같은 거무스름한 비전
- 광명(光明) : 궁극적 광명이 아닌 유사한 광명이 나타남

환신(幻身)

'환신'이란 유체이탈이 이루어지는 것을 말한다. 환신은 죽음 다음의 생명 형태로, 중유(中有) 또는 바르도라고도 불린다. '환신'은 '환신'끼리 상대를 알아볼 수 있지만 보통의 인간에게는 보이지 않는다. 환신을 출연시키기 위해서는 '정적심'과 반대의 수순을 밟아야 한다. '심장 짜크라' 안의 '파괴되지 않는 빈두'에 용해되어 있던 쁘라나를 이번에는 조금 움직이게 해서 원 모습으로 복귀시키는 것이다. 그러면 정적심 때와는 역방향의 비전이 나타난다. 다시 말해, 광명·근득·증휘·현명의 순서로 나타나는 것이다. 그러나 이러한 치열한 노

죽음에 대한 불교의 성찰

력에도 불구하고 이 단계에서 출현하는 '환신'은 아직 정화되지 못했기 때문에 '부정(不淨)한 환신'이라 불린다. 완전히 정화된 환신을 얻으려면 다음의 단계를 거쳐야 한다.

궁극적인 광명

심신과 마음을 열어서 '심장 짜크라' 안에 있는 '파괴되지 않는 빈두'에 모든 쁘라나를 보내 융해시킨다. 그러면 지금까지 체득한 '현명'과 '증휘'와 '근득'이 모두 하나로 녹아들어서 '궁극적인 광명'이 체득된다. 여기에서 최고의 쾌락인 대락(大樂)이 생겨난다. 그 대락을 체험한 수행자는 마침내 최고 차원의 '공성'을 성취하게 된 것이다.

쌍입

앞의 단계에서 '궁극적 광명'을 체험했다면, 이번에는 한 걸음 더 나아가서 '환신'을 다시 출현시켜야만 한다. 즉 심장 짜크라 안의 '파괴되지 않은 빈두'에 용해되어 있던 쁘라나를 좀 더 움직여서 '궁극적 광명'으로 용해되어 있던 '현명'과 '증휘'와 '근득'을 재차 분리해야만 한다. 이렇게 하면 다시 '환신'이 출현한다. 이번에는 '궁극적 광명'에 의해 전생의 업이나 현생의 번뇌가 완전히 정화되었기 때문에 새로 출현한 '환신'은 완벽히 청정한 환신이 된다. 이렇게 해서 '궁극적 광명'과 '청정한 환신'을 동시에 성취하면 최고의 쾌락을 얻을 수 있다. 이러한 대락(大樂)을 얻게 되면 자타의 구별이 사라지고 모든 것을 포용하는 경지에 들어간다. 이리하여 수행자는 '공성의 지혜'와 '대비의 지혜'를 모두 얻은 '양족본존(兩足本尊)'이 되어 부처의 경지에 오른 것이다.

[성적 요가의 실상]

티베트의 밀교 요가에 있어서는 각 종파를 불문하고 성적 요가를 실행해 왔다. 그런데 이것은 수행자들의 성적 행위를 금지한 석가모니불의 가르침에 반하는 것이다. 그래서 한국을 비롯해 선불교를 채택하는 국가의 불자들은 그러한 이유로 티베트 밀교를 그동안 경멸하고 백안시 해 왔다. 그러나 요즈음 티베트 불교는 전 세계적으로 교세를 떨치고 있다. 어째서 그러할까?

성적 요가의 유래

성적 요가는 티베트에서 생겨난 것이 아니다. 기원 후 8세기 경 인도에서 주변 여건의 변화로 상업이 쇠퇴하면서, 상업적 기반 위에 성립하였던 불교는 위기에 처하게 된다. 밀교화로 변신을 시도한 불교는 농업을 기반으로 세력을 넓혀 가던 힌두교에 대항하는 수단으로 성적 요가를 도입하게 된다. 처음에는 상당한 저항을 받은 바 있으나, 아이러니하게도 경쟁관계에 있던 힌두교는 물론, 금욕주의로 유명한 자이나교에서조차 이를 도입하게 되면서 그 효과는 오래 가지 못하였다. 인도에 가면 흔히 보게 되는 성행위 조각품들도 그 영향을 받은 듯하다. 티베트에 성적 요가를 전수한 사람은 1042년에 인도에서 건너와 까규파를 창시한 아티샤(982-1054) 대사였다.

왜 성적 요가가 필요한가

여러 논서에 따르면 성적 요구를 실천하는 이유는 대략 다음의 두 가지로 요약된다.

첫째, 여성이 갖는 생명 에너지에 의해 수행자의 생명 활동을 활성화하기 위한 것이다. 앞서 설명한 본존요가의 수행은 너무도 어려워, 통상의 생명력으로는 도저히 완수할 수가 없다는 것이다. 이 요가를 수행하다가 수많은 수행자가 죽어나갔다고 한다. 그 어려운 수행의 단계를 성적 요가를 통해 돌파할 수 있었다는 것이다.

둘째, 밀교에서의 부처(佛)는 반야(공성)와 대비(중생교화)를 겸비하는 존재를 의미한다. 그래서 전세영동을 추대하는 활불(린포체)과는 달리, 밀교의 진정한 부처는 이 두 요소를 겸비하였다는 의미로 양족본존(兩足本尊)이라고 불린다. 반야공성은 우주의 생산에너지를 의미하므로 이를 여성의 속성으로 보고 있고, 대비는 중생을 포용하는 자비심을 말하므로 이를 남성의 속성으로 본다. 그리하여 반야와 대비를 구족하는 양족본존이 되기 위해서는, 남녀합일에 의해 이루어 낼 수 있다는 것이 밀교의 독특한 교리이다. 남녀합일에 의해 새 생명이 태어나듯이, 남녀합일에 의해 새 부처가 태어나는 원리가 다르지 않다고 보는 것이다.

여성 수행 파트너

요가 수행법에 따라 차이가 있겠으나, 이상적인 파트너 여성은 16세의 처녀이다. 여성 파트너는 요기니(瑜伽女) 또는 다끼니(空行母)라고 불린다. 특별한 계급에 속하는 집단에서 이들을 공급하는데, 모계를 통해 특수한 성적 기법이 전수되는 창부였다고 한다. 경우에 따라서는 여성 파트너가 주체가 되어 성적 요가를 이끌어, 남성 파트너로 하여금 최고의 경지에 이르게 하였다는 여러 사례들이 전해지고 있다. 남성 파트너를 부처에 이르게 한 요기니를 특별히 '삭티'라고 부르며 예우하고 있다.

성적 요가의 계율

밀교에서는 수행 단계별로 관정(灌頂)이라는 의식이 있다. 선불계의 사미계, 구족계 등과 유사한 점이 있으나, 과정이 여러 단계에 걸쳐 있고 심사가 엄격하다. 최고의 단계에까지 오르려면 험난한 과정을 거쳐야 한다. 최고 단계의 관정인 본존에 이르지 못하면 성적 요가가 허용되지 않는다. 성적 요가는 최고의 수행 단계에서 구경각(究竟覺)에 이르는 순간에만 허용되는 것이다. 티베트의 여러 수행 방식을 통합하고 정리하여 '생기차제'와 '구경차제를' 완성한 쫑카빠 대사는 성적 요가가 가장 수승한 수행 방식임을 선언한 반면, 그 실천은 금지하였다는 사실에서 많은 것을 시시해 주고 있다.

4. 『티베트 사자의 서』의 함의와 평석

이 책은 세계의 성전(聖典)들 중에 하나이며 매우 독특한 내용을 담고 있다. 특히 대승불교의 교리를 압축해 놓은 해설서로서 종교적, 철학적, 역사적으로 더없이 중요한 경전이다. 죽음과 탄생의 경계선인 사후세계에 대한 안내서로서, 『이집트 사자의 서』와 더불어 아득히 먼 과거의 세대에서 죽음의 세계를 소상하고 치밀하게 다루고 있다.

죽음에 대한 불교의 성찰

중음(中陰) 사상

윤회를 인정하는 생사관에 따라 죽는 순간부터 다음 세상에 태어나기까지의 중간 시기를 불교에서는 중유(中有) 또는 중온(中蘊)이라고 한다. 한국에서는 이를 중음신(中陰身)이라고도 부른다. 중음신의 기원을 불교 이전의 인도 신화에서 찾기도 하는데, 이 사상을 체계화한 것이 부파불교 중에서 '설일체유부'이다. 이 사상은 『아비달마구사론』을 통하여 전하여지는데, 죽음과 재생의 연결 과정을 욕계와 색계, 무색계를 구분하여 설명하고 있다. 중생이 죽어 다음 생을 받기까지 49일간 중음에 머문다는 부파불교의 교설은 그대로 티베트 밀교로 전수된다.

삼신(三身) 사상

불교에서 호칭되는 부처님에는 세 개의 개념이 포함되어 있다. 진리의 본체로서 시간과 장소에 구애되지 않고 존재하는 법신(法身) 부처님과 서원을 세우고 오랜 수행을 거쳐 원만하고 한량없는 공덕을 갖추신 보신(報身) 부처님, 그리고 중생의 근기에 따라 몸을 나투시어 중생을 제도하시는 응신(應身) 부처님을 함께 모아 삼신불(三身佛)이라고 칭한다. 이 삼신사상은 모든 종교에 공통적으로 나타나는 사상이다.

이 삼신사상이 티베트 밀교에서는 바르도와 연계하여 변형이 되어 나타난다. 사자는 치카이 바르도에서 두 번에 걸쳐 해탈의 기회를 갖게 된다. 첫 번째 단계는 정광명(淨光名)이 나타나는 순간, 그 광명을 알아차리면 중음에서 곧바로 벗어난다. 두 번째 단계에서는 형상과 소리와 광채들의 다채로운 모습을 나타나는데 이 현상들을 알아차리면 역시 사후세계에서 벗어나게 된다. 이 두 번의 단계에서 공성을 알아차리고 해탈을 얻게 되면 이를 '법신의 성취'라고 한다.

치카이 바르도에서 해탈을 성취하는 데 실패한 사자는 초에니 바르도를 경험하게 된다. 이 바르도에서는 중음에서 벗어날 수 있는 열 네 번의 기회가 사자에게 부여된다. 처음의 일곱 번에는 평화의 신들이 나타나 사자에게 구원의 빛을 보내고, 다음의 일곱 번에는 분노의 신들이 나타나 사자에게 빛을 보내 해탈의 기회를 제공한다. 이 열 네 번의 기회 중에 사자가 구원의 빛을 알아보고 그 빛을 따른다면 사자는 중음의 세계를 벗어나게 되는데 이를 '보신의 성취'라고 한다.

치카이 바르도에서 해탈에 실패한 사자는 다시 시드파 바르도를 경험한다. 이 바르도에 임한 사자는 육신을 갖고 싶은 강한 욕망을 갖게 된다. 이 시점에서는 생전에 쌓아 놓은 카르마가 에너지의 형태로 작용하기 시작한다. 사자의 앞에는 여섯 개의 길이 제시되고 그중의 하나를 선택하도록 강요된다. 이때 사자는 생전에 스승으로부터 받은 가르침과 수행의 힘에 의지하여 최선의 선택을 해야 한다. 결국 사자에게는 인간으로 재생하는 것이 최선이다. 그래야 다음 기회에 해탈을 얻어 윤회계를 벗어날 수 있기 때문이다. 그런 까닭으로 인간으로 환생하는 것을 '응신의 성취'라고 한다.

죽음에 대한 불교의 성찰

오정토불

　현교에서는 여러 종류의 정토관이 있으나, 그중에서 대중들의 지지를 받고 있는 정토는 아미타불의 서방 극락정토, 약사여래의 동방 유리광정토 그리고 미륵보살의 도솔정토 등 세 곳의 정토이다. 이에 반해 밀교에서는 다섯 곳의 정토가 설정되어 있다. 아미타불의 극락 정토는 현교와 밀교 공히 정토로 설정되어 있다. 『사자의 서』에서 사자가 '초에니 바르도'를 지나는 동안 다섯 정토의 주불들은 사자에게 각각의 색깔 있는 빛을 보내어 사자로 하여금 자신의 정토로 올 수 있도록 유도한다. 사자가 그 빛을 따라오면 정토에 안착하게 되는 반면, 이를 놓치게 되면 중음의 세계를 방황하게 된다. 오선정불(五禪定佛)이라고도 하는 오정토불(五淨土佛)이 주석하고 있는 정토는 다음과 같다.

정토불	정토명	위치	정토불의 역할
비로자나불 (Virocana)	아끼니스타 (密嚴世界)	중앙	석가모니불의 변신의 모습으로, 법계의 진리 자체를 구현하는 부처
아촉불 (Aksobhya)	아비라띠 (妙喜世界)	동방	분노를 가라앉히고 마음의 동요를 진정시키는 지혜로운 부처.
보생불 (Ratna-Sambhava)	쓰리마띠 (吉祥世界)	남방	자만심을 제어하여 평정심을 갖도록 중생을 교화하는 부처
아미타불 (Amitayus)	쑤까와띠 (極樂世界)	서방	탐욕을 제거하여 극락장토에 왕생하도록 교화하는 부처. 무량수불이라고도 함
불공성취불 (Amogha-siddhi)	쁘라꾸따 (妙業世界)	북방	일체의 질투심을 제거하여 번뇌를 단멸하도록 교화하는 부처

오성지(五聖智)

　서광스님은 『현대심리학으로 풀어본 유식30송』에서 "유식의 가르침에 의하면 수행을 통해서 번뇌에 오염된 8식을 4가지 지혜로 전환시킨다. 즉, 저장식(아뢰야식)은 대원경지로, 생각식(말라식)은 평등성지로, 의식은 묘관찰지로, 오감각식은 성소작지로 전환된다"고 했다. 그리고 「송30」은 "이것이 순수한 실제 세계이며, 생각으로 이해될 수 없고, 선이고 불변이고 고요함이며, 깨달은 몸이며 이를 일러 위대한 성인의 진실된 몸이라고 부른다"라고 해석하였다. 『사자의 서』에서는 초에니 바르도에서 바수반두(세친)가 「유식30송」에서 노래한 오성지를 설하고 있다.

　첫째 날 비로자나불은 사자의 동물적인 어리석음을 명상을 통해 만물에 내재하는 진리 세계의 대 지혜, 혹은 만물에 내재하는 공(空)의 지혜로 변화시켜 그를 구제하려 한다. 이러한 지혜를 법계체성지(法界體性智)라 한다.

　둘째 날 아촉불은 사자의 분노심을 명상을 통해 거울과 같은 지혜로 변화시켜 그를 구제하려 한다. 이러한 지혜는 제8식인 아뢰야식의 변형인 대원경지(大圓鏡智)라고 부른다. 무수한 과거의 경험과 기억의 종자들이 비워져서 무아가 된 저장식이, 크고 원만한 맑은 거울이 되어 일체의 현상을 있는 그대로 비추는 지혜로 변한 대원경지를 성취한 것이다.

　셋째 날 보생불은 사자의 이기적 욕망을 명상을 통해 평정의 지혜로 변화시켜 그를 구제하려 한다. 이러한 지혜는 제7식인 말라식의

　죽음에 대한 불교의 성찰

변형인 평등성지(平等性智)라고 부른다. 갖가지 계산과 생각에 집착하여 사상, 신념, 관념에 사로잡힌 생각식은 자신과 일체 중생이 완전하게 동일하고 평등함을 깨달아 평등성지를 성취한다.

넷째 날 아미타불은 사자의 탐욕심을 명상을 통해 분별적 자각의 지혜로 변화시켜 그를 구제하려 한다. 이러한 지혜는 제6식인 의식의 변형인 묘관찰지(妙觀察智)라고 부른다. 생각식의 분별과 차별작용에 따라 갖가지 감정과 느낌에 고통을 받던 의식은, 일체 현상의 공통점과 차이점을 분명하게 깨달아 더 이상 번뇌하지 않는 묘관찰지를 얻은 것이다.

다섯째 날 불공성취불은 사자의 질투심을 명상을 통해 일체를 성취하는 지혜로 변화시켜 그를 구제하려 한다. 이러한 지혜를 전 오식인 안식·이식·비식·설식 및 신식의 변형인 성소작지(成所作智)라고 부른다. 자신의 존재와 우월성을 드러내는 데 총력을 기울이던 오감각식은 이제 중생을 이익 되게 하고 그들을 깨달음으로 이끄는 일에 전념하게 되는 성소작지를 얻게 된 것이다.

『사자의 서』에 대한 심리학자 칼 융의 평석

이 책이 1927년에 처음으로 출판되었을 때 영어권의 나라들에서 큰 반응을 일으켰다. 내용 자체가 불교에 관심 있는 학자들뿐 아니라, 삶에 대한 지식을 넓히고자 하는 일반인에게도 매력을 느끼기에 충분했다. 이 책의 독특한 점은 죽음의 실제 과정이 일어나는 동안에 깊은 통찰력과 깨달음으로 대 자유를 얻을 수 있다고 역설하고 있기 때문이다. 『이집트 사자의 서』와 달리 『티베트 사자의 서』는 원시적인 야만인이나 신들의 세계가 아닌 인간의 존재 자체를 탐구하는 지성적인 철학이다. 그 철학에는 불교 심리학의 핵심이 담겨져 있다. 이 점에서 이 책은 어떤 것과도 비교할 수 없는 탁월한 책이다.

이 책에서는 죽은 사람에게 최고의 궁극적인 진리를 설명해 준다. 그 진리란 신들조차도 우리들 영혼에서 비치는 빛이고 우리들 영혼에서 투영된 모습이라는 것이다. 이렇듯 이 책은 인간이 태어나면서부터 잃어버렸던 신성을 되찾게 해 주는 하나의 입문 과정이다. 인간은 죽어서도 지상의 삶을 계속하고 있다고 믿고 있으며, 자신이 육신을 떠난 영혼이라는 사실을 알지 못한다는 것은 인류의 원초적인 모습에 속한다는 것이다.

영적 체험의 클라이막스는 생이 끝나는 순간에 다가온다. 따라서 인간의 삶은 가장 높은 차원의 완성을 위한 하나의 수레라고 할 수 있다. 사자로 하여금 어떤 대상에도 집착하지 않고 텅 빈 충만(空)의 영원한 빛 속에 살며, 생과 사의 온갖 환영으로부터 벗어나 윤회의 수레바퀴의 중심축에서 휴식할 수 있는 것, 그런 위대한 카르마를 가능케 하는 것이 바로 인간의 삶이라고 한다. 『티베트 사자의 서』는 그것에 대해 어떤 해설을 쓰더라도 '닫힌' 책으로 시작해 '닫힌' 책으로 남는다. 왜냐하면 그것은 다만 영적인 이해력을 가진 사람에게만 열리는 책이기 때문이다. 그런 이해력은 누구에게나 타고나는 것이 아니라 특별한 명상수행과 특별한 체험을 통해서만 얻어지는 것이다.

죽음에 대한 불교의 성찰

『이집트 사자의 서』와의 비교 관찰

　고대인들은 현생 인류에게 두 개의『사자의 서』라는 소중한 유산을 남겨 주었다. 티베트와 이집트는 지리상 멀리 떨어져 있고 문화권도 상이하여, 상호 간 접촉이 불가능하였을 것임에도 불구하고 매우 유사한 내세관을 보여주고 있다. 그것은 인류가 오랜 기간 별개의 문화권에 살아오면서도 유사한 통찰력을 가지게 된 것으로 문화사적으로 의미하는 바가 크다 하겠다.

　두 개의『사자의 서』의 공통점은 모두 사후세계를 인정하고 있고, 환생 또는 부활을 추구하고 있다는 점이다. 반면에 가장 큰 차이점은 티베트에서는 사자가 사후세계에서 해탈할 수 있도록 도와주기 위해 쓰여진 반면, 이집트에서는 사자가 사후에 부활할 수 있도록 관 속에 넣어 주기 위해 쓰여졌다는 사실이다.

두『사자의 서』의 비교표

	티베트 사자의 서	이집트 사자의 서
저자	Padma Sambhava	특정 저자가 없음
출판자 (출판일)	Evans Wentz (1927)	R. Lepsius (1842) E. A. Wallis Budge (1886)
원본출처	750년 경 저자가 저술 후 은밀히 숨겨둔 것을 카르마 링파가 어느 굴속에서 발견	• Heliopolis Text : 고왕국 시대 피라미드에 새겨진 기록 • Thebes Text : 미이라의 관에서 출토 • Saite Text : 여러 상징물의 상형문자에서 발굴
포괄기간	오랜 세월 구전되어 온 것을 8세기경에 결집	고왕국 싱립 이진부터 프톨레미 왕조까지의 약 3,000년
저술목적	사자가 바르도에 있는 동안에 해탈할 수 있도록 읽어주기 위한 목적	사자가 부활할 수 있도록 미이라의 관 속에 넣거나 대퇴부 사이에 끼워 넣음
기본주제	사후세계와 환생	죽음과 부활 및 영생
사후세계	치카이 바르도와 초에니 바르도를 거쳐 시드파 바르도에서 환생	사자가 천국으로 가기 위해서는 태양선을 타고 10개 관문을 거쳐 가야 함
사후심판	시드파 바르도에서 수호령이 검은 조약돌과 흰 조약돌을 모아서 계산하고 거울 속에 드러난 선악을 통해 심판	오시리스 법정에 도착하여 생전의 죄과를 고백하게 한 후, 심장을 떼어내어 저울에 달아 계량하여 심판
환생 (부활)	육도 윤회의 과정에 이르러 선택한 자궁을 통해 환생	오시리스의 허락을 받은 영혼은 '라'의 배에 승선, 하계의 마지막 관문을 빠져나와 천국에 이름

죽음에 대한 불교의 성찰

6장

임사체험과 전생체험

1. 임사체험

　죽음에 가까이 근접했거나 임상적으로 죽었다가 다시 소생한 사람들이 겪는 경험을 임사체험(Near Death Experience, NDE)이라 부른다. 현대 의학 기술의 발전으로 인해 과거 보다 많은 사람들이 임사체험을 하게 되면서, 이제 생명과학계나 사회과학계 그리고 종교계에서 새롭게 관심이 높아지고 있다. 임사체험은 본래 불교의 영역에 속해 있는 것이 아니다. 그런데 불교계 일부에서 임사체험을 불교 수행의 방편으로 끌어들이면서 불교계에서 유의미한 연구가 이루어지고 있다. 그런 까닭으로 이 장에서는 의도된 임사체험과 불의의 임사체험을 함께 살펴보고자 한다.

의도된 임사체험과 불의의 임사체험

　임사체험을 다른 말로 바꾸면 유체이탈(Out of Body Experience, OBE)이다. 유체이탈은 인간의 정신적 외상, 지각 상실, 분열성 환각성 약물, 탈수, 수면, 뇌의 전기적 자극 등에 의해 일어날 수 있다. 의도적으로 유도하는 것도 가능하다. 의도된 유체이탈의 가장 일반적인 형태가 전 세계 무속인(shamon)들의 무속행위일 것이다. 그들은 사자와 영적인 대화를 하고, 퇴마 의식을 행하며, 특정인에게 도래할 재난을 예단하고 퇴치 의식을 행한다. 이와 같은 무속행위를 하는 샤먼의 대표적 사례로는 시베리아의 야크트인, 남미의 그아지로 인디오, 케냐의 키크유족 그리고 한국의 무당이 있다고 한다.

티베트에는 의도된 임사체험과 의도하지 않은 임사체험이 공존한다고 한다. 임사체험을 한 사람을 티베트어로 데록(delok)이라 부른다. 데록이란 원래 질병 등으로 인해 표면상으로는 죽어서 바르도의 영역에 들어갔다 나온 사람을 뜻한다. 그들은 바르도에서 겪은 경험을 친지들에게 말하기도 하고, 글로 남기기도 한다. 유명한 몇몇 데록에 의해 쓰여진 기록들은 최근까지도 음유시인에 의해 전국에서 낭송되고 있었다고 한다. 이렇게 여기저기서 데록이 출현하다 보니 그 진위를 가리기 위한 검증방안이 마련된 적이 있었다. 데록이 사후세계의 경험을 이야기 하는 동안 육신의 구멍을 버터로 막고, 보리 가루로 만든 반죽을 얼굴에 바른다. 이야기 하는 동안 버터가 흐르지 않고, 보리 반죽으로 만든 마스크에 금이 가지 않으면 임사체험이 믿을 만하다고 보고 데록으로 인정하였다고 한다.

임사체험의 경험담에서 나타나는 공통된 특징으로는, '무서운 속도로' 움직여 '검은 공간'을 통해 '무중력 상태'에서 평화롭고 놀라운 암흑을 경험하고, 그리고 '길고 어두운 터널'을 내려오는 기분을 느낀다는 것이다. 또 그곳은 '진공 상태'처럼 아무 것도 없고 '쾌적하다'라

죽음에 대한 불교의 성찰

고도 증언한다. 어린이 임사체험자들은 하나같이 그들이 육신을 벗어난 후 빠른 속도로 터널 쪽으로 이동한 후, 임사체험의 마지막 단계에 빛이 나타난다고 증언하고 있다. 죽음에 대해 연구해 온 많은 사람들은 임사체험의 과정이 사자의 '바르도의 과정'과 유사하다고 주장한다.

유체이탈을 티베트 밀교에서는 환신(幻身)이라고 불렀다. '바르도'라고 부르는 중음의 세계는 바로 환신의 세계인 것이다. 중음의 세계에서 해탈을 이루기 위해서는 생전에 요가를 통해 환신을 성취해야 한다. 환신을 이루기 위한 요가를 일컬어 '의식 전이의 요가'라 한다. 티베트 밀교의 각 종파에서 행하는 대부분의 요가에 의식 전이의 과정이 포함되어 있다. 그러나 의식 전이의 과정을 구체적으로 체계화한 것이 쫑카빠 대사의 『밀종도차제광론』이다. 광론에서는 통상의 네 종류의 탄트라(사부, 행부, 요가부, 무상요가부) 이외에 본존요가를 추가하였다. 본존요가에는 전술한 바와 같이 생기차제와 구경차제로 구성되어 있다. 전장에서 '환생의 바르도'에 대응하는 요가로 제시된 '람림-구경차제'에서 설명한 것처럼, 의식 전이를 통해 환신의 세계로 뛰어드는 요가이다. 이 요가는 임사체험을 위한 요가로서 대단히 어려운 요가이고, 따라서 최고의 경지에 오른 요기만이 실천할 수 있는 요가이다. 앞서 언급한 데룩은 우연히 임사체험을 한 것이 아니라, 대부분의 경우 요가 수행을 통해 임사체험을 한 것이다.

임사체험의 연구

임사체험에 대한 본격적인 연구는 1981년 미국에서 국제임사체험연구학회(International Association for Near-Death Studies)가 설립되면서 본격화되었다. 학회는 현재 세계적으로 50개의 지부와 1,200명의 회원을 보유하고 있다. 학회는 1982년부터 임사체험 연구지(Journal of Near-Death Studies)를 발간하고 있고, 매년 관련된 학술회의를 개최하여 임사체험 현상에 대한 연구와 학술정보를 제공하고 있다. 홀덴(Jenice Miner Holden)은 30년간의 임사체험 사례를 분석한 저서인 『임사체험편람(The Handbook of Near-Death Experiences)』을 2009년에 발간하여 수많은 임사체험의 사례를 소개하고 있다.

임사체험에 관한 연구는 이후 많은 학자들에 의해 다양하게 이루어지고 있다. 대표적인 연구 성과를 살펴보면, 링(Kenneth Ring)은 『죽음 앞의 삶, 임사체험에 관한 과학적 연구(Life at Death, A Scientific Investigation of the Near-Death Experience)』를 1982년 출간하였고, 그레이(Margot Grey)는 1985년 『죽음으로부터 돌아오다: 임사체험에 관한 탐구(Return from Death : An Exploration of the Near-Death Experience)』를 출간하였다. 이 밖에도 모스(Melvin Morse)는 어린이의 임사체험 연구서를, 사봄(Michael Sabom)은 임사체험의 의학적 탐구서를 출간한 바 있다.

죽음에 대한 불교의 성찰

특이한 임사체험 기행문 사례

버촐즈(Samuel Bercholz)라는 사람은 『지옥여행기(A Guided Tour of Hell)』라는 임사체험 여행기를 썼다. 스웨덴 출신의 미국인인 그는 버클리에서 종교서점을 운영하면서 티베트 밀교의 수행자들과 교류하게 되었다. 그는 밀교 명상에 심취하게 되었고, 그 결과 1970년대부터 북미와 유럽 등에서 불교철학과 명상수행을 강의해 오고 있다. 그는 60세 때에 심장절개 수술을 받고 투병 중에 갑자기 죽음이 찾아왔다고 한다. 유체이탈이 일어나 몸이 하강하게 되었는데 도착한 곳이 지옥이었다는 것이다. 그곳에서 지옥의 부처님의 안내를 받아 지옥을 순행하게 되었는데, 그곳의 끔찍한 광경은 도저히 필설로는 설명할 수 없었다고 한다. 그렇게 10년을 보낸 뒤에 한 탁월한 화가를 만나게 되어, 그가 그리는 삽화와 함께하는(A Graphic Memoir)여행기를 출판하게 된 것이다. 그 화가는 티베트의 타예(Pema Namdal Thaye)인데 티베트에서 손꼽히는 만달라 장인이라고 한다. 한국에서는 2016년 『부처님과 함께한 지옥여행기』라는 제목으로 번역 출판되었다.

이 여행기에는 염열지옥과 혹한지옥 등 여러 형태의 끔찍한 모습을 삽화와 함께 사실적으로 묘사하고 있다. 이와 함께 그곳에서 혹독한 고통을 겪으며 살아가는 10여 명의 사람을 만나 지옥에 오게 된 사연을 듣고 그들의 인생 스토리를 소상하게 싣고 있다. 여기에 등장하는 인물들 중에 한국인과 일본인에 대해서만 그 사연을 간략히 소개한다.

한국인 백민수의 사연

민수는 생전에 특권층이었고 부유한 삶을 살았다. 몇 세대에 걸친 환전상과 은행가, 회계사 집안의 외동아들로 태어났다. 유수한 대학의 경영대학원을 졸업하고 가족이 경영하는 금융회사에 입사했다. 그는 헷지펀드를 운영하면서 정치적 변화에 대응하는 종합 프로그램을 설계하여 막대한 부를 축적하였다. 그는 거대한 자금력을 바탕으로 인공지능과 로봇공학을 결합하여 이상적인 노동력을 제공하는 자동화장치를 만드는 데 성공한다. 그는 더 나아가 고급인력과 로봇에 의해 운영되는 이상적인 도시를 25년에 걸쳐 만드는 데 성공한다. 그러나 로봇을 생산하는 과정에서 독성이 강한 폐수와 가스가 생겨나 공기와 물이 오염되기 시작한다. 어느 날 공기 중에 모여 있던 가스가 정전기에 의해 점화되어 거대한 폭발음과 함께 도시 전체가 파괴된다. 도시 폭발로 대다수의 인구가 희생되었음에도 민수는 자신의 발명품이 이러한 결과를 초래한 사실을 받아들이지 못했다. 그는 절망에 빠져 죽음의 공포에서 피하려고 달아나다가 지옥에까지 오게 되었다는 것이다.

일본인 미쿄 스즈키의 사연

미쿄는 부유한 사업체 대표의 부인으로 혜택 받은 삶을 살고 있었다. 자신의 집에 자주 손님을 초대하는 등 사교적인 생활을 즐기고 있었다. 어느 날 미술품을 수집하는 한국인 커플을 만나게 되어 문화적인 대화를 나누며 가까워져서 자주 만나게 되었다. 그런데 어느 날 커플이 아닌 여성 혼자서 집에 찾아왔다. 약혼자가 결혼을 파기

하여 교토에 혼자 남게 되었는데, 갈 곳이 없으니 당분간 미쿄의 집에서 머물 수 있게 해 달라는 것이었다. 그러나 미쿄는 울고 있는 여인을 뿌리치며 냉정하게 거절했다. 그 후 세월이 흘러 남편은 죽고 노쇠해져서 100세 가까운 나이까지 혼자 살고 있었다. 어느 날 차를 타고 가다가 자기 나이 또래의 여인이 잠옷만 입은 채로 개를 따라가는 모습에서 언젠가 냉정하게 쫓아낸 한국인 여성의 모습이 떠올랐다. 그녀는 평생 동안 남을 도와야 한다는 인식을 가져본 적이 없이 최후를 맞이했다. 그녀가 죽을 때에 장례를 주관하는 성직자 이외에는 주위에 아무도 없었다.

이상의 지옥여행기를 보면서 다소 의문이 들었다. 첫째, 지옥에는 본래 부처님이 안 계신데 어떻게 부처님의 안내를 받았을까 하는 의문이다. 지옥에는 현밀 양교를 통틀어 염라대왕과 지장보살이 있을 뿐 부처님이 계신 곳이 아니기 때문이다. 둘째는 짧은 임사체험 동안에 어떻게 그 많은 사람들을 만날 수 있었을까 하는 의문이다. 설사 그 사람들을 만났다 하더라도 어떻게 그 사람들의 인생 스토리를 그리 소상하게 들을 수 있었고, 또 10년 동안이나 기억할 수 있었을까 하는 의문이다. 그러나 그가 티베트에서 통용되는 데록인지 아닌지는 나의 관심사항이 아니다. 중요한 것은 이러이러한 삶을 살면 죽은 후에 지옥에 가게 된다는 메시지를 그는 분명하게 전하고 있는 것이다.

2. 전생체험

티베트 전세활불의 지정 절차

티베트의 활불 전세의 전통은 11세기에 까규파에 의해 처음으로 시작되었다. 이후 모든 종파가 전세활불 제도를 채택하게 되면서, 전세 영동(靈童)을 찾아내는 일이 종파의 중요한 행사가 되었다. 근세까지도 이어져 오던 전통적 방식에 의한 활불의 전세는 다음과 같은 절차에 의해 행하여졌다.

활불의 전세 예언

대체적으로 활불이 입적하기 선에 전세 영동에 대한 예시를 남긴다. 이를 티베트어로 롱단(龍單)이라 하는데, 자신이 읊은 시구에 단서를 남기거나, 대화 중에 암시를 하기도 한다. 그러면 주위에 있던 제자들이 귀담아 듣고 이를 기록해 둔다.

전세 영동을 찾기 위한 순방

일반적으로는 전세활불이 입적한 후 1년이 지난 시점에, 계파의 원로들은 전세 영동을 찾아 나서기 시작한다. 그로부터 3년 이내에 영동을 찾아 활불이 입적한 달에 전세 의식을 행한다. 영동은 6-7세에 해당하는 아동 중에서 선택된다. 영동의 발견은 해당 아동이 출생할 때 무지개가 뜨거나, 상서로운 꿈을 꾸거나, 특이한 자연 현상

죽음에 대한 불교의 성찰

이 있는 경우를 통해 찾아낸다. 이렇게 찾아낸 아동에 대해 가족사를 살펴보고, 본인이나 부모의 행동거지를 조사한 후 결격 사유가 없으면 선정된다.

금병 추첨

전세 영동의 요건을 충족한 아동이 복수로 있을 경우에는 금병추첨 방식에 의해 한 명을 선정한다. 금병은 청나라 황제가 하사한 병으로, 활불 추첨의 권위를 높이기 위해 전통적으로 사용해 왔다.

세월이 흐르면서 종파의 분열에 의해 지정의 대상이 되는 영동의 숫자가 많아지게 되고, 또 1950년경부터는 전세 영동의 지정에 중국 정부가 개입하게 되면서 전통적인 방식을 고수하기가 어렵게 되었다. 종파 또는 지파별로 환생 활불로 선정되면 그는 관할 사원을 운영하고 관리하며, 승려들을 육성하고 수련하는 일을 총괄하는 실력자가 된다. 현재 티베트 국내외에서 활동하는 린포체는 약 160여 명에 이른다고 한다. 그런 까닭으로 각 종파에서는 약간의 차이는 있으나 현실적으로 다음과 같은 방식 중의 하나를 따른다.

고승의 활불 지정

전세 영동의 대상이 되는 어린이들을 선정하여 명단을 작성하고 심사표를 만들어 올리면 달라이라마나 빤첸라마와 같은 고승들이 그중의 한 명을 선택하여 전세 영동이 된다.

강신의 활불 지정

각 사원마다 호법신이 있지만 매우 중요한 결정을 해야 하므로, 중의를 모아서 특정인에게 '강신(降神)'의 직무를 맡긴다. 그런 다음 그 강신이 신의 뜻(神旨)을 알아내어 전세 영동을 지정한다.

제비뽑기 방법

전세 영동을 탐방하는 과정에서 몇 명의 아이들이 요건을 갖춘 것으로 확인이 되었으나, 이를 확정하기가 어려운 경우에는 제비뽑기 방식을 사용해서 확정한다.

세속의 통치자가 지정

세속의 통치자가 지정하는 방식이다. 현재에는 중국의 통치를 받고 있는 상황이므로 이러한 방식을 택하는 경우가 많은데, 이로 인해 정치권력과 종교권력이 충돌하는 경우가 잦아지고 있다.

승속이 함께 협의하여 결정

세속통치자의 일방적 지정 방식에 따른 마찰이 잦아지면서 이를 회피하기 위한 방안으로, 통치자와 종교지도자들을 포괄하는 협의체를 만들어 전세 영동을 지정한다.

양회활불(讓會活佛)의 방식

어떤 수행자가 각고의 정진으로 부처의 경지에 올라 있고, 주위의 사람들이 모두 이를 인정하게 되면 그를 활불로 지정한다.

죽음에 대한 불교의 성찰

전생체험에 대한 다양한 연구

전생기억의 연구

전생기억에 대해 말하는 사람의 진술내용이 믿을 만하다고 인정되는 사람을 찾아 이를 전문으로 조사 연구하는 학자와 단체가 있다. 그중에서 세계적으로 유명한 학자가 미국 버지니아대학의 정신과 의사인 이안 스티븐슨(Ian Stevenson)이다. 그는 세계 도처에 전문기관을 설립하여 전생기억을 가진 사람들에 대한 정보를 수집하고 있다. 관련 기관으로부터 전생 기억을 가진 사람이 있다는 연락을 받으면 전문가를 보내서 이를 조사해 검증하는 작업을 계속해 왔다. 그리하여 수년에 걸쳐 600여 명에 대한 자료를 수집하였고, 그중 대표적인 20여 명에 대한 사례를 뽑아서 1966년에 책으로 출판하였다. 이 책이 『윤회를 암시하는 스무 가지의 사례(Twenty Suggestive Cases of Reincarnation)』라는 책이다. 이 책은 전생기억에 관한 저서로서는 가장 신빙성 있는 저명한 책으로, 세계 각국에 7개 국어로 번역되어 있다.

인과법칙에 의한 윤회의 연구

현대 정신과학에서 후세에 영향을 미친다는 현생의 업(業)을 산스크리트어로 카르마(karma)라고 하는데, 이제 카르마는 세계적인 학술용어가 되었다. 이러한 인과 문제에 대해 기적이라 할 만한 연구 업적을 남긴 사람이 미국의 정신과 의사인 에드가 케이시(Edgar Cayce)이다. 그는 '잠자는 예언자' 또는 '대체의학의 아버지'라고 불릴

정도로, 20세기에 가장 뛰어난 초능력자 중의 하나였다. 그는 남의 병을 진찰하는 데 있어 수만 리 멀리 떨어져 있어도 환자의 주소나 성명만을 가르쳐 주면 정확히 병명을 알아내고, 처방을 내어 병을 고쳐 주었던 것이다. 그는 이러한 방식으로 무려 3만 명이나 되는 사람의 질병을 치료해 주었다고 한다.

케이시가 병을 진찰하고 치료하는 과정에서 많은 경우 병의 원인이 전생에서 넘어 온다는 사실을 알아냈다. 그는 기독교 신자였는데, 기독교는 전생이나 윤회를 인정하고 있지 않기 때문에 종교와 학문의 상충 문제로 갈등을 겪었다. 그러나 주변의 강력한 권유를 받아들여, 그는 의사로서의 업무는 그만 두고 전생에 관해 본격적인 연구를 하게 된다. 그로부터 그는 2천 5백여 명의 전생을 조사 연구하고 그 결과를 『윤회와 업(Reincarnation and Karma)』이라는 저서를 통해 발표하게 된다. 이 책에서 그는 윤회는 어떻게, 그리고 왜 이러나게 되는지를 설명하고, 카르마는 무엇이며, 어떻게 윤회에 영향을 미치게 되는지에 대해 밝히고 있다. 이후 그는 케이시연구소(Edgar Cayce Association for Research and Enlightment)를 설립하고 많은 연구 결과를 발표하였다. 동 연구소는 현재에도 활발한 연구 활동을 계속하고 있다.

전생회귀 실험

심리학에서 전생을 조사하는 방법이 있다. 최면술을 사용하여 그 사람의 전생을 알 수 있도록 연구하는 것인데, 이를 연령퇴행(Age Regression)이라고 한다. 어떤 노인에게 최면을 걸어 청년 시기로 역행시키기도 하고, 어린 아이로 역행시키기도 한다. 의학에서도 이것을 활용하고 있다. 어떤 사람이 병이 났는데 도저히 그 원인을 알 수 없을 때에는 연령을 퇴행시켜서 병의 원인을 알아내는 것이다. 연령을 퇴행시키다 보면 전생은 물론 전2생이나 전3생까지도 회귀시킬 수 있다는 것이다.

심리학에서는 인간의 정신상태를 세 가지 단계로 나눈다. 현재의 생존활동을 하는 것이 의식 상태이다. 의식 상태 안에 잠재의식이 있고, 잠재의식 속에 무의식이 있는데, 무의식은 의식이 끊어진 상태를 말한다. 잠재의식 연구에 공적을 남긴 사람이 유명한 프로이드(Sigmund Freud)라면, 무의식 연구에 공을 세운 사람은 영국의 캐논(Sir Alexander Cannon)이다. 그는 최면술을 이용해 연령을 퇴행시켜 심지어 로마시대까지도 연령을 퇴행시켰다는데, 조사해 보면 사실과 일치한다는 것이다. 그는 이러한 방법으로 1천 3백여 명에 대한 전생 자료를 수집하고 이를 1952년, 『인간의 잠재력(The Power Within)』이라는 책을 출간하였다.

성철스님의 환생사례 설법

성철(退翁性徹) 스님은 근대 한국이 배출한 걸출한 승려이다. 비구로서의 성철은 '8년 장좌불와(長坐不臥)'와 '10년 동구불출(洞口不出)'의 일화가 말해 주듯이 수행자의 귀감이었다. 이후 청담스님과 함께 '봉암사 결사'를 이끌었고, 조계종의 종정을 맡아 불교 교단의 안정과 발전에 기여한 바가 크다. 구도자로서의 성철은 이른바 돈점(頓漸)

논쟁을 불러일으킬 정도로 깨우침에 철저한 구도자였다. 지난 5백여 년간이나 지켜져 오던 지눌(知訥) 스님의 돈오점수론에 반기를 들고, 돈오돈수론을 주창한 것이다. 한편, 성철스님은 학승으로서도 커다란 족적을 남겼다. 그가 저술한 『백일법문(百日法門)』은 동서고금의 불교학을 통찰하는 역작이다.

1981년 음력 10월 30일, 성철스님은 해인사 방장으로서 '영혼의 세계'라는 제목으로 법어를 설하셨다. 이 법문에서 스님은 여러 개의 환생 사례를 예시하면서, 부처님이 설하신 윤회와 인과의 진리는 현대의 과학적 기법으로도 설명이 된다고 강조하였다. 이 우주의 진리를 다 깨우치신 부처님이 말씀하신 것을 믿어야지 믿지 못한다면 그것은 불자의 태도가 아니라고 경책하였다. 성철스님은 이날 법문에서 생사윤회에 대해 뚜렷한 입장을 밝힌 것이다.

"불교에서 말하는 윤회는 세계의 많은 학자들에 의해서 그 베일이 벗겨지고 있다. 사람이 죽으면 그만이 아니고 다시 태어난다는 사실에 대해 세계적으로 많은 연구가 진행되고 있다. 그중에서도 가장 신빙성이 높고 객관성을 띠고 있는 연구방법으로 전생기억을 탐구하는 것이다. 대개 서너 살 되는 어린 아이들에게서 나타나는 것인데, 말을 배우게 되면서 전생 이야기를 하는 것이다. '나는 전생에 어느 곳에 살던 누구인데 이러이러한 식의 생활을 했다'는 식의 이야기를 하는데 그 말을 따라 조사해 보면 사실과 부합하는 것이다. 이것이 전생기억인데 몇 가지 사례를 들어보고자 한다."

              죽음에 대한 불교의 성찰

터키의 이스마일 이야기

지금으로부터 25년 전 터키 남부의 '아나다'라는 마을에 '이스마일'이라는 어린애가 있었다. 그 집은 정육점을 하는데 태어난 후 2년 반쯤 되는 어느 날 저녁에 아버지와 침대에 누워 있다가 이런 소리를 하는 것이다.

"내 이름은 '아비스스무루스'이고 저 건너 동네 과수원집 주인인데 50살에 죽었어. 처음에 결혼한 여자는 아이를 못 낳아서 이혼을 하고 새로 장가를 갔어. 그리고는 아이 넷을 낳고 잘 살았지. 그러다가 과수원에서 일하는 인부들과 싸움이 일어나서 머리를 맞아 죽었어. 마구간에서 그랬지. 그때 비명소리를 듣고 부인하고 애들 둘이 뛰어나오다가 그들도 맞아 죽었어. 한꺼번에 네 사람이 죽은 거야. 그 후 내가 당신 집에 와서 태어난 거야. 아이들 둘이 지금도 그 집에 있을 텐데, 그 애들이 보고 싶어서 안 되겠어."

그리고는 자꾸 전생의 자기 집으로 간다고 하는 것이다. 그런 소리를 못 하게 하면 운다. 그리고는 또 전생 이야기를 한다. 한번은 크고 좋은 수박을 사 왔는데 이 어린애가 제일 큰 조각을 쥐고는 아무도 못 먹게 하는 것이다.

"내 딸 '구루사리'에게 갖다 줄 테야. 그 애는 수박을 무척 좋아하거든."

이 아이에 대한 소문은 자꾸자꾸 퍼져 나갔다. 그런데 터키는 회교국으로서 회교 교리상 윤회를 부인하는 곳이다. 만약 전생 이야기를 거듭 하게 되면 그 고장에서 살 수가 없게 되는 것이다. 그래서 어른들은 아이의 입을 막으려고 하였으나 우는 아이를 달랠 방도가 없었다. 아이가 세 살이 되던 해에 사실 확인도 해볼 겸 해서 아이를 데리고 과수원에 가 보기로 했다. 과수원에 도착하니 사람들을 자기가 맞아 죽은 마구간으로 데리고 갔다. 전에는 좋은 갈색 말이 한 필이 있었는데 그 말이 안 보이니 어떻게 되었는지 묻고, 팔았다고 하니 무척 아까워하였다. 그리고 그곳에서 일하던 여러 인부들에 대해 한 사람씩 이야기를 하는데 모두 틀림없이 맞았다. 그러니 어떻게 전생의 과수원 주인이 아니라고 할 수 있을까.

이것이 결국 세계적인 화젯거리가 되어 '이스마일'이 여섯 살이 되던 1962년 학자들이 전문적이고 과학적으로 검증하기 위한 조사단이 구성되었다. 이때 일본에서도 다수의 학자가 조사단에 참여하였다. 그 조사보고서에 의하면 확실하고 의심할 수 없는 전생기억으로 다음과 같은 사실을 적시하고 있다.

그 과수원 주인이 생전에 돈을 빌려준 것이 있었는데 '아비스스무루스'가 죽어 버리게 되어 그 돈을 갚을 필요가 없게 되었다. 그는 돈 빌려간 사람을 조사단 앞으로 불렀다. "네가 어느 날 돈 얼마를 빌려간 사실을 인정하느냐. 내가 죽었다 하더라도 그 돈을 내 가족에게 갚았어야 할 것이 아니냐. 왜 그 돈을 여태까지 갚지 않고 떼어 먹었느냐?" 돈을 빌려 간 날짜도 틀림없고 액수도 틀림없었다. 이렇게 하여 전생의 빚을 받아내고 말았다. 이것은 죽은 '아비스스무루스'와 돈을 빌려 쓴 두 사람 이외에는 아무도 모르는 비밀 사항이었던 것이다. 이것을 누가 어린 아이에게 말해 주었을 것이며 또 어린 아이가 이러한 사실을 어떻게 알 수 있을 것인가. 이렇게 하여 '이스마일'은 '아비스스무루스'의 환생이라는 사실을 확정하고 보고서를 종결하였다.

스리랑카의 쌍둥이 이야기

몇 해 전에 스리랑카에서 있었던 일이다. 태어난 지 37개월 된 쌍둥이가 자꾸 전생 이야기를 하는 것이었다. 그래서 조사단이 아이들을 전생에 살았다는 곳으로 데리고 갔다. 근처의 주민들을 수백 명 모으고 그 가운데에 그 아이의 전생의 부모형제들을 섞어 두었다. 그리고는 아이더러 전생의 부모형제를 찾아 보라고 하였다. 그랬더니 "이 사람은 아버지, 이 사람은 어머니, 저 사람은 형님 그리고 누나…" 하면서 가족을 한 사람 한 사람 다 찾아내는 것이었다. 그런데도 이 아이의 전생기억이 틀린 것이라고 치부할 수 있겠는가!

다이빙 선수 이야기

어느 세 살 되는 아이는 전생 이야기를 하는데 자기가 다이빙 선수였다고 자랑하는 것이었다. 그래서 그에게 물었다.

"지금도 다이빙을 할 수 있겠냐?"

"그럼요. 할 수 있고말고요. 전에 많이 했는데요."

이리하여 세 살 되는 어린애를 높은 다이빙대 위에 올려놓게 되었다. 그러자 어린애는 서슴없이 다이빙을 하는 것이었다. 조금도 무서워하지 않고, 조금도 서툴지 않게 다이빙을 하는 것이다.

차시환생의 사례

전생기억 이외에 차시환생(借屍還生)이란 것이 있다. 사람이 죽어서 다시 태어나는 것이 아니고, 내 몸뚱이는 아주 죽어 버리고 남의 송장에 의지해서, 즉 몸을 바꾸어 다시 살아나는 것이다.

1916년 2월 26일자 중국 〈신주일보(新州日報)〉에 보도된 내용이다. 중국 산동성에 최천선(崔天選)이라는 사람이 살고 있었다. 무식한 석공이었는데, 32살이 되던 해에 그만 병이 들어 죽고 말았다. 장사 지낼 준비를 다 마친 사흘째 되는 날이었다. 관에서 무슨 소리가 들리고 사람 기척이 나서 부랴부랴 관을 깨고 풀어 보니 죽었던 사람이 살아나 멀뚱멀뚱 쳐다보고 있는 것이다.

"우리 아들이 죽었다가 살아났다. 우리 아버지가 살았다."

그 부모, 부인, 자식들은 기뻐서 어쩔 줄을 몰랐다. 그런데 가만히 보니 식구들을 하나도 못 알아보는 것이다. 무엇이라고 말을 하는데 무슨 말을 하는지 도무지 알아들을 수가 없다. 죽었다가 깨어나더니 정신 착란이 되어 식구들도 못 알아보고 헛소리를 하는가 보다고 생각할 수밖에 없었다. 그렇게 또 며칠이 지났다. 그동안 기운을 차리고 건강도 많이 회복되었다. 그런데 여전히 식구들을 못 알아보고 알아듣지 못하는 말을 하고 있는 것이다. 본인도 꽤 답답했던지 마침 주위에 붓과 벼루가 있는 것을 보고 종이 위에 글을 쓰는 것이다. 죽은 사람은 일자무식인데 이 사람은 글을 아주 잘 쓰는 것이었다. 그 글의 내용을 보니 이 사람은 중국 사람이 아니고 베트남 사람이었다. 베트남에서도 같은 한자를 쓰지만 말은 서로 다르다.

"나는 베트남 어느 곳에 사는 유건중(劉建中)이라는 사람인데 병이 들어서 치료하기 위해 땀을 낸다고 어머니가 두터운 이불을 덮어 씌워 땀을 내다가 그만 깜빡 잠이 들었는데 깨어 보니 여기에 이렇게

죽음에 대한 불교의 성찰

와 있다."라는 내용이다. 자기는 죽어 버리고 그 사람의 혼만 산동성으로 온 것이다. 이것도 일종의 환생이다. 환생이라는 것이 반드시 몸뚱이가 죽은 후 자궁에서 다시 태어나는 것만이 아니고, 죽은 육신이 다시 살아나고 영혼만이 바뀌는 경우가 있는데 이것을 차시환생이라고 하는 것이다. 남의 육체를 빌려 다시 살아나는 경우이다.

   그가 기력을 완전히 회복한 후 중국말을 조금씩 가르쳐 주었다. 여러 달 동안의 교습으로 중국어를 어느 정도 할 수 있게 되자 자꾸 전생에 살던 곳으로 데려다 달라고 요구하는 것이다. 이 소문이 점점 퍼져 나갔다. 결국 북경대학까지 데리고 가서 정신 감정을 해 보았으나 전혀 이상이 없었다. 또 베트남에 사람을 보내어 사실 조회를 해보았으나 유건중이라는 사람이 그곳에서 살다가 죽었다는 것 또한 틀림없는 사실로 확인되었다. 유건중이라는 사람이 최천선의 몸을 빌어 환생한 것이 증명된 것이다. 중국 정부에서는 매우 희귀한 사례라 하여 이 사람에게 생을 마칠 때까지 연금을 지급하도록 하였다. 이것은 세계적으로 유명한 사건이 되었다.

7장

무아와 윤회의 충돌

1. 문제의 제기

불교서적을 30년 이상 출판하고 있는 '민족사' 대표 윤창화 님은 2010년『근현대 한국불교 명저 58선』을 출간하였다. 1901년 이후 약 100년에 걸쳐 출판된 불교 서적 약 12,000여 권 중에 분야별로 종교적, 학문적으로 탁월한 역할을 한 서적 58권을 엄선한 것이다. 이 중 불교 사상 분야에서 선정된 5권의 책 중에 호진스님의『무아 · 윤회 문제의 연구』란 책이 포함되어 있다.

이 책은 호진스님이 1981년 프랑스 소르본느 대학에서 불어로 쓴 박사학위 논문을 1991년에 한글로 번역하여 출간한 것이다. 저자는 국내 불교학계에서는 처음으로 "불교의 무아이론과 윤회이론은 서로 모순점을 가지고 있어 양립될 수 없다"고 주장하고 있다. 그러나 "무아이론과 윤회이론은 불교라는 건축물을 세우고 있는 두 개의 큰 기둥으로서, 무아이론을 버릴 때 더 이상 불교가 아니며, 윤회이론을 제거해 버린다면 불교라는 구조물은 붕괴되어버린다"고 전제한 뒤, "이 두 이론은 공존할 수도 없지만, 그렇다고 어느 하나를 포기

할 수도 없는 것이다"라고 결론지었다.

이 책은 초기 불교 시대부터 내재되어 왔던 불교의 근본적인 문제에 대해 국내 불교학계에서 처음으로 논쟁을 유발하는 계기가 되었다. 대부분의 학자는 양립이 가능하다는 주장을 편 반면, 울산대 김진 교수처럼 호진스님의 견해에 동조하는 학자도 있다.

울산대 김진 교수

무아설과 윤회설은 모순적이다. 이 두 이론의 양립 가능성에 대한 주장은 어느 한 편의 입장을 상대화함으로써만 가능하다. 붓다가 브라흐만 사상과 육사외도의 철학을 지양하면서 새로운 대안으로 제시하고자 하였던 무아설은 윤회설과 상충하면서 본질을 크게 훼손할 수밖에 없을 것이다. 윤회와 해탈을 전제하게 되면 무아설은 들어설 자리가 없게 되기 때문이다. 따라서 무아-윤회이론은 서로 양립될 수 없다는 호진스님의 견해에 동조한다.

전남대 이중표 교수

호진스님이 무아와 윤회를 모순관계로 이해하는 것은 이 둘을 동일 차원의 개념으로 보고 있기 때문이다. 윤회는 생사의 세계 즉 세간(世間)의 차원에 있고, 무아는 열반의 세계, 즉 출세간(出世間)의 차원에 있기 때문에 이 둘은 근본적으로 모순관계가 성립될 수 없다. 무아에 대한 개념을 아트만을 부정하기 위한 논리로 보지 않고, 무아를 인식하면 열반을 성취한다는 개념으로 이해한다면 전혀 문제가 없다.

동국대 정승석 교수

불교에서 말하는 윤회는 연기적인 세계의 생성, 변화의 과정을 통해 윤회하는 것이기 때문에 '나(我, 아트만)'라는 주체가 설정되지 않더라도 윤회가 가능하다. 불교에서 말하는 윤회는 힌두교적인 윤회 즉 아트만이 주체가 되어 있는 그런 윤회가 아니라, 연기론적인 윤회, 연기론을 바탕으로 하는 윤회라는 것이다. 그래서 그는 힌두교의 것을 유아윤회로, 불교적인 것을 무아윤회로 구분하여 부르자는 것이다.

이화여대 한자경 교수

불교의 무아론적 윤회론의 핵심은 현상적 자아의 연속성과 행위의 책임성, 나아가 윤회 주체의 연속성조차도 실체적 자아의 자기동일성을 전제할 필요 없이, 연기적 인과영속성에 의해서도 성립될 수 있는 것이다.

호진스님은 학계의 이러한 비판에도 불구하고 다음과 같은 이유로 양립불가론을 견지하고 있다. 윤회의 주체를 인정한다면 그것은 고정 불변하는 실체적인 '나(我)'를 인정하는 것이 되고, 결국 불교의 특성인 무아이론을 포기하게 되는 것이다. 즉 과보를 받는 주체가 없는데 단순히 선악의 결과에 의하여 윤회한다는 것은 성립될 수 없다는 것이다.

인도라는 나라는 덥고 습한 기후환경 때문에 외부적인 활동보다는 조용히 명상하는 문화가 정착되었다. 이러한 환경에 적응하여 생겨난 종교가 '베다교'이고 '우파니사드' 철학이다. '베다교'는 이후에 '브라흐만교'를 거쳐 '힌두교'로 변천하게 된다. 이들 종교의 특성은 브라흐만이라는 창조주가 있어 우주를 창조하고, 인간을 포함한 피조물에 자신의 분신인 '아트만'을 파견하여 다스린다는 기본적인 전제가 깔려 있다. 붓다가 생존하였던 2,500여 년 전의 인도 사회에는 세 개의 특색이 있는 종교가 존재하고 있었다. 전통적으로 전래하는 브라흐만교와 더불어 신흥종교로 자이나(Jaina)교와 불교가 치열한 경쟁을 하고 있었다. 그런데 불교 이외의 두 개의 종교는 윤회사상을 받아들이는 데에 아무런 문제가 없었다. 브라흐만교는 '아트만'이 있어 이것이 윤회를 하는 것이니 문제가 없었고, 자이나교에서는 모든 생명체에 존재하는 순수영혼인 지바(Jiva)가 있어 이것이 윤회한다고 하니 문제될 것이 없었다.

붓다가 정등각을 얻은 후 그를 따르는 이들에게 깨우침에 따른 새로운 사상을 전수하는 데 있어 두 가지 난제에 봉착하게 된다. 하나는 다라니(眞言)의 문제이고 다른 하나는 윤회에 관련된 문제였다. 많은 신도들이 전부터 해 오던 다라니를 불교에서도 허용해 달라고 요구한다. 처음에는 난색을 표했지만 그랬다가는 브라흐만교 출신인 대부분의 신도들이 이탈할 지경에 이르자 어쩔 수 없이 일부 다라니만을 선별적으로 허용하기로 했다. 윤회문제는 간단하게 넘어갈 수 있는 문제가 아니었다. 윤회는 인도사회에 오랜 세월에 걸쳐 고착된 보편적 믿음이었기 때문에 이를 배척할 수는 없었다. 그런데 불교 사상의 핵심을 이루는 무아사상이 윤회사상과 부딪치는 것을 피할 수는 없었다. 붓다는 이러한 사정을 감안해서인지 윤회에 관해서는 뚜

죽음에 대한 불교의 성찰

렷하게 언급한 바가 거의 없다. 언급을 회피한 것인지, 아니면 당시 포교에 급급한 나머지 윤회문제까지 언급할 겨를이 없었는지는 알 길이 없다.

무아와 윤회의 갈등은 붓다 사후에 불거졌다. 부파불교 시대에 이 문제에 대한 본격적인 연구가 시작되었고 이는 대승불교로까지 이어졌다. 윤회의 주체문제에 관련한 수많은 이론이 도출되었고, 이 문제가 바로 부파 내부분열의 단초가 되기도 하였다. 불교가 중국으로 전파된 이후 중국에서는 종파불교 시대를 꽃피우게 되는데, 여기에서도 윤회문제가 종파 분열의 원인을 제공하는 경우가 많았다.

2. 초기불교의 윤회주체 이론

뿟갈라설

붓다께서 기수급고독원에 계실 때 윤회에 대한 그의 생각을 비구들에게 다음과 같이 게송으로 말씀하신 바 있다.

이미 무거운 짐 버렸거든
다시는 그 것 짊어지지 말라.
무거운 짐은 큰 괴로움이요
짐을 버림은 큰 즐거움이네.

마땅히 모든 애욕을 끊어라

일체의 행(行)은 이내 끝내리.

존재의 남은 경계 훤히 알게 되면

다시는 존재로 돌아오지 않으리.

- 『잡아함경』 제3권 73. 중담경(重擔經)

붓다께서는 이 게송을 부연 설명하시면서, 짐이란 무엇인가? 그것은 색·수·상·행·식의 오온(五蘊)이다. 짐꾼이란 무엇인가? 그것은 뿟갈라(pudgala, 士夫)이다. 뿟갈라는 "이러한 이름과 성을 가지고, 이러한 삶을 살고, 이러한 음식을 먹고, 이러한 괴로움과 즐거움을 누리는 존재이니라."라고 설하셨다. 이 말씀을 깊이 새겨 윤회하는 존재는 뿟갈라라고 하는, 뿟갈라설은 제시한 것은 부파 중에 독자부(犢子部)와 독자부를 승계한 정량부(正量部)였다. 이들이 주장하는 것은 뿟갈라는 오온과는 다르지만, 오온을 떠나서 존재하지 않은 비즉온비리온(非卽蘊非離蘊)의 존재이다. 무아의 상태에서 윤회를 이어가는 실체는 뿟갈라 라는 것이다.

뿟갈라설을 지지하는 서구의 일부 학자들은 이 짐꾼은 아트만이나 지바(jiva)와 같이 명백한 실체로 간주되는 자아이다. 즉 뿟갈라가 업을 짓고 윤회를 하고 과보를 받고 열반에 이른다는 것이다. 그들은 다음과 같은 비유로 자신들의 주장을 설명하려 한다.

"연꽃의 뿌리가 향기가 아니고, 그렇다고 향기가 뿌리와 다른 것도 아니다. 또한 줄기, 잎, 꽃술, 꽃가루가 향기가 아니고, 그렇다고 향기가 꽃가루와 다른 것도 아닌 것"이라며, 이와 마찬가지로 뿟갈라는

죽음에 대한 불교의 성찰

오온과 같은 것은 아니지만, 그렇다고 다른 것도 아니라는 것이다.

식설(識說)

『중아함경』에 다음과 같은 구절이 있다.

> "나(다제)는 세존께서 지금의 이 식(識)은 저 세상에 가서 태어나더
> 라도 달라지지 않는다'라고 설법하신 것으로 알고 있다."
> 이 말을 전해들은 붓다는 다제 비구를 불러서 '어리석은 사람'이
> 라고 나무란 뒤, 자신은 항상 여러 가지 조건(緣)에 의해서 식이 발
> 생한다고 가르쳤다고 말씀하셨다. 한마디로 '조건 없는 식의 발생은
> 없다'라는 가르침이다.
>
> — 『중아함경』 제10권 201. 다제경(茶帝經)

이 경전을 근거로 하여 설일체유부를 승계한 화지부(化地部)는 '상
주불변하고 한 생에서 다른 생으로 윤회하는 영혼 또는 자아와 같은
역할을 하는 식(識)이라는 존재가 있다'는 식설(識說)을 주장한다. 상
좌부 불교에 대하여 탁월한 식견을 가진 스리랑카 출신의 스님이며
석학이었던 월폴라 라훌라(Walpola Rahula, 1907-1997) 박사는 이 주
장에 대해 부정적인 견해를 밝히고 있다.

그는 『붓다의 가르침은 무엇인가(What the Buddha Taught)』에서 식
에 대한 그의 견해를 이렇게 밝히고 있다. "식(識)이 인간의 일생을 통
해 불변적인 실체, 즉 일종의 자아 또는 영혼이라는 잘못된 생각이

고대부터 오늘날까지 이어지고 있다. 그러나 불교철학에서 자아 또는 영혼과 같은 고정불변적인 실체는 없다."는 것이다.

호진스님은 이 설에 대해 다음과 같은 견해를 제시하고 있다.

"『아함경』에서 좀 더 주의 깊게 식(識)의 문제를 살펴보면, '6식으로서의 식'과 '영혼과 같은 의미로의 식' 사이에 어떤 구별이 존재하고 있다는 것을 알 수 있다. 대부분의 경우 '6식'과 같은 식의 의미로 쓰이는 경우에는 단지 '식'이라고 하지만 '영혼'과 같은 내용으로 쓰일 때는 '신(神), 식신(識神) 또는 신식(神識)'이라는 표현을 사용하고 있다. 이와 같은 사실에서 중국의 역경자들이 6식으로서의 식과 영혼과 같은 존재로서의 식을 구별하려고 했다는 것을 알 수가 있다. 이러한 까닭에 상주불변하고 한 생에서 다른 생으로 윤회하는 영혼 또는 자아와 같은 역할을 하는 식의 존재를 『아함경』에서 인정하려 했다고 유추된다."

상속설

윤회하는 것은 뿟갈라(pudgala)나 식(vijnana)과 같은 특정한 실체가 아니라 상속(samtati)하는 것이라고 주장하는 것이 상속설이다. 상속설에 의하면 실체적인 주체가 없어도 자체 속에 '계속의 원리'가 있기 때문에 존재가 죽어도 중단되지 않고 계속 이어진다고 주장하는 것이다. 부연하면, 업과 과보는 있지만 그것을 짓는 자는 없다. 한 존재가 사라지면 다른 존재가 계속 그것을 승계한다는 것이다. 이 설은 설일체유부의 지파인 경량부(經量部)에서 취하고 있는 논설인데,

죽음에 대한 불교의 성찰

그 근거로 다음과 같은 경전을 들고 있다.

어떤 것을 제일의공경이라고 하는가?

모든 비구들아, 눈(眼)은 생길 때 오는 곳이 없고, 소멸할 때도 가는 곳이 없다. 이와 같이 눈은 진실이 아니건만 생겨나고, 그렇게 생겼다가 다시 다 소멸하고 마나니, 업보는 있지만 짓는 자는 없느니라.

이 음(陰)이 소멸하고 나면 다른 음이 이어진다.

귀(耳), 코(鼻), 혀(舌), 몸(身), 뜻(意)도 또한 같다고 말하겠으나,

다만 세속의 수법(數法)은 제외된다.

－『잡아함경』 제일의공경(第一義空經)

빠알리어로 쓰여진 『앙굿따라 니까야』에서는 이것을 쉽게 이해할 수 있도록 산 개울물의 비유를 들어 설명하고 있다.

산 개울물은 한순간도 흐름을 멈추지 않고 계속 흘러 내려간다.

비구들아, 이처럼 사람의 삶도 이 산 개울물과 같은 것이다.

또『장아함경』에서는 우유의 비유를 들어 설명하고 있다.

비유하면 우유와 같다.

우유는 변하여 우유덩어리(酪)가 되고, 우유덩어리는 버터(生酥)가 되고, 버터는 다시 정제된 버터(熟酥)가 되며, 정제된 버터는 제호

(醍醐), 즉 요구르트가 된다는 것이다.

– 『장아함경』 제17권 28

우유의 질이 좋으면 버터의 질도 좋게 된다. 우유의 질이 좋지 않으면 버터의 질도 좋지 않게 된다. 버터는 그 전 상태인 우유와 다른 것이지만 버터의 질은 우유의 질에 의해 좌우된다. 마찬가지로 사람에게도 한 생에서 다른 생으로 변하지 않고 계속되는 주체 같은 것은 없지만 생은 계속되고, 한 생에서 만들어진 업은 다른 생에 절대적인 영향을 미친다.

호진스님은 윤회의 주체문제를 설명하는 데 있어 상속설이 뿟갈라설이나 식설에 비해 설득력이 있다고 주장한다. 상속이론에 의하면 어떤 존재자가 이전의 삶에서 새로운 삶으로 이행할 경우에 어떤 유형의 존재 요소들, 즉 영혼이나 정신, 물질의 형태로 이동하는 것이 아니라, 카르마의 원리에 의한 상속을 통해 계속된다는 것이다. 김진 교수는 이 부분에 대해 "이러한 주장은 현상적으로 무아설과 윤회설이 모순되지 않는 것처럼 착각할 수 있으나, 상속이론에서도 과보의 문제는 여전히 해결되지 않은 상태에 있다."라고 주장한다.

업설

업(業)은 불교의 핵심 개념이다. 산스크리트어로 업은 원래 karman이라고 하는데, 이 말이 국제적 공통어로 사용되면서 karma로 바뀌어 사용된다. 업은 몸(身業)과 말(口業)과 생각(意業)으로 이루어지는 인간의 행위를 총체적으로 일컬어 말한다. 업에는 선업(善業)과 악업(惡業) 그리고 과보를 맺지 못하는 무기업(無記業)으로 구분된다.

붓다께서는 업과 과보에 대하여 다음과 같이 말씀하셨다.

> 사람은 그 지은 바 업에 따라 과보를 받는다. 그렇기 때문에 범행(梵行)을 수행하지 않으면 괴로움을 다 없앨 수가 없다. 사람이 그 지은 바 업에 따라 그 과보를 받게 되는 이치는 이러하다. 범행을 닦으면 곧 괴로움을 다 없앨 수 있다. 왜냐하면 만일 어떤 사람이 착하지 않은 업을 지으면 반드시 괴로움의 결과를 받되 지옥의 과보를 받기 때문이다.
>
> – 『중아함경』 제3권 업상응품 제2-1 염유경(鹽喩經)

업이 과보를 초래할 수 있는 업이 되기 위해서는 윤리적으로 선하거나 악한 의도를 가지고 행한 업이어야 한다. 무의도적이거나 무의식적으로 행한 업은 비록 업이라 하더라도 진정한 업이 될 수 없다. 왜냐하면 의도되지 않은 업은 과보를 맺을 수 없기 때문이다. 무엇을 하고자 의도하여 행한 업이란 밖으로 표현된 행위를 말하는데 이것을 표업(表業)이라 하여 무표업(無表業)과 구분된다. 의도가 구체적으로 표현된 것이 업이므로, 업은 의도의 결과이며 또 본질이기도 하다.

부파불교에서도 의도와 업의 문제는 중요한 주제로 세밀하게 다루어졌다. 각 부파들은 한결같이 업의 중심을 의도로 보았다. 설일체유부와 이후에 이를 계승한 경량부, 화지부, 장로부 등에서도 같은 입장을 취했다. 그런데 『나선비구경(那先比丘經)』은 이와 다른 입장을 취하고 있다. 『나선비구경』은 기원전 2세기경에 나가세나(Nagasena)라는 인도의 스님과 밀린다(Milinda)라고 불리는 간다라 지역을 다스리던 왕과의 대화 내용을 수록한 경인데, 기원 후 4세기 동진(東晉) 시대에 한역된 경전이다. 업의 결과는 업을 지은 사람의 의도와는 관계없이 전적으로 업 그 자체에 달려 있다는 것이다. 나가세나는 이 문제를 설명하기 위해 몇 가지 예를 들었다. "독약은 그것이 독약인 줄 모르는 사람이 마셨다 해도 그를 죽일 수 있고, 불은 무심코 그 위로 걷는 사람도 데이게 한다. 마찬가지로 모르고 독사에게 물려도 그 사람은 죽을 수 있다는 것이다." 이 경우 의도는 조금도 문제가 되지 않는다. 중요한 것은 오로지 행위(業) 그 자체라는 것이다.

『나선비구경』은 업과 윤회의 관계를 다음과 같이 설명한다.

"이 몸에서 다른 몸으로 옮겨가는 실체적인 존재는 없다. 명(名: 정신)과 색(色: 육체)에 의해 선업과 악업을 짓는다. 이 업에 의해서 다른 '명과 색'이 발생한다. 이렇게 해서 앞 존재에서 다른 존재로 아무것도 옮아가지 않는다."

다시 말해서 현재의 명과 색은 선업 또는 악업을 짓는다. 그리고 그 업의 결과로서 다른 명과 색이 다시 태어난다는 논리로 존재의 계속성을 설명하고 있는 것이다.

죽음에 대한 불교의 성찰

3. 대승불교의 윤회 주체 이론

중관학파의 공(空) 사상과 윤회

붓다 입멸 이후 제1차 왕사성 결집과 제2차 베살리 결집을 거치면서 붓다의 가르침이 정리되고 체계화된다. 불멸 후 100년경부터 불교를 연구하는 모임들이 부파(部派)의 형태를 띠고 나타나는데, 먼저 대중부와 상좌부라는 근본분열이 일어나고 뒤이어 3차에 걸친 지말분열이 기원 전 1세기경까지 계속된다. 이 당시 오랜 기간의 부파불교를 지켜 본 대중들은 지나친 논리 중심의 배타적인 부파불교에 실증을 느끼고 있었다. 이러한 시대적 배경에서 기원 전후에 대승경전이라 불리는 경전들이 나타나면서 대승불교 시대를 열어간다. 대승불교의 특징은 누구나 보리심을 일으켜 성불할 수 있다는 보살사상의 등장과 출가자 위주의 불교가 아닌 출가자와 재가자 모두를 포괄하는 불교를 지향하는 것이다.

여기에 제일 먼저 등장하는 것이 중관학파이다. 중관학파는 용수(龍樹, Nagarjuna)라는 뛰어난 학승의 출현으로 시작된다. 용수는 인도의 브라흐만 가문의 출신이었으나 출가하여 소승불교를 배우다가 어떤 계기로 대승불교를 연구하게 되었다. 그는 『반야경』의 가르침을 기본으로 하여 공(空)의 교의를 철학적으로 규명하여, 기원 후 2세기경에 중관학이라는 새로운 경지를 열게 된다. 그는 상좌부 불교를 비판하고 대승불교의 틀을 세웠기 때문에, 상좌부불교 이외의 지역에서는 '대승불교의 아버지' 또는 '제2의 석가모니'라고도 불린다.

용수는 그의 핵심 저서인 『중론(中論)』에서 공에 대한 그의 사상을 제시하고 있다. 그는 절대적인 무(無)라는 관점에서 공을 파악하는 것이 아니라 연기론적 입장에서 공을 파악하고 있다. 그는 결론적으로 공·연기·중도는 모두 같은 개념이라고 주장한다. 『중론』 제24장 「관사제품(觀四諦品)」에서 그는 그의 논지를 다음과 같이 게송으로 설명하고 있다.

"여러 인(因)과 연(緣)에 의해 생겨나는 법(法, 존재)을 공(空)하다고 나는 말한다. 왜 이렇게 말하는가? 여러 인과 연이 다 갖추어져서 화합하면 비로소 사물이 생겨난다. 따라서 사물은 인과 연에 귀속되는 것이므로 사물 자체에는 고정된 성품(自性)이 없기 때문이다. 고정된 성품이 없으므로 법은 공한 것이다."

중관학파에서는 윤회의 실체를 설명하지 못한다. 왜냐하면 모든 사물은 자성이 없어 모두 공하다고 주장하면서 윤회의 실체를 설명할 수는 없는 것이다. 그러나 윤회에서 벗어나는 해탈의 길은 설명하고 있다. 용수는 「관사제품」 제18게송에서 붓다가 설명한 연기는 공성을 말한다고 선언했다. 12연기를 다음과 같이 공성의 이론으로 통합하고 있는 것이다

• 유전문(流轉門) : 희론(언어적 유희) → 분별 → 업(業)·번뇌

• 환멸문(還滅門) : 공성 → 희론의 소멸 → 업·번뇌의 소멸 → 해탈

이를 다시 요약하면 '공성을 인식하는 수행'에 의해 열반의 경지, 즉 해탈에 이를 수 있다는 것이다.

용수는 전술한 『중론』 이외에 다시 『12문론』을 짓고, 그를 계승한

죽음에 대한 불교의 성찰

제바(提婆, Aryadeva)는 『백론』을 짓는다. 이 세 개의 논서를 합쳐 삼론이라 하고, 이 논서를 추종하는 중국의 종파를 삼론종(三論宗)이라 하는데, 중국의 종파불교 시대에 주요한 위치를 점하게 된다.

유식학파의 아리야식과 윤회

중관학파의 등장은 부파불교를 대승불교로 전환하는 한편, 불교의 교리를 한층 정교화 하는 데에 기여하였다. 공사상이 본질적으로는 '제법실상·진공묘유(諸法實相·眞空妙有)'를 기반으로 하는 긍정적인 이론체계임에도 불구하고, 대중들이 보기에는 모든 존재를 부정하는 허무주의로 오해하는 경향이 있었다. 이에 따라 같은 시대적 배경에서 이것을 시정하고자 하는 새로운 종교철학이 등장하게 되는데 이것이 바로 유식사상(唯識思想)이다. 유식사상을 설한 최초의 경전은 『해심밀경(解深密經)』이다. 이 경전의 성립은 용수의 입멸 후 얼마 되지 않은 기원 후 4세기경이다. 그 무렵까지 결집된 유식의 논리가 반영된 경전이다. 이후 유식을 획기적으로 발전시키는 삼총사가 등장한다. 미륵(彌勒, Maitreya), 무착(無著, Asanga), 세친(世親, Basubandhu)이 그들이다.

미륵의 대표적인 저서는 『유가사지론(瑜伽師地論)』이다. 이 논서는 유식의 가르침을 실천해 가는 유가사(요가수행자)들의 수행의 바탕이 지(地)라는 것인데, 유가사들은 17종의 경계를 밟고 지나야 깨달음의 경지에 이를 수 있다는 것이다. 이 책은 유식사상을 종합한 형태로 서술한 최초의 논서이다.

무착은 그의 대표적 논서인 『섭대승론(攝大乘論)』에서 대승이야말로 진실한 붓다의 말씀이라고 전제하고, 대승의 열 가지 수승한 점을 유식사상에 근거해서 설명하고 있다. 이 논서의 특징은 당시까지 제기된 유식에 관련된 경전과 논서들을 처음으로 체계적으로 정리한 것이다.

세친은 유식사상을 집대성한 분으로, 그 교리를 「유식삼십송(唯識三十頌)」이라는 간결한 게송으로 표현하고 있다. 세친은 이 논서에서 정신활동을 전육식, 말나식, 아리야식의 삼종으로 분류하여 설명하고 있다. 이 논서의 출현으로 유가행파의 이론은 체계적인 완성을 보게 된다.

존재는 정신과 물질로 구분되는데, 불교에서는 정신을 심(心)이나 식(識)으로, 물질을 색(色)으로 표현한다. 정신활동 중에서 감각, 지각, 의지, 사고 등을 표현할 때는 식이라 쓴다. 초기불교 이래로 안식(眼識), 이식(耳識), 비식(鼻識), 설식(舌識), 신식(身識)의 오식(五識)을 거쳐 의식(意識)을 6식(六識)이라고 이해하여 왔다. 그런데 유식사상에서는 그 이외에 제7식으로 말라식을, 제8식으로 아리야식을 추가하여 인간의 정신활동을 8단계로 확대하였다.

제6식인 의식은 일상생활에서 생각하고 행동하는 그 의식이다. 그런데 그 의식 밑에 잠재의식이 깔려 있다. 이를 제7식인 말라식(末羅識)이라 한다. 말라식의 구체적인 내용은 감정, 갈망, 증오 등으로 '나'라는 독자적이고 영속적인 존재가 있는 것으로 착각하여 끊임없이 갈등하고 괴로워하는 정신영역이다. 인간의 정신을 지배하는 일체개고(一切皆苦)를 만들어 내는 주역이다.

죽음에 대한 불교의 성찰

제7식을 만들어 내는 근저에는 제8식인 아리야식(阿梨耶識)이 있다. 이를 다른 말로 종자식(種子識) 또는 이숙식(異熟識)이라고도 한다. 아리야식은 선천적이든 후천적이든 우리들의 체험의 영향이 모두 종자로 차곡차곡 심어져서 저장되어 있는 것이다. 아리야식에는 몇 가지 특성이 있다.

첫째, 본식성(本識性)이다. 아리야식을 본체로 하여 말라식과 의식이 일어난다는 것이다.

둘째, 무기성(無記性)이다. 선도 악도 아닌 무기상태로 저장되어 있는 것이다. 훈습(熏習)을 받아들이는 장소이기 때문이다.

셋째, 전변성(轉變性)이다. 수행을 통해 아리야식을 전환하여 깨달음의 지혜(圓成實性)를 얻게 된다는 것이다.

넷째, 이숙성(異熟性)이다. 앞의 원인과 다르게 결과가 성숙한다는 것이다. 이것은 윤회와 관련이 있는 특성이다.

아리야식은 일생 동안 우리의 정신영역을 지배하는 생존적 기반이지만, 동시에 현세에서 내세로 이어지는 윤회의 주체이기도 하다는 것이다. 미래세의 아리야식을 생기게 하는 직접적인 매개체는 아리야식이라는 종자이지만, 이 종자는 앞서 본대로 그 자체로 새로운 결과를 생기게 할 수 없는 무기(無記)상태에 있다. 여기에 전6식 가운데에 생겨난 업(業)의 종자가 개입하여 미래세의 아리야식을 만들어 낸다는 것이다.

여래장학파의 불성사상과 윤회

대승불교에 있어 중관사상과 유식사상에 이어 나타난 제3의 사상이 여래장사상이다. 여래장사상은 모든 중생의 본성이 이미 깨달음을 완성한 부처님의 본성과 전혀 다르지 않다는 논설이다. 따라서 무명의 입장에서 여래장이란 깨달음의 가능성을 뜻하는 것이고, 그러한 가능성은 일체 중생에 보편적으로 존재한다는 것이다. 여래장(如來藏)이란 모든 중생의 번뇌 가운데에 덮여 있는 자성 청정한 여래법신을 말한다. 여래장은 번뇌 중에 있어도 번뇌에 더럽혀지지 않은, 본래부터 절대 청정하여 영원히 변함없는 깨달음의 본성이다. 여래장은 본질적으로 불성(佛性) 또는 진여(眞如)와 같은 개념이다. 『열반경』에서는 모든 중생이 불성을 갖고 있다는 '일체중생 실유불성(一切衆生 悉有佛性)'을 강조하고 있다.

여래장사상에 의하면 깨치지 못한 범부의 마음은 비록 현실적으로는 미혹과 더러움에 뒤덮여 있지만, 그 본성은 청정하여 수행에 의해 그 청정한 본성을 드러낼 수 있다는 것이다. 인간의 미혹과 깨달음, 일상심과 여래장과의 관계에 대해 논지를 편 불교이론을 여래장연기설(如來藏緣起說)이라 한다. 이러한 이론을 제시한 경전이 『여래장경』, 『승만경(勝鬘經)』, 『부증불감경(不增不減經)』 등 여래장 삼부경이고, 대표적인 논장으로 『불성론(佛性論)』, 『보성론(寶性論)』, 『대승기신론(大乘起信論)』 등이 있다.

동남아시아에서는 여래장을 불성(佛性)이라는 말로 치환하여 사용되기도 한다. 그러면 불성이란 무엇인가? 이것을 대표하는 논서가

『불성론』이다. 『불성론』을 지은 사람은 인도 스님 천친(天親)이고, 이를 한역한 사람은 진제삼장(眞諦三藏)으로 알려져 있다. 『불성론』에서는 불성을 세 가지로 분류하여 설명한다. 범부가 태어나면서부터 본래 가지고 있는 불성을 주자성(住自性)이라 하고, 발심하여 수행을 통해 나타나는 불성을 인출성(印出性)이라 하며, 불과에 이르러서 완전히 계발된 불성을 지득성(至得性)이라 한다.

『불성론』을 한 단계 발전시킨 논서가 『보성론』이다. 보성론은 견혜(堅慧)가 지었다고 전해지고 한역은 늑나마제(勒那摩提)가 하였다. 최근 서울대 철학과 안성두 교수가 한국연구재단의 지원을 받아 산스크리트 원본을 한국어로 번역 출판하여 불교학계에 큰 공헌을 하였다. 불성을 보성이라고 표기한 것은 불(佛)·법(法)·승(僧) 삼보(三寶)가 여기서 나온다는 의미를 담고 있다. 대승불교가 공성(空性)이라는 부정적, 분석적 사유 이외에 보다 긍정적인 철학을 담을 수 있게 된 것은, 여래장 사상을 뿌리 내리게 한 『보성론』의 역할이 컸다고 할 수 있다.

대승불교의 중관사상, 유식사상과 여래장사상을 한데 묶어 대승불교사상을 집대성한 논서가 『대승기신론』이다. 『대승기신론』은 기원후 2세기경에 마명(馬鳴, Asvagosa)이 짓고, 6세기경에 진제(眞諦)에 의해 한역되었다. 이를 요약하면 한 마음(一心)에는 두 개의 문(二門)이 있는데, 진여문(眞如門)으로 들어서면 자성청정심(如來藏)을 그대로 유지한 채 깨달음의 세계에 이를 수 있다. 반면에 생멸문(生滅門)으로 들어서면 여래장의 청정심이 생멸심과 혼합하여 아리야식이 되는데, 이 중에 일부는 깨달음(本覺)에 바로 이를 수 있으나, 대부분의 경우에는 불각의(不覺義)의 상태에서 많은 수행과정을 거쳐야 깨달음을 얻게 된다는 것이다. 이 논서에 의해서 보면 아리야식과 여래장은 마치 동전의 앞뒷면과 같은 것이다.

여래장학파에서 주장하는 윤회의 주체는 당연히 불성이다. 인간 존재의 근원에 여래장(불성)이 있기 때문이다. 그러나 여기에는 상당한 반론이 따른다. 불성과 아트만 간에 도대체 무엇이 다르냐고 하는 것이다. 이 논쟁은 오랜 기간 이어졌고 지금도 계속되고 있다. 불성 윤회설을 지지하는 입장에서는 다음과 같이 항변한다. 대승불교의 불성을 설일체유부의 유론과 같이 보아서는 안 된다는 것이다. 불성은 완성체로서 존재하는 궁극적 실체가 아니라, 마음의 무아성과 공성, 그리고 양극단을 벗어난 중도의 마음을 이름하여 불성이라고 한다는 것이다.

논의의 종결

이상에서 살펴본 바와 같이 무아와 윤회에 관한 논쟁은 상당한 역사성을 가지고 있다. 부파불교 시대에는 부파 분열의 원인을 제공하였고, 대승불교에 와서는 학파별로 다양한 논리를 개발하였으며, 불교가 중국으로 건너가서는 종파 분열의 단초가 되기도 하였다. 이렇게 난해하고 역사성 있는 논쟁에 대해 필자로서 감히 첨가하거나 부연할 언설은 없다. 다만 논의를 종결하고자 하는 의미에서, (고)고익진 교수의 평석을 옮겨 싣는 것으로서 가름하고자 한다.

죽음에 대한 불교의 성찰

고익진(1934-1988) 선생은 많은 사람이 존경하는 불교학자였다. 동국대학교 불교학과 교수로 재직하면서 주옥같은 저서들을 남겼다. 그의 대표적인 저서는 『한국불교사상사』이다. 이 책은 『근현대 한국불교 명저 58선』에 선정된 책으로서, 한국 불교의 전체적인 흐름을 사상사적 관점에서 비추어 보았다. 고익진 교수가 54세의 나이에 지병으로 타계한 것은 한국 불교학계의 큰 손실이었다. 고인의 사후 6년 후, 후학들은 고인의 주요 논서와 유작들을 모아 『불교의 체계적 이해』라는 책을 출판하였는데, 이 책은 불교학도들에게 필독서가 되어 있다. 이 책 중에 '아함의 무아윤회설'에서 결론 부분을 옮겨 싣는다.

　불교의 무아설은 단순한 무아설이 아니라 연기에 입각한 연기무아설이다. 그것이 부정하고 있는 '나'는 무명에서 연기한 '온'의 '나'로서 참다운 아트만의 부정이 아니다. 참다운 아트만은 '나'의 부정을 통해서만 나타나고 추호라도 '나'의 긍정이 있으면 나타나지 못한다. 불교가 무아설에 시종일관함은 이 때문이다.

　연기무아설에서 '나'는 부정되지만, 그러나 절대적으로 없다는 말은 아니다. 절대적으로 없지는 않은 이 '나'는 업보·윤회의 주체이다. 따라서 연기무아설은 있음과 없음의 두 끝을 떠난 중도로서, 이것을 윤회설과 모순된다고 봄은 잘못이다. 업설을 '불교 안에 채택된 하나의 통속적인 종교 관념'이라고 함은 삼가야 한다. 문제성이 있는 것은 무아윤회설이 아니라 오히려 『우파니샤드』 등의 유아윤회설이다. 아트만을 범아일여의 경지까지 심화해 놓고 아직도 그것을 윤회의 주체라고 한다면, 이론적으로 해탈은 있을 수 없다. 그러한 해탈이란 그러한 아트만에 계합함이라고 할 수 있는데, 그 아트만이 윤회하고 있다는 말이 되기 때문이다.

　불교의 무아윤회설은 유아윤회설의 이러한 이론적 결함을 멀리 뛰어넘었다. 무아윤회설의 윤회와 해탈의 이론 체계는 참으로 정연하다. 그것은 유아윤회설이 지닌 모순점을 발견하고 이를 해결하고자 생겨난 듯한 느낌마저 준다. 어떻든 불교의 무아설이 나타난 뒤에는 인도의 정통적 사상계에서도 아트만을 윤회의 주체로는 보지 않게 된 것 같다. 이것은 불교가 인도 사상에 끼친 중요한 공헌의 하나라고 할 것이다.

죽음에 대한 불교의 성찰

8장

죽음에 관련한
불교의 신앙

1. 정토신앙

정토신앙의 개요

붓다의 가르침은 크게 성도교(聖道敎)와 정토교(淨土敎)로 나누어진다. 성도교는 스스로의 노력에 의지해서 수행을 통해 현세에 깨달음을 얻어 해탈을 이루어 나가는 신앙의 방식이다. 반면에 정토교는 오로지 정토의 주인이신 부처님을 믿고 간절한 염불과 기도를 통해 정토에 태어나고자 염원하는 신앙이다.

이를 달리 표현하여 전자를 난행도(難行道)라 하고, 후자를 이행도(易行道)라고도 부른다. 따라서 정토신앙이라 함은 정토에 태어나기 위해 발심하고 수행하는 일종의 타력신앙이다. 그런데 정토는 하나만 있는 것이 아니다. 정토는 불교의 발전과 변천 과정에서 수많은 정토가 생겨나고 사라졌다.

그렇게 다양한 정토 중에서 언제부터인지 중생들은 아미타불이 주석하고 있는 극락정토를 선호하게 되었다. 그래서 정토하면 극락세계를 떠올리는데, 이에 못지않은 정토들이 수없이 많다. 그중에서도 약사여래의 유리광정토와 미륵보살의 도솔정토가 특히 그러하다. 티베트 밀교에서의 오선정불토는 현교의 어느 정토와 비교하여도 손색이 없을 정도의 위력을 가지고 있다. 그래서 정토신앙을 광의(廣義)로 보면 모든 정토를 포괄하는 개념이지만, 이를 협의(狹義)로 보면 아미타불의 극락정토에 대한 신앙을 말한다. 본서에서는 정토신앙을 협의로 하여 논술하고자 한다.

정토삼부경

정토삼부경은 극락세계를 주재하는 아미타불을 신앙하고 극락정토의 실상을 모두에게 알려주어, 중생들로 하여금 공덕을 닦아 극락세계에 왕생하도록 독려하는 경전들인 『무량수경』, 『관무량수경』, 『아미타경』을 한데 묶어 정토삼부경이라 부른다.

『무량수경(無量壽經)』은 인도의 승려인 강승개(康僧鎧)가 중국 위(魏)나라 때인 서기 252년에 한역하였는데 상하권 두 권으로 되어 있다. 상권에는 아미타불이 극락정토를 건설하게 된 배경을 설하고 있다. 일찍이 법장보살(法藏菩薩)이었을 당시 최상의 이상국을 세우고자 48종의 서원(誓願)을 세우고, 그 서원을 성취하여 아미타불이 되신 것이다. 성불한 후 공덕과 장엄이 갖추어진 극락세계를 조성하게 된 내력을 기록하고 있다. 하권에서는 중생이 극락세계에 왕생하는 원인과 그 과보를 설하고 있는데, 염불수행을 지극히 하여 왕생하거나 선행을 닦아 왕생할 것을 권장하고 있다.

『관무량수경(觀無量壽經)』은 서역의 승려 강량야사(畺良耶舍)가 중국 송(宋)나라 시대인 서기 433년에 한역하였다. 붓다께서 기사굴 산에 계실 때 왕사성에서 큰 비극이 일어났다. 태자 아사세가 붓다의 4촌 형제인 제바달다의 사주를 받아, 왕위를 **빼앗기** 위해 부왕을 옹호하는 친모 위제희 부인을 감금한 것이다. 위제희 부인은 이 소식을 듣고 처소에 찾아온 붓다에게 극락세계에 왕생할 수 있도록 도와달라고 간청하였다. 붓다는 곤경에 처해 있는 부인을 위해서 십육관(十六觀)의 수행법을 설하고, 중생의 근기에 따른 삼품삼생(三品三生)의 왕생법에 대해 알려주었다.

『아미타경(阿彌陀經)』은 쿠차국(龜玆國)의 승려 구마라집(350~409)이 중국의 요진(姚秦) 시대에 국왕의 칙명을 받고 한역하였다. 이 경은 붓다께서 기수급고독원에 계실 때 사리불존자를 상대로 극락세계의 찬란한 공덕 장엄과 그 극락에 왕생하는 길을 밝혀 준 경전이다. 이 경은 붓다께서 자진하여 설하신 경전으로서, 붓다가 세상에 나온 근본 의의인 중생 구제의 참뜻을 밝힌 소중한 법문이다.

정토의 모습

정토(淨土)는 말 그대로 청정한 불국토로 부처님이 거주하는 지역을 뜻한다. 다시 말해 삼독(三毒)의 번뇌를 여의고 깨달음의 경지에 든 제불보살이 머무는 청정한 세계를 이르는 말이다. 그리고 이에 대응하는 개념으로 미혹한 중생이 거주하는 지역은 예토(穢土)라고 말한다. 경전에 따라 정토를 불토(佛土) 또는 불국토(佛國土)라고 쓰이기도 한다. 광의의 정토란 청정하고 안락한 국토라는 뜻으로서 다섯 가지의 흐린 것(五濁)이 없고, 생로병사를 비롯한 모든 괴로움이 없으며, 오직 즐거움만이 있는 세계이다. 생사 윤회하는 삼계(욕계·색계·무색계)를 뛰어넘은 낙토를 의미한다. 정토는 중생이라 할지라도 번뇌와 업장을 소멸하면 왕생할 수 있는 꿈과 같은 이상세계이다.

인격의 완성자인 부처님이 나타나면 부처님이 머무는 장소는 불국토가 되는데, 소승불교 시대에는 석가모니 부처님 이외에 다른 부처님을 인정하지 않았다. 그러나 대승불교 시대에는 누구든지 서원을 하고 보살도를 닦아 보리를 얻으면 이를 부처로 인정하기 때문에 수많은 정토가 생겨나게 되었다. 그래서 한량없는 정토가 생겨나는데 이를 분류하기 위한 여러 가지 설이 출현하게 되었다.

- 타방정토설(他方淨土說)
- 영장영토설(靈場淨土說)
- 시방정토설(十方淨土說)
- 범신론적정토설(汎神論的淨土說)
- 유심정토설(唯心淨土說)

위의 분류 방법 중 타방정토설에 의해 정토를 분류해 보면,

- 미륵보살의 정토 : 도솔천에 태어나 56억 7천만년 후 이 땅에 내려와 성불한 후 다스리게 되는 장소
- 보현보살의 정토 : 북쪽으로 60개에 달하는 불토를 지나 성불한 장소
- 아촉불의 정토 : 동방으로 1천세계를 지난 곳에서 성불한 장소
- 약사여래의 정토 : 동방으로 10항하사의 불토를 지나 세운 '정유

    죽음에 대한 불교의 성찰

리세계'

•아미타불의 정토 : 서방으로 10만억 불토를 지나 이룩한 '극락세계'

그러나 이와 같이 많은 부처님들의 정토세계 중에서 그 성립이 가장 빠르고, 그래서 가장 오래 신앙의 대상이 되어 왔으며, 오늘날까지도 우리 민중들의 마음속 깊이 자리 잡고 있는 정토는 바로 아미타불의 극락정토이다. 과거세의 전신인 법장보살이 48대원을 세우고 성불하여 건설한 서방정토, 즉 극락세계인 것이다. 그래서 '정토'라고 하면 아미타불의 '극락세계'를 의미하는 보편적인 인식이 자리 잡게 되었다.

그러면 극락세계의 실상은 어떠한가? 여러 경전에서 설하고 있으나 각각 차이가 있다. 정토종의 소의경전인 정토삼부경에서 설하고 있는 극락세계의 실상에 대해 살펴보고자 한다.

무량수경의 설

『무량수경』은 극락세계의 모습을 가장 상세하게 설명한 경전이다. 극락세계의 모습을 정보(正報)의 장엄, 의보(依報)의 장엄, 보리수의 장엄, 법음(法音)의 장엄, 보배연못의 장엄, 왕생한 사람들의 공덕의 모습 등을 설하고 있는데, 다 생략하고 왕생공덕의 모습에 대해서만 소개하고자 한다.

"아난이여, 그 부처님 국토에 왕생하는 자는 누구나 그와 같은 청정한 색신과 온갖 미묘한 음성과 신통과 공덕을 갖추게 되느니라. 거처하는 궁전과 의복과 음식, 여러 가지의 오묘한 꽃과 향, 장엄하는 도구들은 마치 제6천에 있는 물건들과 같으니라. 만일 음식이 먹고 싶을 때에는 칠보로 된 그릇이 저절로 앞에 나타나고, 금·은·유리·자거·마노·산호·호박·명월주로 이루어진 여러 가지 발우그릇들이 뜻에 따라 나타나느니라. 그리고 백 가지 맛을 지닌 음식이 자연히 가득 차게 되느니라.(이하 생략)"

관무량수경의 설

『관무량수경』은 정선(定善) 13관의 관법(觀法)과 산선(散善) 3관의 행법(行法)을 합하여 총 16관법이 설해지고 있는 것이 특징이다. 정선 13관은 아들 아사세에 의해 감옥에 감금된 위제희 부인이 부처님께 정토를 보여 달라고 간청하여 부처님께서 13가지 관법으로 정토의 모습을 보여주신 것이다. 13개의 관법은 일상관(日想觀), 수상관(水想觀), 지상관(地想觀), 보수관(寶樹觀) 등인데, 여기에서는 제12관인 '자기 왕생을 생각하는 관법'만을 소개하고자 한다.

"이러한 일을 생각하여 관할 때는 마땅히 자기 마음을 일으켜서 자기가 스스로 서방의 극락세계에 태어나 연꽃 속에 결가부좌를 하고 있다고 생각해야 하느니라. 연꽃이 닫혀 있다고 생각하고 또 연꽃이 열린다고 생각하는데, 연꽃이 열릴 때는 오백 가지 색의 광명이 몸을 비춘다고 생각하고 눈을 뜨게 한다고 생각하여라. 그러면 부처님과 보살들이 허공에 가득한 것을 보느니라. 물과 새와 숲과 그 밖의 모든 부처님에게서 나는 소리가 미묘하게 어울려 12부경의 법문과 합치되느니라. 이미 이러한 일을 보면 무량수불의 극락

세계를 두루 관하여 보았다고 하여 이를 보관(普觀)이라 하고, 제12
관이라 이름 하느니라.”

아미타경의 설

『아미타경』은 부처님께서 사리불을 비롯하여 문수보살 등 열여섯
제자들에게 서방 극락정토의 아름다운 장엄을 설하고 있으며, 육방
의 제불이 이를 증명하는 내용으로 되어 있다. 제2장 정종분, 제1절
‘극락세계의 공덕장엄’ 중의 일부를 소개한다.

> “사리불아, 그 나라 이름을 어찌하여 극락이라 부르는가 하면,
> 그 나라의 중생은 아무런 괴로움이 없고 다만 모든 즐거움만을 받
> 으므로 극락이라 하느니라. 사리불아, 또한 극락세계는 일곱 겹의
> 난간이 있으며, 일곱 겹의 그물이 드리우고, 또한 일곱 겹의 가로수
> 가 무성한데, 이러한 것들은 모두 금·은·유리·파려 등의 네 가지
> 보배로 이루어져, 두루 온 나라를 둘러싸고 있으므로 그 나라를 극
> 락이라 하느니라.(이하 생략)”

왕생사상

왕생은 일반적으로 생명의 빛이 꺼지면 다른 세계에 태어나는 것
을 일컫는다. 극락에 왕생하거나 시방에 왕생하거나 삼계 가운데 도
솔천에 왕생하는 것 등이다. 인도에서는 힌두 전통에 의거해 도솔천
에 태어나는 것을 이상으로 하였으나, 한·중·일 삼국에서는『정토삼

부경』에 의거하여 극락정토에 태어나는 것을 최고의 목표로 삼았다.

사람이 죽은 후에 극락세계에 태어난다는 왕생론을 처음으로 체계화하여 설명한 사람은 유식학을 완성한 바로 세친이다. 세친은 그의 저서 『무량수경우파제사원생게(無量壽經優波提舍願生偈)』에서 무량수경 등 정토삼부경의 가르침을 평석하고 발전시켰는데, 이 책을 줄여서 통상 『왕생론(往生論)』이라 부른다. 세친은 이 책에서 서방 아미타불의 정토에 왕생하는 방법으로 오념문(五念門)을 제시하고 있다. 이를 요약하면 만약 선남자 선여인이 오념문을 닦아 성취하면 필경에는 안락국토에 태어나 저 아미타부처님을 친견할 수가 있다는 것이다. 어떤 것이 오념문인가. 첫째는 예배문이요, 둘째는 찬탄문이요, 셋째는 작원문이요, 넷째는 관찰문이요, 다섯째는 회향문이다. 이 오념문을 닦아 성취한 사람은 반드시 안락국토에 태어나 아미타불을 친견할 수 있다고 하면서 극락세계로의 왕생을 권유하고 있다. 『왕생론』을 풀어서 친절하게 설명한 책이 11세기 초에 일본의 겐신(惠心) 스님이 지은 『왕생요집(往生要集)』이다. 요집에서는 오념문을 다음과 같이 간략하게 설명한다.

① 어떻게 예배하는가?

신업(身業·몸)으로 아미타여래·응공·정변지께 예배하는 것은, 곧 저 국토에 태어나려는 뜻을 밝힌 까닭이다

② 어떻게 찬탄하는가?

구업(口業, 입)으로 저 여래(아미타불)의 명호를 부르는 것은 저 여래·광명·지혜·덕상처럼, 저 명호의 뜻과 같이 여실하게 수행하여 상응

죽음에 대한 불교의 성찰

하고자 하는 뜻을 밝힌 까닭이다.

③ 어떻게 발원하는가?

일심으로 전념하여 마침내 안락국토에 왕생하기를 마음으로 항상 발원하며, 여실하게 사마타(止)를 수행하고자 하는 것이다.

④ 어떻게 관찰하는가?

저 국토를 지혜로 관찰하고 정념(正念)으로 관하여, 여실하게 위빠사나(觀)를 수행하고자 하는 것이다. 저 국토를 관찰하는 것에는 세 가지가 있다. 첫째, 저 불국토의 장엄공덕을 관찰하는 것이요, 둘째, 아미타 부처님의 장엄공덕을 관찰하는 것이요, 셋째, 저 모든 보살들의 장엄공덕을 관찰하는 것이다.

⑤ 마침내 어떻게 회향하는가?

일체 고뇌하는 중생을 버리지 않기 위해서 항상 발원과 회향을 우선으로 삼아 대비심을 드러내는 것이다.

구품왕생

극락세계는 타 종교의 천국과 달리 그 자체가 종착지가 아니라 최종단계인 성불이 약속된 기착지일 따름이다. 그런 까닭으로 극락에 오기 전인 생전에 자신이 해 온 행동에 따라 극락세계에서의 품계가 달라지는데 이것을 구품왕생(九品往生)이라 한다. 그런 까닭으로 아미타불의 수인(手印)은 '삼품삼생인'을 하고 있다. 이것을 요약하면 다음과 같다.

· 상품상생자

상품상생자는 지성심(至誠心), 심심(深心), 회향발원(廻向發願)의 3심을 갖추고 자비한 마음으로 모든 행동이 올바르며 대승경전을 지성으로 읽고 외우는 사람, 부처님과 부처님의 교법, 승가, 계행, 보시 등의 공덕을 회향하여 왕생을 바라는 사람이다.

· 상품중생자

상품중생자는 반드시 대승경전을 배우고 읽고, 외우지는 않더라도 그 뜻을 깨달아 알고, 인과의 이치를 믿고 대승을 비방하지 않으며 극락세계에 왕생하기를 바라는 사람이다.

· 상품하생자

상품하생자는 인과법의 이치를 믿고 대승법을 비방하지 않으며 아미타불만 믿어서 보리심을 내고 이 공덕을 회향하여 극락세계에 왕생하기를 바라는 사람이다.

· 중품상생자

중품상생자는 소승의 오계·팔계를 지키고 수행에 필요한 여러 가지 계행을 닦으면서 오역죄(五逆罪)를 범하지 않고 허물이 없이 이 공덕을 회향하여 극락세계에 왕생하기를 바라는 사람이다.

· 중품중생자

중품중생자는 하루 낮·밤 동안 계행을 지켜 행동에 어긋남이 없으며 이와 같은 공덕을 회향하여 왕생하기를 바라는 사람이다.

· 중품하생자

중품하생자는 부모에게 효도하고 세간의 공덕을 지키고 임종할 때에 선지식을 만나 법장보살의 48서원의 설법을 들은 사람이다.

죽음에 대한 불교의 성찰

· 하품상생자

하품상행자는 온갖 나쁜 짓을 저지른 사람이지만 임종 시에 선지식을 만나 그 가르침을 받아 합장하여 아미타불의 명호를 부르면 그 공덕으로 왕생극락하게 된다.

· 하품중생자

하품중생자는 모든 계행을 범한 어리석은 사람으로 승단의 물건을 훔치거나, 명예나 자신의 이익을 위해 허무맹랑한 법을 설하면서도 부끄러워 할 줄 모르는 사람이다. 이와 같이 죄 많은 사람도 선지식을 만나 아미타불의 열 가지 위덕과 신통력 그리고 계·정·혜 등의 가르침을 들으면 무거운 죄에서 벗어나 극락왕생하게 된다.

· 하품하생자

하품하생자는 온갖 나쁜 짓을 저질러 그 과보로 지옥에 떨어져 한량없는 고통을 받을 것이나, 임종 시에 선지식을 만나 여러 가지로 미묘한 법을 설해 염불할 것을 배우지만 고통이 극심함으로 염불할 겨를이 없다. 이때 부처님을 생각할 수 없거든 나무아미타불이라고 열 번만 부르면 이 염불한 공덕으로 한 번 부를 때마다 80억겁의 무거운 죄가 소멸되어 극락세계에 왕생하게 된다.

우리나라의 사찰을 방문하면 아미타불을 모신 무량수전을 쉽게 찾을 수 있다. 그중에서도 부석사 무량수전이 특히 유명하다. 그 이유는 무량수전 건물이 우리나라 목조건물 중 가장 오래된 건물 중의 하나로 국보로 지정되어 있고, 그 안에 모셔진 아미타불 좌상 역시 국보로 지정되어 있기 때문이다.

그리고 여러 사찰의 벽화로 반야용선(般若龍船)이 그려진 것을 볼 수 있는데 그것은 극락왕생을 표현한 것은 분명하나, 다만 그것이 불교에 기초한 벽화는 아니다. 그것은 우리나라에서 무속에서 사용하던 반야용선을 불교에서 차용해서 그리게 된 것이다. 그것은 우리나라에 불교가 처음 들어왔을 때 무속신앙에 젖어 있는 민중들과의 친화를 위해, 전통종교를 불교에 수용하여 사찰 내에 삼신각을 세운 것과 맥락을 같이 하는 것으로 이해할 수 있다.

본원사상

본원(本願)이란 근본서원(根本誓願)의 준말로서 모든 부처님들이 불과(佛果)를 얻기 이전의 과거세에서 중생을 구제하기 위하여 일으키는 서원을 말한다. 현재세에서 중생을 구제하겠다는 종교적 서약인 서원(誓願)과 구분하기 위해서 본원이라 하는 것이다. 본원은 이를 다시 총원(總願)과 별원(別願)으로 구분한다. 총원은 보살로서 누구나 세우지 않으면 안 되는 기본적이고 보편적인 서원을 말하고, 별원은 보살 자신이 특별한 목적을 달성하기 위하여 일으키는 특수한 서원이다. 총원은 일반적으로 사홍서원(四弘誓願)을 말하는데 그 내용은 다음과 같다.

- 중생이 한량없지만 맹세코 건지기를 원합니다.
- 번뇌가 한량없지만 맹세코 끊을 것을 원합니다.
- 법문이 한량없지만 맹세코 배울 것을 원합니다.
- 불도가 위없지만 맹세코 성취할 것을 원합니다.

죽음에 대한 불교의 성찰

별원은 불보살이 각자 독자적으로 세우게 되는데 그 사례로 다음과 같은 것들이 있다.

- 석가모니불이 세운 500대원 : 『비화경(悲華經)』
- 미륵보살이 세운 10가지 본원 : 『미륵보살소문본원경(彌勒菩薩所問本願經)』
- 아촉불이 세운 20대원 : 『아촉불국경(阿閦佛國經)』
- 약사보살이 세운 12대원 : 『약사여래본원경(藥師如來本願經)』
- 법장보살이 세운 48대원 : 『무량수경(無量壽經)』

아미타불의 본원은 부처가 되기 이전의 전생에서 법장(法藏)이라는 비구였을 당시에 세운 48가지 서원이다. 이 48서원의 내용이 한역본에 따라 다소 차이가 있기 때문에 혜원(慧遠, 523-592) 스님의 해석에 따라 살펴보고자 한다. 혜원은 『무량수경의소(無量壽經義疏)』에서 '48대원을 그 뜻에 따라 세 가지로 분류할 수 있다'고 설한다.

첫째는 섭법신원(攝法身願)으로, 법신을 포섭하는 서원으로서 제12번, 제13원, 제17원이 이에 해당하고,

둘째는 섭정토원(攝淨土願)으로, 정토를 포섭하는 서원으로서 제31원과 제32원이 이에 해당하며,

셋째는 섭중생원(攝衆生願)으로, 중생을 포섭하는 서원으로서 나머지 43가지 서원이 모두 이에 해당하는 것이다.

이 48대원 중에 핵심적인 서원은 제18대원인 염불왕생원(念佛往生願)으로 그 내용은 이러하다.

시방의 중생들이 나의 국토에 태어나고자 지극한 마음으로 환희심을 내어 내 이름을 십념(十念)하여도, 만약 나의 국토에 태어나지 않는다면 나는 부처가 되지 않겠다.

많은 논사들은 이 제18대원을 왕본원(王本願)이라고 하는데, 그 이유는 오직 이 원에 의지하는 것만으로도 정토왕생을 이룰 수 있기 때문이라는 것이다. 이에 대한 논사들의 논지를 살펴본다.

제18원을 왕본원이라 칭한 의산(義山) 스님은 그의 책 『수문강록(隨聞講錄)』에서 그 이유를 다음과 같이 설명하고 있다.

중생이 저 국토에서 태어나지 못하면 여러 가지 원을 얻을 수가 없다. 다시 말해 나머지 47원 만으로는 저 국토에 태어날 수 없으므로, 하나의 핵심적인 발원으로 보아야 한다. 만약 이 원이 없다면 모두 유명무실해지는 까닭에 이 18원을 왕본원이라 하는 것이다.

제18원에서 '내 이름을 십념하여도'라는 문구가 나오는데 '십념'은 무엇을 의미하는가? 원효대사는 이에 대해 『무량수경종요(無量壽經宗要)』에서 다음과 같이 설명하고 있다.

십념은 은밀의 십념과 현료의 십념으로 나누어지는데, 현료의 십념으로는 칭명염불을 강조하였다. 그 이유로 사바세계의 중생은 말법시대를 살아가는 죄악범부중생이기 때문에 근기가 하열하여 관념 등의 상근기적 수행법이 어렵기 때문이다.

　　　　　　　　　　　　　　죽음에 대한 불교의 성찰

제18원에 이어 중요한 대원은 제 19원으로서 이렇게 되어 있다.

시방의 중생들이 보리심을 일으키고 모든 공덕을 쌓고 지극한 마음으로 서원을 일으켜 나의 국토에 태어나고자 원할 때에, 내가 대중에게 둘러싸여 그들 앞에 나타나지 못한다면 나는 부처가 되지 않겠다.

이와 같이 누구라도 보리심을 일으켜 정토에 태어나고자 하는 원을 발한다면 반드시 아미타불이 그 원을 이루게 해 줄 뿐만 아니라, 후일 그들을 맞으러 나가겠다는 강력한 구원의 말씀이다.

미타신앙

아미타불에 대한 신앙을 줄여서 '미타신앙'이라 부른다. 우리가 흔히 듣는 '나무아미타불(南無阿彌陀佛)'이라는 말은 '아미타부처님께 귀의합니다'라는 뜻이다. 아미타불은 범어로 'Amitayus' 또는 'Amitabha'라고 하는데 무량수불(無量壽佛) 및 무량광불(無量光佛)의 뜻이다. 그래서 각 사찰에서는 아미타불을 모신 전각에 무량수전(無量壽殿), 무량광전(無量光殿), 극락전(極樂殿) 또는 미타전(彌陀殿)이라는 명칭을 붙이고 있다.

『아미타경』에 보면 아미타불로 부르는 이유를 다음과 같이 설명하고 있다.

"사리불아, 그대 생각에 저 극락세계의 부처님을 어찌하여 아미타불이라고 부르는지 아느냐? 사리불아, 저 부처님의 광명은 한량이 없어서, 시방세계의 모든 나라를 두루 비추어도 걸림이 없으니, 그러므로 무량한 광명의 부처님 곧 아미타불이라 하느니라. 또한 그 부처님의 수명과 그 나라 사람들의 수명이 한량이 없고 끝이 없는 아승지겁이니, 그러므로 무량한 수명의 부처님 곧 아미타불이라 이름하느니라. 사리불아, 아미타불께서 성불하신 지는 이미 열 겁의 세월이 지났느니라."

– 제6. 불덕무량분

극락정토는 아미타불이 전생에서 세운 서원에 의해 이루어진 정토이다. 『무량수경』에 의하면 아미타불은 아주 먼 전생, 세자재왕불(世自在王佛)이 인도를 통치하고 있을 때 교시가(憍尸迦)라는 작은 나라의 왕이었다고 한다. 그 국왕은 돈독한 보리심으로 왕위를 버리고 출가하여 법장비구(法藏比丘)가 된 후에, 세자재왕불 앞에서 48원의 서원을 세우고 수행에 들었다 한다. 마침내 서원한 48원이 모두 성취되어 성불하셨으니 그가 바로 아미타불이다.

석가모니 부처님께서는 여기에서 서쪽으로 십만억 불국토를 지나간 곳에 극락이라는 세계가 있다고 설하셨다. 이 거리를 현대적 계량법에 의해 계산해 보면 100조km가 되는 거리라고 한다. 현대의 고속 수송기를 동원한다 하여도 도달하기 어려운 거리이다. 그러나 육신을 벗어난 혼령이라면 가능하지 않을까. '십만억'이라는 먼 거리는 그만큼 우리들이 오랜 세월 동안 몸으로, 입으로, 마음으로 지어온

　　　　　　　　　　　　죽음에 대한 불교의 성찰

● 부석사 소조아미타불좌상(국보제45호)

악업을 떨쳐 내기가 어렵다는 것을 뜻한다.

그러면 극락세계는 어떠한 곳인가. 혹자는 극락정토를 천상(천국)과 같은 곳이 아닐까 하고 혼동하는데 극락과 천상은 전혀 다른 곳이다. 천상은 즐거움이 있기는 하지만 업에 끌려가기 때문에 공덕이 다하면 다시 악도에 떨어져 윤회를 하게 된다. 그러나 극락정토는 욕계·색계·무색계의 삼계를 모두 벗어났으며 윤회의 사슬에서도 벗어난 세계이다. 천상의 즐거움은 인연에 따른 유한한 즐거움이지만, 극락의 즐거움은 진리의 법열에서 느끼는 영원한 즐거움이다. 그런 까닭에 천상에 태어나면 좋겠다는 환상을 버리고 극락에 왕생하려는 원을 세워야 한다. 극락에 가기만 하면 신통력을 얻어 자유자재하게 되므로 부처가 되는 일이 그리 어렵지 않은 일이다.

시방세계에 수많은 부처님들이 계시고, 그 부처님들도 모두 무량한 공덕을 베푸는 분들인데 왜 오직 아미타 부처님에 대하어만 염불해야 하는가? 중국 원나라 때 임제종의 대 선지식인 천여(天如) 스님은 그 이유에 대해 『정토혹문(淨土或問)』에서 세 가지 이유를 들어 설명하였다.

첫째, 아미타 부처님의 서원은 무생법인(無生法忍)을 성취하겠다는 매우 크고 깊으며 구체적이다.

둘째, 아미타 부처님의 가르침은 권하지 않고 가르치지 않아도 중생들이 모두 따라서 하니 사바세계와의 인연이 매우 깊다.

셋째, 석가모니 부처님께서 온갖 방편으로도 제도하지 못한 중생들을 아미타 부처님께서 모두 제도하신다고 하셨으니, 교화하는 길이 석가모니 부처님과 깊이 연관되어 있다.

　　　　　　　　　　　죽음에 대한 불교의 성찰

● 봉정사 극락전(국보 제15호)

법장보살이 세운 48대원 가운데 '다른 불국토의 보살들이 극락정토에 와서 태어난다면, 그들은 한 생만 지나면 반드시 부처가 되는 일생보처의 자리에 이르게 되리라' 하는 22번째의 필지보처원(必至補處願)을 발원하셨다. 삼독심이 난무하는 번뇌의 소용돌이 속에서 무수겁을 살아온 범부중생이 어떻게 극락에 가서 불퇴전의 보살이 될 수 있는가? 천태지자(天台智者) 대사는 『정토십의론』에서 이렇게 설명하고 있다.

첫째, 항상 아미타 부처님이 대비원력으로 이끌어 주시기 때문에 보리심에서 물러나지 않고,

둘째, 아미타 부처님의 지혜와 자비광명이 항상 비치므로 보리심에서 물러서지 않고,

셋째, 흐르는 물과 새, 나무, 숲, 바람소리, 음악 소리 등이 항상 설법하기 때문이고,

넷째, 무수한 보살이 도반이 되어 공부를 돕기 때문에 삿된 인연에 빠지지 않고,

다섯째, 수명이 한량없어서 영원토록 공부하기 때문에 불퇴전보살이 될 뿐만 아니라, 곧 부처가 될 이들이 헤아릴 수 없이 많기 때문이다.

아미타불에 대한 신앙이 인도에서 발생한 것은 사실이지만 언제, 어디서, 어떻게 일어났는지는 확실하게 밝혀지지 않고 있다. 인도문명은 문자를 남기지 않는 문명이기 때문이다. 학자들은 아미타불 사상이 생겨난 지역을 인도의 서북부 지역, 구체적으로 현재의 카슈미르와 간다라가 위치해 있는 지역으로 보고 있다. 그런데 이 지역은 고대 인도문화의 발상지이며, 이란 문화와의 접촉지대였기 때문에

죽음에 대한 불교의 성찰

고대 페르시아의 조로아스터교의 영향을 받았을 것으로 추정하고 있다.

신라인들에게는 극락세계에 왕생하려는 불심이 매우 강하였다. 『삼국유사』는 그 마음을 실은 '원왕생가(願往生歌)'라는 향가 한 편을 소개하고 있다.

달님이여,
이제 또 서방으로 가셔서
무량수불 앞에
말씀을 사뢰소서.
다짐 깊으신 부처님을 우러러
두 손 모아 올려
원왕생, 원왕생
그리워하는 사람 있다고 사뢰소서.
아, 이 몸 버리시고
마흔여덟 가지 소원이
모두 이루어지실까!

염불신앙

불교에서는 깨달음에 이르는 여러 가지의 방법을 분류하여 제시하고 있는데 그중에 이문도(二門道)라는 분류방법이 있다. 수행과정이 상대적으로 어려운지, 또는 쉬운지를 비교하여 두 가지 수행문을 제시한 것이다. 첫째는 난행문(難行門)이고, 둘째는 이행문(易行門)이다. 난행문은 관법(觀法)을 통해 해탈을 성취하던가, 다라니를 외어 업장을 소멸함으로써 해탈에 이르는 경우, 또는 심오한 경전을 통해 열반에 이르는 경우 등 그 수행과정이 결코 쉽지 않은 수행문이다. 이에 반하여 이행문은 아미타불의 본원력에 의지하여 염불수행을 통해 정토에 왕생하는 염불왕생문으로 상대적으로 쉬운 수행문이라는 것이다.

석가모니 부처님도 이에 관하여 말씀하신 바가 있다.

이때 세존께서 비구들에게 이르시길, "마땅히 한 법을 수행하고, 마땅히 한 법을 널리 펴야 한다. 한 법을 수행하면 문득 명예가 있고 큰 과보를 성취하여 온갖 선이 두루 모이고, 단이슬 맛을 얻어 무위처에 이르게 될 것이다. 그리고 곧 신통을 이루고 온갖 어지러운 생각을 버리고, 사문과(沙門果)를 얻어 스스로 열반을 얻을 것이다. 어떤 법을 한 법이라 하는가? 이른바 부처님을 생각(念佛)하는 것이다."

– 『증일아함경』 「광연품(廣演品)」

염불은 염불을 하는 목적이나 대상 및 방법에 따라 여러 가지로 분류된다. 가장 기본적인 분류는 두 가지로 나누는 것이다. 하나는 부처님의 모습이나 공덕을 마음속으로 떠올리거나 생각하는 관념염불이고, 또 하나는 마음속으로 생각한 부처님의 명호를 오직 입으로 소리 내어 외우는 칭명염불이다. 그런데 이 분류도 염불하는 사

죽음에 대한 불교의 성찰

람의 근기와 그 대상에 따라 여러 종류로 세분된다.

1) 정토왕생을 위한 염불

칭명염불(稱名念佛)

칭명염불은 말 그대로 부처님의 이름을 소리 내어 반복하여 부르는 것이다. 정토삼부경은 특히 칭명염불을 강조하고 있다. 『아미타경』에 의하면, "만일 선남자 선여인이 아미타불의 이름을 마음속으로 간직하고 소리 내어 외우기를 하루나 이틀, 사흘, 나흘, 닷새, 엿새, 이레 동안 한결같은 마음으로 하여 염불함에 있어 마음이 조금도 흐트러지지 않았다면, 그 사람이 생애를 마치려 할 때에 아미타불이 여러 거룩한 제자들과 함께 그 앞에 영접하러 오실 것이다."라고 하셨다.(제8. 수지정행분)

관상염불(觀像念佛)

관상염불(觀像念佛)은 단정하게 앉아서 한 마음 한 뜻으로 아미타불의 불상이나 탱화 등을 보고 생각하는 것이다. 『관무량수경』에 의하면, "그러므로 지혜로운 사람은 마음을 오로지 하여 착실히 아미타불을 관조해야 하느니라. 그리고 아미타불을 관조할 때는 한 가지 상호로부터 보아 들어가는데, 다만 미간 백호만을 관조하여 그 영상이 분명하도록 관하기도 하느니라.(중략) 이러한 것을 일체 부처님의 몸을 관조하는 진신관(眞身觀)이라 하느니라."라고 하셨다.

(제2장 정종분 제9절 진신관)

관상염불(觀想念佛)

관상염불(觀想念佛)은 고요히 앉아서 순수한 마음으로 부처님의 거룩하고 성스러운 모습과 공덕을 떠올려 생각하는 것이다. 『관무량수경』은 관상염불의 관법으로 해를 생각하는 관(日想觀), 물을 생각하는 관(水想觀), 땅을 생각하는 관(地想觀) 등 13가지의 관법을 제시하고 있다. 이와 같이 관상염불은 극락의 장엄과 그곳에 계시는 불보살을 순수하게 마음으로만 관하는 수행법을 말한다. 그래서 이 수행법은 앞의 두 수행법보다 훨씬 어려운 수행법이다. 그런데 이 수행법이 숙달되면 신구의 삼업을 모두 해소할 수 있는 최상의 수행법인 것이다.

실상염불(實相念佛)

실상염불은 법신염불이라고도 하는데 당나라의 규봉종밀(圭峰宗密, 780-841)이 제시한 염불법으로써, 앞의 세 가지 염불 형태에 더하여 '사종염불론'을 주장하였다. 이것은 자신 및 일체법의 자성을 관하는 것이다. 스스로 몸의 실상을 관하는 것과 같이 부처를 관하라는 것이다. 다시 말해 부처님 몸은 형상이 없기 때문에 색신과 상호를 가지고 관하지 말고 그 법신을 관하라는 것이다.

2) 염하는 대상에 따른 염불의 분류

이 장에서는 아미타불에 대한 염불을 다루고 있으나, 불보살이 당시 처해 있는 정황이나 추구하는 신앙의 목적에 따라 여러 대상에

대하여 염불이 이루어지고 있다. 염불의 대상이 달라지는 것은 불보
살로 나아가는 이정표에 따라 달라질 수도 있고, 소망하는 바에 대
하여 가피를 받기 위한 불보살이 다를 수 있기 때문이다. 그 대상은
일반적으로 다섯 가지로 분류된다.

① 석가모니 염불
② 아미타 염불
③ 약사여래 염불
④ 관세음보살 염불
⑤ 지장보살 염불

3) 염불삼매론

염불삼매란 고요한 마음으로 오로지 부처님을 염하여 마음이 통
일되어 안정이 실현되는 상태라고 말할 수 있다. 염불삼매와 관련하
여 『관무량수경』에서는 부처님께서 위제희 부인에게 염불삼매에 드
는 방법으로 정선(定善) 13관법을 가르쳐주시는 대목이 기록되어 있
다. 인도에서 대승불교를 확립한 용수는 염불삼매에 관련하여 견해
를 밝히고 있다. 그는 부처님 명호를 듣는 것만으로도 무량한 공덕
을 얻고, 부처님의 명호를 부르는 것만으로도 불퇴전의 지위를 얻는
다고 하였다. 그는 또 왕생을 하는 데는 오직 염불삼매밖에는 다른
방법이 없다고 단언하고 있다. 또 유식사상을 완성한 세친은 그의
『왕생론』에서 왕생을 하기 위해서는 오직 수행을 통해서 염불삼매를
증득해야 한다고 강조하고 있다.

염불삼매론에 대한 논의는 중국에서 더욱 활발하게 전개되었다. 중국 정토교의 시조인 혜원(慧遠)의 염불사상은 반야사상에 입각한 견불삼매론(見佛三昧論)이다. 혜원의 염불은 부처님을 친견하는 견불을 목적으로 한 반주삼매(般珠三昧)에 근본을 둔 염불관이다. 정토왕생은 오로지 아미타불의 본원에 의한 것임을 강조하고 있다. 중국의 논사들은 한결같이 정토왕생의 원인은 오직 수행의 결과 염불삼매를 증득하는 데 있다고 주장한다.

염불삼매는 염불하는 사람이 간절한 마음으로 부처님의 본원에 의지하여 염불을 통해 부처님의 마음과 나의 마음이 서로 끊어지지 않고 계속 이어져 하나가 되는 것이다. 이때에 안으로는 마음이 일어나지 않고, 밖으로는 육근으로 인한 육경이 침입하지 않아 여러 가지 감수작용을 받지 않아 무념무상한 경지에 이르게 되는데 이를 염불삼매라 한다. 즉 내가 부처님을 지극한 마음으로 생각하고 부르면 부처님은 내 안에 들어오고, 또한 내가 부처님의 마음에 들어가 나와 부처님이 따로 없어 주객이 하나가 된다는 것이다.

왕생을 이루게 하는 근본 요인은 오직 염불삼매의 수행과 아미타불의 본원에 있다는 것으로 요약된다. 그러나 이를 증득하는 것은 왕생을 하고자 하는 자의 믿음과 발원과 실천이 결합되어야 이루어진다. 첫째로 아미타불의 원력을 깊이 믿어야 하고, 둘째로 이 깊은 마음을 바탕으로 지극한 발원을 해야 하며, 셋째로 이 믿음과 발원을 통해 실천함으로써 염불삼매를 증득하게 된다는 것이다.

죽음에 대한 불교의 성찰

4) 염불증거

모든 선업이 각자 왕생을 얻는 데 이익이 있는데, 무엇 때문에 오직 염불 일문을 권하는가? 『왕생요집』은 이에 대해 염불증거를 다음과 같이 답한다.

지금 염불을 권하는 것은 다른 여러 뛰어난 수행을 막는 것이 아니다. 단지 남녀·귀천·행·주·좌·와를 가리지 않고, 때와 장소, 모든 인연을 논하지 않으며, 수행하기 어렵지 않고, 임종 시에 왕생을 발원하기에는 염불만큼 편한 것이 없기 때문이다.

그리고 염불증거로서 『목환경(木環經)』에 나오는 난타국 파유리왕이 사신을 보내 부처님과 나눈 대화를 예시하였다.

"오직 바라옵건대, 세존이시여, 특별한 자비를 베푸시어 제게 법의 요체를 내려 주셔서 제가 주야로 쉽게 수행할 수 있고, 미래세에 온갖 고통을 멀리 여읠 수 있게 해 주십시오."

부처님께서 답하여 말씀하셨다.

"대왕이시여, 번뇌장과 소지장 등 모든 장애를 없애려 하신다면 목환자(염주알)를 108개 꿰어서 항상 스스로 행·주·좌·와 할 때 지극한 마음으로 뜻을 흐트리지 말고 염주알 한 알을 셀 때마다 부처님·불법·불승의 이름을 외워야 합니다. 이와 같이 열 번, 스무 번, 백 번, 천 번 내지 백천만억 번 외우십시오. 만약 20만 번을 다 채우고 심신이 어지럽지 않고 거짓이 없으면, 임종할 때에 제3 야마천(夜摩天)에 태어나서 의식(衣食)이 항상 안락하게 됩니다. 만약 백만 번을 더할 수 있으면 백팔 가지 업을 다 없애게 되어 생사를 떠나 열반도에 들어서 무상의 깨달음을 얻게 됩니다."

2. 지장신앙

지장삼부경

불교신앙에 있어 대체적으로 현실적인 삶의 문제에 대해서는 관세음보살에, 죽음과 영혼에 관한 문제에 대해서는 지장보살에게 기도하면서 가피를 구한다. 이 같은 지장보살에 대한 신앙을 기록한 경전으로 『지장본원경』, 『지장십륜경』, 『점찰경』이 전해지는데 이를 일컬어 지장삼부경이라 한다. 이 중에 앞의 두 경은 지장신앙의 핵심을 담고 있으며, 마지막 경전은 지장신앙의 실천 방안을 담고 있다.

『지장본원경』의 본명은 『지장보살본원경(地藏菩薩本願經)』인데 보통 『지장경』으로 통칭한다. 중국 당(唐)나라 시대에 역경승 실차난타(實叉難陀)가 한역한 것으로 알려져 있다. 그 내용은 지장보살이 팔만사천의 방편으로 육도 중생들을 교화하고자 노력하는 모습을 담고 있다. 죄를 짓고 고통 받는 중생들을 하나도 빠짐없이 해탈하도록 하겠다는 큰 서원을 세우고, 이를 실행하는 것을 모두 13품으로 나누어 설하고 있다.

『지장십륜경』의 본명은 『대승대집지장십륜경(大乘大集地藏十輪經)』

으로 줄여서 『십륜경』이라고 부르기도 한다. 이 경은 역자 미상으로 북량(北梁)대에 한역되었는데, 이후 당나라 때에 현장(玄奘) 법사가 다시 번역하고 보충하여 10권 8품으로 만들어 놓은 경이다. 이 경에서는 선정을 수행하는 사람이 반드시 염두에 두어야 하는 열 가지 조건을 설하면서, 일체 번뇌를 유발하는 조건을 피할 수 있어야 선정에 이를 수 있다고 강조한다.

『점찰경』은 본명이 『점찰선악업보경(占察善惡業報經)』인데 줄여서 『점찰경』이라 부른다. 이 경은 수나라 때 보리등(菩提燈)이 한역한 것으로 상하 두 권으로 되어 있다. 이 경은 선악의 업보를 바로 알게 하는 인과법에 대한 설명과 지은 죄업은 반드시 참회해야 한다는 참회사상을 담고 있는 경이다. 『삼국유사』에서는 여러 차례에 걸쳐 점찰법회가 열리는 장소와 사례에 대해 기록을 남기고 있다.

대원본존 지장보살

우리나라의 각 사찰에서는 아침저녁으로 예불을 올린다. 예불의 절차는 우선 불·법·승 삼보에게 차를 봉헌하고(茶揭), 향을 올린(五分香禮) 후 예경문을 합송한다. 예경문은 '지극한 마음으로 목숨을 다하여 예를 올립니다'라는 뜻의 지심귀명례(至心歸命禮)를 사뢴 뒤, 석가모니 부처님을 비롯한 시방삼세(十方三世)의 부처님들을 예경하고 이어서 다음과 같이 사대보살을 예경한다.

• 대지 문수사리보살(大智文殊舍利菩薩)

- 대행 보현보살(大行普賢菩薩)
- 대비 관세음보살(大悲觀世音菩薩)
- 대원본존 지장보살(大願本尊地藏菩薩) 제존 마하살(諸尊摩訶薩)

이 대목에서 사대보살을 비롯한 마하살에 대해 예를 표하는 것이다. 마하살은 십지보살(十地菩薩)을 의미한다. 『화엄경』은 보살행을 50단계로 구분한다. 십신행(十信行), 십주행(十住行), 십행행(十行行), 십회향행(十廻向行)을 거쳐 십지행(十地行)에 이른다. 십지보살은 보살행의 마지막 단계로 그 위가 바로 부처(佛)의 단계이다.

문수보살은 석가모니 부처님의 지혜를 상징한다. 그는 사자좌(獅子座)에 앉아 오른 손에 지혜의 칼을, 왼손에는 푸른 연꽃을 들고 있는 모습으로 표현된다.

보현보살은 석가모니 부처님의 중생을 위한 구원행(救援行)을 상징한다. 코끼리 혹은 연화대 위에서 합장하는 모습으로 표현된다.

관세음보살은 중생들의 모든 괴로움을 알고 그를 구제해 주는 보살로 상징된다. 감로수 병이나 연꽃을 손에 들고 있는 모습으로 표현되는데, 머리에 쓴 보관 중앙에는 반드시 아미타불의 모습이 모셔져 있다.

지장보살은 과거의 석가모니불과 미래의 미륵불 사이의 무불(無佛) 세계에서 육도 중생을 제도하고, 중생들을 아미타불의 극락정토로 인도해 주시는 분이다. 머리를 짧게 깎고 있는 모습이나 두건을 쓴 모습으로 표현된다.

각 사찰의 대웅전(大雄殿)에는 가운데에 석가모니 부처님이 모셔져 있고 좌우에는 문수보살과 보현보살이 협시하고 있거나, 관세음보살

죽음에 대한 불교의 성찰

과 지장보살이 협시하고 있다. 문수·보현·관세음보살 등 다른 보살들은 고대 인도 귀족들의 복식을 본떠서 화려하게 조성되는 것과는 달리, 지장보살은 평범한 중생의 모습을 한 소박한 조형이다. 오랜 세월 중생을 구제하다 보니 중생의 모습을 닮아간 듯하다.

지장보살의 본원

지장보살의 지장(地藏)은 산스크리트어인 크시티가르바(ksitigarbha)를 한역한 것으로 '대지의 자궁' 즉 땅으로 감싸여 있는 태(胎)와 같은 뜻이다. 이처럼 지장보살은 인간을 생장 발육시키고 삶의 터전을 제공하는 대지(大地)의 보살이다. 붓다께서는 지장보살에게 자신이 반열반에 든 이후 미륵불이 오실 때까지의 무불시대(無佛時代)에 고통 받고 있는 중생들을 제도하여 해탈케 하라고 부촉하셨다.

『지장경』에 다음과 같은 대화가 나온다.

"현재와 미래의 모든 중생을 내 이제 그대에게 부촉하노니 그대는 큰 신통과 큰 방편으로 중생들을 두루 널리 제도하여 나쁜 세상에 떨어지지 않게 하라."

이때 지장보살이 무릎을 꿇어 합장하고 부처님께 아뢰었다.

"세존이시여, 오직 바라옵건대 염려를 놓으소서. 미래의 선남자 선여인이 불법에 대해 한 생각의 공경심만 내어도 저는 백천 가지 방편으로 그 사람을 제도하여 생사 중에서 해탈을 얻게 할 것이옵니다."

– 제13품 촉루인천품

지장보살은 이처럼 발심한 이후, 오로지 중생제도를 위한 힘을 길렀고, 중생을 해탈시키기 위해 지옥의 불구덩이 속에 뛰어드는 일조차 주저하지 않았다. 또한 고난 속에 빠진 중생을 구하고 중생을 깨달음의 길로 인도하기 위해 성불을 포기하는 대원을 세우셨다.『지장경』에 지장보살이 대원을 세우는 모습이 보인다.

지금부터 미래의 세상이 다할 때까지 아무리 오랜 겁이 될지라도 죄업 때문에 고통을 받고 있는 육도의 중생에게 널리 방편을 베풀어 그들을 모두 해탈하게 한 다음에 저 자신이 불도를 이루겠나이다.

　　　　　　　　　　　　　　　　　　　　　　　- 제1품, 도리천신통품

지장보살을 대원본존(大願本尊)으로 높이 떠받드는 이유는 이처럼 위대한 서원을 하셨기 때문이다. 지장보살의 대원을 살펴보면 다음과 같은 세 가지 요소로 이루어져 있다.

첫째, 중생들을 모두 제도하고 난 후에 깨달음을 이루겠다.

둘째, 지옥이 텅 비지 않으면 결코 성불하지 않겠다.

셋째, 자신이 지옥에 들어가지 않으면 누가 지옥에 들어가겠는가.

지장경의 사후세계

1) 지옥의 실상

불교가 중국 땅에 전래됨으로써 지옥이라는 말이 생겼다. 지옥은

　　　　　　　　　　　　　　　　　　　죽음에 대한 불교의 성찰

우리들이 살고 있는 땅 남섬부주(지구) 밑에 있다. 『지장경』 제5품 「지옥명호품(地獄名號品)」에 지옥의 대략적인 내용이 기술되어 있다. 지옥의 모습에 대한 상세한 기술은 『정법염처경(正法念處經)』의 「지옥품(地獄品)」이나 시왕경(十王經) 등에 나온다. 수많은 지옥의 이름을 열거하고 각각의 지역에서 받는 고통을 세세히 보여줌으로써 악업을 짓지 않도록 일깨워 주고 있다.

2) 『정법염처경』에서 열거하는 팔열지옥(八熱地獄)

① 살생을 범한 자가 떨어지는 등활지옥(等活地獄)

② 톱으로 죄인의 몸을 자르는 고통을 주는 흑승지옥(黑繩地獄)

③ 사음죄를 범한 죄인이 떨어지는 중합지옥(衆合地獄)

④ 알코올 중독자가 떨어지는 규환지옥(叫喚地獄)

⑤ 거짓말한 자가 떨어지는 대규지옥(大叫地獄)

⑥ 인과의 도리를 믿지 않은 출가자가 떨어지는 초열지옥(焦熱地獄)

⑦ 성범죄를 저지른 출가자가 떨어지는 극열지옥(極熱地獄)

⑧ 계율을 지키지 않은 출가자가 떨어지는 아비지옥(阿鼻地獄) 등

3) 『시왕경』에서 열거하는 10개의 지옥

① 맨발로 칼날 위를 걸어야 하는 도산지옥(刀山地獄)

② 물이 끓는 솥에 던져지는 화탕지옥(火湯地獄)

③ 얼음이 있는 협곡에 집어넣는 한빙지옥(寒氷地獄)

④ 칼날인 나무로 이루어진 숲에 던져지는 검수지옥(劍樹地獄)

⑤ 혀를 빼내어 그 혀에 나무를 심거나 쟁기를 가는 발설지옥(拔舌
  地獄)

⑥ 독사에 물려 고통을 당하는 독사지옥(毒蛇地獄)

⑦ 톱으로 몸을 자르는 거해지옥(鋸骸地獄)

⑧ 못이 박힌 침상에 눕혀 몸을 관통하게 하는 철상지옥(鐵牀地獄)

⑨ 거센 바람이 부는 지옥인 풍도지옥(風途地獄)

⑩ 빛이 없는 암흑의 지옥인 흑암지옥(黑闇地獄)

4) 사후세계의 귀왕들

『지장경』에는 염라대왕과 수많은 귀왕들이 등장해서 지장보살의
위신력과 중생 구제의 활동을 찬탄하는 장면이 나온다. 부처님은 이
자리에서 중생들이 왜 고통에서 벗어나지 못하는지 그 이유를 설하
고, 중생들이 죽음을 맞이해서 해야 할 일과 하지 말아야 할 일이 무
엇인지를 구체적으로 설명해 주시었다. 이 자리에는 염라대왕과 더
불어 철위산 속에 있던 수많은 귀왕들이 참석하였는데, 그중에는 악
독귀왕, 다악귀왕, 대쟁귀왕 등 34명의 귀왕들이 참석하고 있다.(제8
품, 염라왕중찬탄품)

각 사찰을 방문하여 명부전(冥府殿)에 들어가 보면 다양한 모습을
한 열 명의 왕들이 모셔져 있다. 그 왕들은 사후세계에 끌려 들어온
망자를 심판하는 재판관들인데 명칭과 역할은 다음과 같다.

죽음에 대한 불교의 성찰

첫 번째 재판관은 진광왕(秦廣王)이다. 망자가 중음세계에 든 후 7일 만에 열리는 재판의 판관이다. 진광왕은 망자의 살생(殺生)의 죄를 심판한다. 유죄 판결을 받으면 도산지옥에 떨어진다.

두 번째 재판관은 초강왕(初江王)이다. 두 번째 주에 열리는 재판의 판관인데 망자의 도둑질(偸盜)의 죄를 심판한다. 유죄 판결을 받으면 화탕지옥에 떨어진다.

세 번째 재판관은 송제왕(松帝王)이다. 사후 3주 후에 열리는데 망자의 불효(不孝)의 죄를 심판한다. 유죄판결을 받으면 한빙지옥(寒氷地獄)에 떨어진다.

네 번째 재판관은 오관왕(五官王)이다. 사후 4주 후에 열리는데 망자의 구휼(救恤)하지 않은 죄를 심판한다. 유죄 판결을 받으면 검수지옥에 떨어진다.

다섯 번째 재판관은 염라대왕(閻羅大王)이다. 사후 5주 후에 열리는데 전생에 상대방을 헐뜯은(惡口) 죄를 심판한다. 유죄 판결을 받으면 발설지옥에 떨어진다.

여섯 번째 재판관은 변성왕(變成王)이다. 사후 6주 후에 열리는데 원한을 억제하지 못하여(瞋恚) 죄를 저지른 것을 심판한다. 유죄 판결을 받으면 독사지옥에 떨어진다.

일곱 번째 재판관은 태산왕(泰山王)이다. 사후 7주 후에 열리는데 전생에 남을 속인(綺語) 죄를 심판한다. 유죄 판결을 받으면 거해지옥에 떨어진다.

여덟 번째 재판관은 평등왕(平等王)이다. 사후 100일 후에 열리는데 부정한 방법으로 재물을 모은(慾貪) 죄를 심판한다. 유죄 판결을 받으면 철상지옥에 떨어진다.

아홉 번째 재판관은 도시왕(都市王)이다. 사후 1년 후에 열리는데 사음(邪淫)한 죄를 심판한다. 유죄 판결을 받으면 풍도지옥에 떨어진다.

열 번째 재판관은 오도전륜왕(五道轉輪王)이다. 사후 3년 후에 열리는데 부모나 스승의 물건을 훔친 죄를 심판한다. 유죄 판결을 받으면 흑암지옥에 떨어진다.

이상에 열거한 시왕(十王)의 경배 전통은 불경에 근거한 것은 아니다. 중국 당나라 시대에 대자은사(大慈恩寺)의 장천(藏川) 스님이 불경에 도교의 풍습을 가미하여 『시왕경(十王經)』이라는 위경(僞經)을 만들었는데 이것이 시왕 경배의 단초가 된 것이다. 이 경의 본 이름은 『예수시왕생칠경(預修十王生七經)』으로 약해서 시왕경이라 부른다. 이에 대해서 불교계 일부에서는 시왕사상이 49재라는 불교의 정통 교리에 위배되는 것이라고 반론을 제기하고 있다. 그러나 교리에 어긋난다고 해서 시왕을 갑자기 칠왕으로 줄일 수는 없는 노릇이다.

여기에서 염라대왕(閻羅大王)의 실체에 대해 살펴보고자 한다. 원래 염라대왕은 인도의 전통종교인 브라흐만교에서는 야마(Yamaraja)라고 불린다. 그는 사후세계를 관장하는 신으로 죽은 사람을 저승으로 인도하는 역할을 맡아 오고 있다. 그 후에 생겨난 불교에서는 야마를 천신의 하나로 받아들여 야마천이라는 천상에 살게 하였다. 불교가 중국으로 들어오면서 불교는 도교와 혼합되는 과정에서 도교의 시왕사상(十王思想)을 받아들이게 된다. 그 결과 염라왕은 영계

죽음에 대한 불교의 성찰

재판부의 제5재판관을 맡게 되었다. 우리의 의식 속에는 두 개의 전혀 다른 염라왕이 혼재하여 정착되어 있다. 인도 전통의 야마의 역할은 우리나라의 무속신앙에서 명맥이 유지되고 있다. 그런 까닭으로 우리는 야마를 다른 재판관과는 달리 염라대왕이라고 부른다.

지장보살의 중생구제

1) 부처님의 부촉과 지장보살의 다짐

『지장경』에서 세존께서는 지옥중생을 다 구제하기 전에는 성불하지 않겠다는 지장보살의 대원(大願)을 거듭거듭 찬탄하고 있다. 그러면서 육도 윤회의 세계에서 고통 받는 중생들을 모두 구원하라고 간곡히 당부하고 있다. 이 모든 중생으로 하여금 하루 낮이나 하룻밤이라도 악도에 떨어지게 해서는 안 된다는 것이다. 하물며 무간지옥과 아비지옥에 떨어져서 무량겁을 지내도록 벗어날 기약이 없는 중생들을 그대로 두어서야 되겠느냐는 것이다.(제13장. 촉루인천품)

미래 세상에 천상과 인간의 선남자 선여인이 부처님 법 가운데서 작은 선근을 심되, 한 알의 모래와 한 방울의 물 만큼만을 심을지라도 지장보살이 가진 도력(道力)으로써 이 사람을 옹호하여 이 사람이 점차 최상을 법을 닦아 해탈할 수 있도록 도우라는 주문이다. 또 악도에 떨어져 고통 속을 헤매는 중생일지라도 만약 한 부처님의 이름이나 한 보살의 이름을 외우거나, 한 구절의 대승경전이라도 외운다면, 지장보살의 위신력과 방편으로 이 사람을 구제하여 지옥을 부수

● 금동지장보살좌상(보물 제280호, 선운사 도솔암)

죽음에 대한 불교의 성찰

어서라도 하늘에 태어나도록 하라는 주문도 하신다. 이에 대하여 지장보살은 부처님 앞에 다음과 같은 다짐을 드린다.

"세존이시여, 원컨대 세존께서는 심려하지 마십시오. 미래세 가운데 만약 선남자 선여인이 부처님의 법에 따라 일념으로 마음을 집중하면, 저도 또한 백천 가지 방편으로 이 사람을 제도시켜 생사 중에서 빠른 방도로 해탈을 얻게 하겠나이다. 그런데 어떤 사람이 여러 가지 좋은 가르침을 듣고 일념으로 수행하여 최상의 도에 이른다면 어찌 해탈을 얻지 못하겠나이까."

2) 지장보살의 방편 설법

지장보살은 중생들이 쌓아 올린 업의 형태에 따라 각기 다른 방편으로 설법하여 중생들이 자기의 잘못을 깨닫고 참회하도록 유도한다. 이와 같이 각자가 행한 업의 내용과 앞으로 닥쳐올 과보를 미리 알려 줌으로써 경각심을 일으키게 하여 더 이상의 과보를 짓지 않도록 예방하는 것이다. 또한 지장보살 자신만으로는 그 많은 중생들을 구제할 수 없기 때문에, 수많은 분신들을 만들어 그들로 하여금 사바세계와 사후세계의 중생들을 제도하게 하고 있다. 지장보살이 중생을 제도하기 위해 활용하는 방편들로는 다음과 같은 것들이 있다.(제2장. 분신집회품)

만일 살생하는 이를 보면 태어날 때마다 재앙이 있고 단명하게 되는 과보를 받는다고 설해 준다.

도둑질하는 이를 보면 가난으로 고통 받는 과보를 말해 준다.

사람을 비방하는 이를 보면 혀가 없고, 입에 창병이 나는 과보를 말해 준다.

화를 잘 내는 이를 보면 얼굴이 사납게 일그러지는 과보를 말해 준다.

사냥을 즐기는 사람을 보면 놀라거나 미쳐서 죽는 과보를 말해 준다.

불·법·승 3보를 비방하는 사람은 눈이 멀거나, 귀가 멀거나, 벙어리가 되는 과보를 말해 준다.

불교를 업신여기는 사람에게는 영원히 악도에 떨어지는 과보를 말해 준다.

재물을 아끼지 않고 낭비하는 이를 보면 구하는 바가 막히고 끊어지는 과보를 말해 준다.

사람을 이간질시켜 싸우게 만드는 이에게는 혀가 없거나, 혀가 백개나 되는 과보를 말해 준다.

어버이에게 불효하는 이를 보면 천재지변으로 객지에서 죽게 되는 과보를 말해 준다.

3) 악업의 소멸

지장보살은 한순간도 쉬지 않고 중생을 구제하고 있지만 제도를 받은 중생도 있고 제도 받지 못한 중생도 있다. 하늘에서 산천초목에 골고루 비를 뿌리지만 그 혜택을 입는 중생이 있고, 혜택을 입지

●송라사 시왕도(석정스님 불화)

못하는 중생도 있는 것과 같은 이치이다. 안목이 생겨야 지장보살이 보이고, 기도 수행을 해야 지장보살의 가피를 입을 수 있는 것이다. 지장보살은 마음이 거친 중생들마저 교화하여 그들로 하여금 마음을 조복하여 삿된 견해를 버리고 바른 곳으로 돌아가게 하였으나, 열 명 중의 한둘은 아직도 악한 습관이 남아 있다는 것이다. 지장보살의 교화를 받으면 좋아져야 하는데 전혀 좋아지지 않는 것은 그들의 업감이 두텁기 때문이다. 지장보살은 오탁악세(五濁惡世)의 죄인일지라도 교화하고 말겠으니 염려하지 마시라고 부처님께 다짐을 하였던 것이다.

중생들의 근기가 각각 다르고 차별이 있으므로 지장보살은 각각의 중생에 대해 몸을 나누어 제도하되, 때로는 남자의 몸으로 또는 여자의 몸으로 나투시고, 때로는 제석(帝釋)의 몸으로, 때로는 범천(梵天)의 몸으로, 때로는 관속의 몸으로, 때로는 승가의 몸으로, 때로는 보살의 몸으로 변신하여 교화하여 제도한다. 중생들마다 성격도 다르고 상황도 다르기 때문이다. 중생이 어떤 상황에 있든 중생의 모습에 맞추어 각기 다른 몸을 나타내어 중생을 자유롭게 해주고 고통에서 벗어나게 해 주는 것이다. 이것을 경전에서는 실개도탈(悉皆度脫)이라고 한다. 지장보살은 어느 때에 마야부인의 물음에 답하여 무간지옥(無間地獄)의 참상과 무간지옥에 떨어지는 악업에 대하여 설명하고, 무간지옥에 떨어지지 않는 법에 대하여 설명한다. 이렇게 지옥의 모습을 자세히 소개하는 것은 궁극적으로 가르치고자 하는 것, 즉 중생들에게 선근이 조금만 있어도 지장보살의 원력에 의해 교화되고 해탈할 수 있다는 희망의 메시지를 전하려고 하는 것이다.

죽음에 대한 불교의 성찰

『지장경』에서는 중생들에게 임종을 맞이하여 염불하라고 가르친다. 만약 어떤 임종하는 사람의 권속이 병든 사람을 위하여 높은 소리로 한 부처님의 이름을 부르게 되면, 이 목숨을 마치는 사람의 다섯 가지 무간지옥에 들어갈 죄를 제외하고, 나머지 업보들이 모두 소멸하게 된다는 것이다. 이 다섯 가지 무간지옥에 들어갈 죄라 할지라도 임종할 때에 다른 사람이 그를 위해 계속해서 부처님의 이름을 부르게 되면 그 죄업도 서서히 소멸하게 된다는 것이다.(제9장. 칭불명호품)

또 죽은 사람을 위하여 천도의 의식을 행하면, 죽어서 천도를 받는 사람이나 살아서 천도를 해 주는 사람이나 다 같이 이익을 받는다는 가르침을『지장경』에 담고 있다. 만약 육신이 죽은 뒤 사십구일 이내에 여러 가지 선한 일을 하게 되면, 망자는 악취를 여의고 인간이나 하늘에서 태어남을 얻어 수승한 즐거움을 받게 된다는 것이다. 사십구재를 지내는 동안 망자를 위해 주옥같은 법문과 염불을 들려드림으로써, 돌아가신 사람이 그 소리를 듣고 지혜가 열리고 좋은 과보를 받게 된다는 것이다.(제7장. 이익존망품)

4) 지장본원의 이익

부처님은 지장보살에게 지옥문 앞에서라도 중생 구제를 포기하지 말라고 다음과 같이 게송으로 당부하셨다.

　　현재와 미래의 천인과 인간들을
　　내 지금 간절히 그대에게 부촉하노니

대 신통력과 방편으로 제도하여

모든 악도에 떨어지지 않게 하라.

『지장경』에서는 지장보살을 직접 보거나, 지장보살상을 조성해서
남에게 보게 하거나, 지장보살에 대해서 듣거나, 지장보살을 불러서
남에게 듣게 한다면 그 공덕이 한량없다고 설한다. 그 공덕의 이익에
대해 제11장(지신호법품)에서는 10종의 이익을, 제13장(촉루인천품)에서
는 7종의 이익과 28종의 이익에 대해서 설하고 있는 바, 본서에서는
지장보살 본원의 일곱 가지 이익에 대해서만 소개한다.

- 속히 성현의 땅에 오른다.
- 악업이 소멸된다.
- 모든 부처님이 지켜준다.
- 보리심이 후퇴하지 않는다.
- 본원력이 더욱 커진다.
- 숙명을 통달한다.
- 마침내는 부처를 이룬다.

5) 지장경 사구게

이때에 세존께서 다음과 같이 게송을 설하셨다.
"내가 이제 지장보살의 위신력을 관찰해 보니
간지스강의 모래 같은 겁을 설하여도 다할 수 없네.
한순간만 보고 듣고 우러러 예배하여도

죽음에 대한 불교의 성찰

한량없는 이익이 인천에 넘치리라."

참회와 기도

1) 참회

사람들이 종교를 믿는 이유는 현세의 삶을 개선하고자 하는 욕구와 더불어, 내세에 대한 불안에서 벗어나고자 하는 마음에서 비롯된다. 불교는 죽음 이후에 생전에 지은 업에 따라 윤회가 이루어지는 내세관을 가지고 있다. 이 업과 연관된 윤회사상은 신라인들의 마음을 사로잡은 핵심 사상이었다. 신라인들은 자신들의 내세를 결정하는 자신의 업이 무엇인지 알고 싶어졌다. 그래서 자신의 업을 점을 쳐서 알아내는 법회가 유행하게 되었는데 이를 점찰법회(占察法會)라 하였다.

신라의 점찰법회는 7세기 초 중국에서 귀국한 원광(圓光) 법사가 현재의 청도 지방에 점찰보(占察寶)를 설치하면서 시작되었다. 점찰법회는 신라 통일 이후 진표(眞表) 율사에 의해 신라만의 고유한 행사로 정착되었다. 점찰법회가 '점'이라는 무속적인 방식을 쓰고는 있으나, '여래장사상'이라는 심오한 사상을 기반으로 하고 있었기 때문에 지장신앙과 결합되어 대중들의 마음속으로 파고들 수 있었다.

점찰법회의 소의경전은 약칭 『점찰경』인데 상하 2권으로 되어 있다. 지장보살이 설주로 되어 있으며, 경의 내용은 말법시대에 중생들을 교화하고 제도하는 방편으로 목륜상법(木輪相法)이 제시되어 있다. 중생이 인과법에 대해 확고한 신심을 내지 못하고 여러 가지 장애를 만나 의혹이 일어나면, 목륜상법으로 선악의 업과 그 과보를 점찰하여 참회 수행할 것을 설하고 있다. 점찰법회는 하근기 중생들에게 보다 쉬운 형태로 자신의 업보를 깨우치고 참회하도록 하기 위한 의식이다. 법회를 통해 자신의 업을 살펴서 악업을 참회하고 마음을 청정하게 하여 중생의 해탈을 도모하는 것이다. 그러므로 지장신앙은 맹목적으로 지장보살의 본원력에 의지하는 타력신앙만이 아니라, 참회를 통해 스스로가 자신의 업장을 소멸하는 자력신앙이기도 하다.

2) 기도

지장신앙은 인과응보, 윤회사상과 연계되어 있다. 따라서 지장보살께 정성껏 기도를 하는 공덕은 뜻밖으로 크다. 현실 속에서 겪고 있는 고난을 벗어나는 것뿐만 아니라, 태어나는 일에서부터 죽음 이후의 내생에 이르기까지 우리를 살펴주시고 도와주신다.

태어난 아이를 위한 기도

새로 태어나는 자가 있어서 혹은 남자이거나 혹은 여자이거나를 막론하고 칠 일 안에 일찍이 이 불가사의한 경전을 독송하고 다시 보살의 명호를 외워서 만 번을 채우게 되면, 이 아이는 숙세의 재앙의 과보를 벗어나게 되어 안락하게 잘 자라며 수명이 더욱 길어질 것이다.(여래찬탄품)

현재 삶을 위한 기도

어떤 사람이 매일 지장보살의 이름을 천 번을 외워서 천일에 이르게 되면, 지장보살은 이 사람이 있는 곳에 토지신을 보내어 죽을 때까지 호위하도록 할 것이니라. 그리되면 이 사람은 현세에 먹고 입을 것이 풍족해지고 모든 질병이나 고통이 없어지며, 횡액이 그 사람의 집에 들어가지 못하게 할 것이다. 그리고 마침내 보살이 그 사람의 이마를 만져주며 수기를 내릴 것이다.(견문이익품)

소원 성취를 위한 기도

만약 선남자 선여인이 현재와 미래의 세상에서 백천만억의 소원과 백천만억의 일을 이루고자 하거든 지장보살의 형상 앞에서 귀의하고 우러러 예배하며 공양하고 찬탄할지니라. 그리하면 원하는 것과 구하는 것이 모두 성취될 것이니라.(견문이익품)

망자를 위한 기도

현재와 미래의 모든 육도중생이 목숨을 마치려 할 때 그 중생의 부모나 권속들이 지장보살의 형상을 조성하거나 그림을 그려서 죽기 전에 눈으로 보게 하거나 기도소리를 귀로 듣게 한다면, 그 중생은 영원히 삼악도의 고통에 떨어지지 아니할 것이다.(견문이익품)

3. 미륵신앙

미륵삼부경

사후 세계에 대한 불교 신앙으로 정토신앙과 지장신앙 이외에 미륵신앙이 있다. 미륵신앙이 다른 신앙에 비하여 덜 알려진 것은 미륵보살이 현 사바세계에 있지 않고 도솔천(兜率天)이라는 먼 곳에서 때를 기다리고 있기 때문이다. 미륵보살에 대한 신앙을 기록한 경전으로『미륵상생경』,『미륵하생경』,『미륵성불경』이 있는데 이를 '미륵삼부경'이라 부른다. 우리 민족은 삼국시대부터 미륵보살에 대한 독특한 형태의 신앙을 이어왔는데 최근에 와서 다른 신앙에 비해 관심이 멀어지고 있다.

미륵상생경은『불설관미륵보살상생도솔천경(佛說觀彌勒菩薩上生兜率天經)』의 약칭이다. 이 경은 유송의 저거경성(沮渠京聲)이 455년에 한역하였다. 이 경은 부처님이 제자인 미륵에게 미래에 성불할 것이라고 수기하는 내용으로 시작한다. 이어서 미륵보살이 있게 될 도솔천의 장엄한 모습을 묘사하고 있다. 그리고 미륵보살이 도솔천궁에 화생하는 모습과 미륵보살에게 귀의하여 예배함으로써 얻게 되는 공덕 등에 대해 설하고 있다.

미륵하생경은『불설관미륵보살하생도솔천경(佛說觀彌勒菩薩下生兜率天經)』의 약칭이다. 이 경은 서진 월씨국의 축법호(竺法護)가 308년에 한역하였으며, 미륵보살이 도솔천에서 사바세계에 내려와 용화

죽음에 대한 불교의 성찰

수 아래에서 성불한 뒤 세 번에 걸친 설법으로 중생을 제도한다는 내용을 설하고 있다.

미륵성불경은 『불설미륵대성불경(佛說彌勒大成佛經)』의 약칭이다. 이 경은 후진의 구마라집(鳩摩羅什)이 408년 한역하였으며, 미륵불의 성불의 과정과 초전법륜 그리고 대중설법 등의 내용이 자세히 기록되어 있다.

미륵신앙의 내용

1) 미륵상생 신앙

석가모니 부처님이 기수급고독원에 계실 때 대중들이 모인 자리에서 우바리 존자는 세존께 여쭈었다. "세존께서는 미륵이 틀림없이 성불할 것이라고 수기(授記)를 주셨는데, 미륵은 목숨을 마치면 장차 어느 나라에 태어나서 어떤 중생들을 어떻게 교화하게 되나이까?" 그때 세존께서는 "미륵이 지금부터 12년 뒤에 목숨을 마치면 반드시 도솔천(兜率天)에 왕생할 것이다. 그때 도솔천에는 아주 거룩한 보시바라밀을 닦은 5백만억의 하늘사람들이 있을 것이며, 이들은 다음과 같이 결심을 할 것이다. '한 생 후에 부처가 될 보살님에게 하늘의 복력과 정성을 다해 궁전을 지어 공양하리라.'"

세존께서는 우바리 존자에게 말씀을 이어 가셨다.

"미륵보살이 도솔천 칠보대에 있는 마니전의 사자좌에 홀연히 화생하여 연꽃 위에 가부좌로 앉아 있을 것이다. (중략) 이런 가운데 미륵보살이 하늘나라 사람들과 더불어 꽃자리에 앉아서 밤낮없이 '물러남 없는 진리의 법'(不退轉地法輪)을 설하였느니라. 이때에 5백만억 하늘사람들로 하여금 '더 위 없이 옳게 깨달음'을 얻고자 하는 마음이 생겨나 물러나지 않게 하였느니라. 미륵보살은 염부제의 햇수로 56억년 동안을 도솔천에서 이렇게 설법하여, 밤낮으로 수없는 사람들을 교화한 뒤에 다시 염부제에 태어날 것인데, 이에 대하여는 미륵하생경에서 말하였느니라."

세존께서는 대중들에게 도솔천에 태어나서 미륵보살을 만날 수 있는 방법에 대해 다음과 같이 설하셨다.

"중생들이 그들의 나쁜 업을 깨끗이 하고, 부처님을 생각하고, 부처님 법을 생각하고, 승가(僧伽)를 생각하고, 도솔천을 생각하고, 계(戒)를 생각하고, 보시를 생각하는 '여섯 가지 수행'을 행한다면 반드시 도솔천에 태어나서 미륵보살을 만날 것이다. 또한 미륵보살을 따라 염부제에 다시 태어나서 미륵보살이 성불할 때에 제일 먼저 법문을 듣게 되느니라."

2) 미륵하생 신앙

미륵신앙 중에서 사회가 평화롭고 안정되어 있을 때는 미륵상생 신앙이 유행하는 반면, 사회가 어지럽고 세상살이가 어려울 때는 미륵하생 신앙이 성행한다. 지금의 현실은 지극히 어렵지만 미래에는 보다 나은 세상을 꿈꾸는 미래불의 세상을 염원하는 것이다. 『미륵하생경』에서는 미륵보살이 다음과 같이 사바세계에 태어날 것임을

● 금동미륵보살반가사유상(국보 제83호, 국립중앙박물관)

설하고 있다.

"미륵보살이 그때 도솔천에 있으면서 수범마 내외가 늙지도 젊지도 않았음을 보고, 그들을 부모로 삼아 범마월 부인에게서 임의로 태어나게 될 것이다. 내가 오른쪽 옆구리로 이 세상에 태어난 것과 다름없이, 미륵보살도 그 어머니의 오른쪽 옆구리로 태어날 것이다. 그리고 나면 도솔천의 하늘사람들은 미륵보살이 사바세계에 내려가 탄생한 경사를 노래로서 찬탄할 것이니라."

3) 미륵 성불 신앙

세존께서는 『미륵성불경』에서 미륵보살의 성불과 교화에 대하여 설하셨다.

"미륵보살은 집에 얼마 있다가 출가하여 도를 닦을 것이다. 곧 계두성에서 얼마 멀지 않은 곳에 높이 1유순, 둘레 5백보 되는 용화(龍華)라는 큰 나무가 있을 것인데, 미륵보살이 그 용화수 아래에서 고요히 앉아 '위없는 큰 도(無上道)'를 이루게 될 것이니라. 미륵보살이 성도할 때에 삼천대천세계가 여섯 가지로 진동하여 자신들이 서로 말하기를, '미륵보살이 이미 부처님이 되시었도다'라고 찬양할 것이다."

세존께서는 이어서 설하셨다.

죽음에 대한 불교의 성찰

"미륵부처님은 그때 네 가지 큰 진리(四諦)를 듣고 해탈을 얻은 성문승(聲聞乘)과 스승 없이 12인연의 이치를 깨달은 연각승(緣覺乘)과 육바라밀을 닦아 자기도 해탈하고 남도 해탈하게 하여 다 같이 성불의 길을 닦게 하는 보살승(菩薩乘) 등 삼승에 대한 법문도 설할 것인데, 내가 오늘날 설하고 있는 바와 조금도 다름이 없느니라. 미륵부처님의 제자 가운데 대가섭(大迦葉)이란 제자가 있어 열두 가지 어려운 수행(十二頭陀)을 잘 지도할 것인데, 가섭은 과거세로부터 많은 부처님께 깨끗한 행을 잘 닦은 사람으로서 미륵부처님을 도와 많은 사람들을 교화할 것이다."

4) 도솔정토

『미륵상생경』에서는 도솔천의 모습을 다음과 같이 표현하고 있다.

"한 연꽃마다 5백억 개나 되는 아름다운 나무들이 생겨날 것인데, 이 나무들 역시 다 일곱 가지 보배로 되어 있으며 보기 좋게 줄지어 있다. 낱낱의 나뭇잎에는 5백억 가지 보배 빛이 나오고 낱낱의 보배 빛 속에는 염부단 사금 같은 5백억 광명이 있을 것이다. 또 그 나무에 수정 빛깔의 열매가 열리는데, 온갖 빛깔들이 다 수정 빛깔의 열매에 들어가서 한 덩어리가 된 광명들은 다시 오른쪽으로 돌면서 여러 가지 아름다운 소리로 대자대비한 부처님의 법문을 말하여 주리라."

● 관촉사 석조미륵보살입상(보물 제218호)

죽음에 대한 불교의 성찰

그러면 도솔정토와 극락정토는 어떻게 다른가. 일본 헤이안 시대에 활약한 겐신(源信, 942-1017)은 그의 저서인 『왕생요집(往生要集)』에서 여러 전거를 가지고 그 차이점을 설명한다. 회감 선사의 『군의론(群疑論)』과 자은 대사의 『서방요결(西方要決)』에서 극락정토와 도솔정토에 대하여 다음과 같이 우열을 논하고 있다는 것이다. 먼저 『군의론』에 대해서 본다.

- 교화의 주체가 극락정토는 부처님(아미타불)인데 도솔정토는 보살(미륵보살)이라는 것이다.
- 정토와 예토의 차이이다. 도솔천은 사바세계와 같은 욕계에 속하기 때문이다.
- 여인의 유무이다. 극락에는 여인이 없다는 것이다.
- 수명의 장단이다.
- 내외의 유무이다. 도솔천 내원은 불퇴전이지만 외원은 퇴전이 있다. 반면 서방정토에는 내외 모두 퇴전이 없다.
- 오쇠(五衰)의 유무이다.
- 상호(相好)의 유무이다.
- 오통(五通)의 유무이다.
- 불선심(不善心)이 일어나느냐, 일어나지 않느냐의 차이이다.
- 죄가 멸해지는 양의 다소이다. 미륵을 칭명염불을 하면 1천 2백 겁의 죄가 소멸되지만 아미타불을 칭명염불하면 80억겁의 죄가 소멸된다.
- 고통이 있는지의 여부이다.

- 태어나는 방식의 차이이다. 도솔천에서는 남녀의 슬하 품속에서 태어나지만, 서방정토에서는 연꽃 속의 궁전 속에서 태어난다.

『서방요결』에서는 몇 가지의 차이점이 추가된다.
- 서방정토에는 부처님께서 내영하시지만 도솔천에는 그렇지 않다는 것이다.
- 본원이 다르다는 것이다. 아미타불은 본원이 있는데 미륵은 본원이 없다는 것이다.
- 광명이 다르다는 것이다. 아미타불의 광명은 염불 중생을 비추며 그들을 섭수하고 버려두지 않는데, 미륵은 그렇지 않다는 것이다.
- 수호하는 것이 다르다는 것이다. 아미타불에게는 무수한 화불과 관음·세지보살이 항시 협시하는데, 미륵에게는 그것이 없다는 것이다.

5) 원효의 『미륵상생경종요』

우리나라 1,700여년의 불교사에 대표적인 학승을 세 분을 고른다면 신라의 원효(元曉), 고려의 보조국사 지눌(智訥) 그리고 조선의 청허대사 휴정(休靜)을 들 수 있을 것이다. 그런데 그중에서 한 분만을 고르라고 한다면 원효를 택하는 것이 상식이라고 본다. 어째서인가? 원효는 300여 권의 저서를 남겼는데 그만큼의 저서를 남긴 사람이 고금으로 많지가 않다. 더구나 저술의 범위가 대소승의 일체 삼장(三藏)을 망라한 것이라면 원효가 세계에서 유일하다고 주장하는 학자도 있다.

원효는『미륵상생경』의 내용을 집약하고 핵심요지를 설명한 해설서인『미륵상생경종요(彌勒上生經宗要)』를 저술하였다. 이 책의 요지는 미륵 관련 경전의 어구에 대한 주석이 아니라 그 대의를 밝히는 것이다. 미륵삼부경 간의 상충되는 부분을 설명하고 다른 경전과의 관계에 대하여도 논하였다. 종요는 서론 부분에서 그것을 다음과 같이 밝히고 있다.

> 이 경을 해설하는 데 열 가지 분류가 있다.
>
> 첫째, 대의를 말하고
>
> 둘째, 종취를 말하고
>
> 셋째, 두 가지 시비에 대하여 말하고,
>
> 넷째, 이 경의 내용이 같고 같지 않은 점을 말하고,
>
> 다섯째, 미륵 부처님이 출생한 곳에 관하여 말하고,
>
> 여섯째, 출현하시는 시기에 관하여 말하고,
>
> 일곱째, 과거·미래의 두 대겁에 부처님이 계신지 안 계신지를 말하고,
>
> 여덟째, 세 번 법회에 대중이 늘고 주는 일에 대하여 말하고,
>
> 아홉째, 도심을 일으킨 시기가 언제인가를 말하고,
>
> 열째, 부처님이 과위를 얻는 전후에 관하여 말하겠다.

이 중에서 첫 번째 의제와 여섯째 논제에 관하여만 본문을 요약해서 인용한다.

"먼저 이 경의 대의를 말하겠다. 대저 미륵보살님의 법력은 어떤 것인가? 그 멀고 가까움을 헤아릴 수 없고, 깊고 얕음을 짐작할 수 없으며, 시작도 없고 끝남도 없고, 마음도 아니고 물질도 아니므로 하늘과 땅의 힘으로도 그 공을 다 헤아릴 수 없고, 우주의 공간과 시간을 다하여도 그 덕을 받아들이기에는 부족한 바가 있다. 실로 미륵보살이 중생을 위하는 오묘한 힘은 소승의 여덟 성현(八聖)의 지혜로 엿볼 수 없고, 불보살의 일곱 가지 변재(七辨)로도 그 극치를 다 말할 수 없다."

"여섯째로 이 세상에 출현하는 시기를 말하겠다. 미륵부처님께서 어느 시절, 어느 때에 이 세상에 출현하시는가를 밝히자는 것이다. 어느 겁에 출현하시는가? 제10겁에 출현하실 것이다. 그것은 장론(藏論)에서 분명하게 말해주고 있기 때문이다. 곧 「20주겁(住劫) 가운데 다섯 부처님이 출현하시는데, 처음의 5겁 동안에는 부처님이 출현하시지 않는다. 제6겁 때에 구류손(俱留孫)부처님이, 제7겁 때에 구나함모니(拘那含牟尼)부처님이, 제8겁 때에 가섭(迦葉)부처님이, 제9겁 때에 석가모니부처님이, 제10겁 때에 미륵부처님이 출현하신다. 그 뒤로 10주겁 동안에는 부처님의 출현이 없다… 등등」두루 말씀하신 것이 그것이다. (중략) 그러므로 많은 사생(死生)을 지나서야 염부제에 오신다고 했지만 미륵보살의 도솔천에서의 주석은 한 생(一生)에 불과하므로, '한 생 있다 부처 이을 분'이라 한 것이다. 삼장법사(三藏法師)가 이렇게 풀이해 주었으므로 이 원리에 의하여 다른 경이나 논을 해설한다면 50여 억이라는 여러 가지 말들은 다 도솔천의 한 생에 해당하는 햇수이고, 보살이 상생하고 하생하는 사이에 꼭 그만한 연한이 걸린다는 말은 아니다."

미륵신앙의 특징

첫째, 미륵신앙은 타력이 아닌 자력에 의해 실현하고자 하는 신앙이다.

미륵삼부경에는 "이 도솔천에서 태어나 미륵의 제자가 되고자 하는 이는 미륵보살의 이름을 듣고 염불하고 발원하면, 목숨을 마치는 동시에 미륵보살의 도솔천에 왕생한다."고 설한다. 또 "인간세계에 삼독이 사라지고 모든 번뇌가 사라지면 전륜성왕이 나타나 천하를 다스리는 때에 미륵보살이 하생한다"라고 설한다. 따라서 미륵신앙은 막연히 미륵불을 기다리는 타력신앙이 아니라 적극적이고 실천적인 노력에 의해 이루어지는 자력신앙인 것이다.

둘째, 미륵신앙은 천상의 정토와 지상의 정토라는 두 개의 정토를 구현하고자 하는 신앙이다.

아미타불의 극락정토는 사후 왕생에 의해 도달하는 곳이다. 그러나 도솔정토는 미륵이 하생하여 성불하면 염부제 내에 용화세계라는 새로운 정토가 지상에 생겨나는 것이므로 천상과 지상에 각기 다른 정토가 출현하는 것이다.

셋째, 미륵신앙은 차방정토를 실현하는 현세적인 신앙이다

미륵부처님의 하생이 56억년 이후에 이루어진다고 하지만, 불자들의 마음속에는 많은 사람들의 염원이 모이게 되면 바로 실현될 수

있다는 굳건한 믿음이 있다. 그렇게 되면 미륵정토는 현세에 사바세계에 이루어지게 되는 것이다.

넷째, 미륵신앙은 미래지향적인 신앙이다.

미륵신앙은 석가모니불이 주재하는 당대의 사바세계가 끝나면 미륵불이 주도하는 용화세계가 이어서 온다는 신앙이다. 석가모니불이 이미 불도를 이룬 완성자라 한다면, 미륵불은 아직 이루어지지 않은 미완성의 부처라는 점에서 미래지향적 성향이 강하다.

다섯째, 미륵신앙은 집단적인 성취를 목표로 하는 신앙이다.

미륵신앙은 용화세계의 주재자로서의 미륵불에 대한 추앙에 있는 것이 아니라, 모든 중생이 동시에 뜻을 이룬다는 사실에 더 큰 목표를 두고 있다. 그리하여 미륵불이 석가모니불이 미완성한 과업을 이어 받아, 중생을 고통의 세계로부터 해방시키는 용화세계를 이루어 내는 데에 신앙의 목표가 있는 것이다.

미륵신앙의 역사

1) 미륵신앙의 기원

아리안 족의 이동으로 일부는 현재의 이란 지역에 정착하였고, 일부는 인도 서북부에 정착한 사실은 전술한 바 있다. 두 지파는 이후에도 계속 교류하면서 상대방의 문명과 종교에 영향을 주고받았다. 미륵사상은 페르시아의 조로아스터교에서 발원하였다. 조로아스터교의 교리에 의하면, 인간의 영혼은 죽은 지 나흘째 되는 날 '친바트의 다리(Chinvat Peretum)' 앞에서 미트라(Mithra)에 의해 사자의 생전에 행한 행위에 대하여 심판을 받게 된다. 선한 영혼으로 판정되면 편안하게 다리를 건너 천국으로 인도되지만, 악한 영혼으로 판정되면 다리 밑의 지옥으로 떨어뜨린다.

조로아스터교의 '종말론과 구세주 사상'은 동서양 양대 종교로 이어졌다. 이 사상은 인도의 고대 종교인 '베다'로 연결되었고, 또한 유대교를 거쳐 기독교로 연결되었다. 조로아스터교의 미트라 신앙이 기독교에서는 메시아(Messiah)란 이름으로 나타났고, 인도의 종교인 힌두교와 불교에서는 미륵(Maitreya)이란 명칭으로 재현된 것이다. 불교의 유식사상을 개척한 3대 사상가 중의 한 명의 이름이 '미륵'인 것으로 미루어 보아 미륵신앙은 인도에서도 활발히 유포되었던 것으로 추정된다. 미륵신앙은 중국을 거쳐 한국과 일본에 유입되었다.

2) 삼국시대의 미륵신앙

고구려에서는 죽은 어머니가 미륵삼회에 참석할 수 있도록 발원하는 미륵불상을 조성한 사실이 확인되고는 있으나, 미륵신앙이 가장 활발하였던 국가는 백제였다. 백제 성왕은 미륵불상을 일본에 전해주기도 하였고, 무왕 때에는 삼국 제일의 대가람인 익산 미륵사를 창건하였다. 미륵사지에 위치한 서탑(국보 제11호)은 일제강점기 시 붕괴 위험을 이유로 시멘트로 보강하여 문화재 가치가 손상되어 있었는데, 1998년부터 20년에 걸친 해체 복원공사를 마치고 2018년에 원형이 복원되었다. 김제에 위치한 금산사와 논산의 관촉사는 우리나라에 현존하는 대표적인 미륵 도량이다.

신라의 미륵신앙을 보여주는 대표적인 사례가 풍류도(風流道)이다. 신라 최초의 사찰인 흥륜사의 진자(眞慈) 스님은 미륵불이 화랑으로 현신하여 이 나라에 출현해 주실 것을 발원하였다. 화랑과 미륵신앙과의 연관성을 시사하는 『삼국유사』의 이 기록은, 미륵신앙의 도움을 받아 부국강병을 이루고자 하는 신라인들의 염원을 보여주는 것이다. 이러한 신앙을 바탕으로 육성된 '화랑'들은 후에 삼국을 통일하는 밑거름이 된다.

삼국시대인 6세기 후반부터 많은 미륵 반가사유상이 석조 또는 금동불로 제작되었다. 경주 근교 단석산 마애불상군 중에 '미륵반가사유상'이라는 명문이 새겨진 석불이 처음 발견되었다. 그러나 미륵 불상의 백미는 국보 제78호와 제83호인 금동미륵보살반가사유상이다. 이것은 일본의 국보 제1호인 목조미륵반가사유상과 비교되면서 세계적으로 유명한 문화재가 되었다. 그러나 아쉽게도 삼국시대에 제작된 것으로 추정될 뿐 삼국 중 어느 나라에서 제작되었는지는 확인되지 못하고 있다.

3) 통일신라시대

통일신라시대의 대표적인 미륵 신봉자인 진표율사는 금산사를 중창하고 많은 미륵불상을 조성하여 호남지역의 미륵신앙 융성에 공헌하였다. 진표율사에 의해 주도된 미륵신앙은 국가차원에서 이끌었던 삼국시대와는 달리, 대중들 스스로에 의한 자발적인 신앙운동이

죽음에 대한 불교의 성찰

었다. 미륵의 용화세계를 현실에 구현하겠다는 열망은 통일신라 말기 사회적 혼란기에 더욱 깊숙이 민간에 퍼져나갔다. 이를 정치적으로 이용하여 자신이 미륵임을 자처하는 지도자가 후고구려의 궁예였다. 후백제를 세운 견훤 역시 민중들의 신앙을 이용하기 위해 선운사에 미륵 승려를 배출하기 위한 선불장(選佛場)을 개설하기도 하였다.

4) 고려시대

고려시대에 들어서서는 미륵신앙을 기반으로 하는 법상종이 선불교와 교종의 화엄종에 밀려 실체가 거의 사라졌다. 그러나 일부 사찰을 중심으로 미륵신앙은 민간으로 깊이 파고들었다. 그럼에도 고려 현종은 국가의 번영과 사직의 안녕을 기원하는 미륵보살회를 매년 개최하기도 하였다. 그리고 민간에 스며든 미륵신앙은 장승의 형태로 나타났다. 중기 이후에는 말세의식이 생겨나면서 미륵불이 땅속에서 솟구쳐 나오기를 기구하는 하체매몰불이 많이 만들어졌다.

5) 조선시대

조선시대에도 하층민을 중심으로 미륵신앙은 여전히 이어졌다. 지배층의 불교 억압과 불상 파괴에도 불구하고 미륵신앙을 가진 민중들은 끊임없이 미륵불을 만들어 치성을 드렸다. 숙종 14년에 일어난 승려 여환의 역모사건이 미륵신앙과 연관되어 있다. 그들은 '석가는 다하고 미륵이 나와 세상을 바꾼다'라고 하면서 세상을 뒤엎으려

하였다. 갑오농민전쟁 당시에도 동학교도들은 선운사 미륵마애불의 배꼽에서 비결을 꺼냈다고 하며 농민들을 선동했다.

6) 근·현대

근세에 들어서는 불교 밖에서 미륵신앙을 내세운 신흥종교가 등장한다. 대표적으로 증산교가 그러하다. 교주 강증산은 '내가 곧 미륵이니 나를 보려거든 금산사의 미륵을 보라'고 했다. 처음에는 교세가 상당하였는데 후계자들이 분열하면서 점차 소멸하였다. 그 후 강증산의 제자 김형열은 미륵불교라는 교파를 만들어 금산사의 미륵불을 증산의 영체로 하여 신봉하기도 하였다. 또 서백일은 용화교라는 새 종교를 만들어 금산사를 중심으로 한때 교세를 떨치기도 하였다. 이들의 미륵신앙은 불교 본래의 미륵신앙과는 다른 형태로 전개되었고, 당시의 암담한 현실에 불안해하는 민중들을 선동하여 일으킨 유사종교였다.

4. 관음신앙

관음신앙의 소의경전

불교의 주요 신앙인 정토신앙, 지장신앙, 미륵신앙은 소의경전으로 각각 3부경을 가지고 있다. 이에 비하여 관음신앙은 별도의 소의 경전은 없고 오직 『법화경』의 「관세음보살보문품」(이것을 분리하여 '관음경'이라고도 한다)이 있을 뿐이다. 그럼에도 관음신앙은 일반적으로 5대 신앙 중 두 번째에 위치해 있는데, 본서에서는 죽음의 문제를 다루는 관계로 마지막에서 다루고 있다. 그렇다고 관음신앙이 죽음의 문제와 관련이 없는 것은 아니다. 관세음보살은 중생이 살아있는 동안에는 어려운 처지를 듣고 보고 해결해 주지만, 죽을 때가 되면 그를 아미타불에 인도해 준다. 그렇기 때문에 관세음보살은 대세지보살과 더불어 아미타불의 협시보살이 되어 있다.

이 관음사상의 원천이 되는 『법화경』의 원제는 『묘법연화경(妙法蓮華經)』이다. 여러 종류의 한역본이 있으나 독자들은 구마라집의 번역본을 선호하고 애용한다. 『법화경』은 부처님 입멸 직전에 인도의 영축산(靈鷲山)이라는 산상에서 행한 설법을 기록한 경전이다. 총 28개의 품으로 이루어져 있는 이 경의 특징은 방편과 비유를 사용하여 불법을 설하고 있는 것이다. 이 경에 포함되어 있는 「관세음보살보문품」에서 관세음보살이 최초로 등장한다. 이 품이 없었다면 불교가 종교로 인정받기 어려웠을 것이라고 주장하는 학자도 있다. 『법화경』의 영축산 법회는 미술, 음악과 무용에도 많은 영향을 끼치고 있다. 법회를 그림으로 그린 '영산회상도'는 대부분 사찰에서 불상 후면의 후불탱화로 장식되어 있다. '영산회상'이라는 국악은 정악으로 연주되고 있고 이에 맞추어 '영산무'를 춘다. 전통적으로 한국에서는 깨달음의 실체를 밝히는 『화엄경』을 선호하는 반면, 일본에서는 믿음과 실천을 강조하는 『법화경』을 선호한다.

관음보살의 명호

무진의보살이 부처님께 "관세음보살은 어떻게 '관세음'이란 이름이 붙여지게 되었습니까?"라고 묻는 것으로 관음경은 시작된다. 이에 대해 부처님께서는 다음과 같이 대답하신다. "만일 한량없는 백천만억 중생들이 온갖 괴로움을 받을 적에 관세음보살이라는 이름을 듣고 오직 한마음으로 그 이름을 부르면, 관세음보살이 즉시 그 소리를 듣고 살펴서 모두다 그곳에서 해탈을 얻게 되느니라." 관음보살의 원명은 Avalokita-svara인데 이것을 최초로 번역한 축법호는 이를 광세음(光世音)보살로 번역하였다. 이후 구마라집은 이 경을 번역하면서 관세음(觀世音)보살로, 그리고 나중에 번역한 현장법사는 관자재(觀自在)보살로 각각 번역한 것이다. 우리 모두가 아는 『반야심경』은 현장법사가 한역한 인연으로 해서 「관자재보살 행심반야바라밀다시(觀自在菩薩 行深般若波羅蜜多時)」라고 기술하고 있다.

관음보살의 거처

『관음경』 자체에는 관음보살의 거주처가 나와 있지 않다. 다만 『화엄경』 「입법계품(入法界品)」에 관련된 구절이 있다. '선재동자(善財童子)는 문수보살의 안내로 53선지식(善知識)'을 찾게 되는데, 28번째로 남천축국의 보타락가산에서 관세음보살을 친견하고 법을 청하다.'라고 설시되어 있다. 현장의 『대당서역기』에 보면 '국남의 해변에 포달락가산이 있는데, 산길이 험하고 암골이 기묘하며 그 안에 못이 있어 대

죽음에 대한 불교의 성찰

하를 유출하여 남해로 들어간다. 이 못가에 석천궁이 있는데 이곳에 관자재보살이 살고 계시다'라고 쓰여 있다.

이로 인해 각 민족들은 자기 나라 바닷가 어딘가에 관음보살의 거처를 예외 없이 설정해 놓고 있다. 중국에서는 절강성 영파(寧波)의 주산열도에 보타락가산이 있다고 하였고, 일본에서는 나지산(那智山) 청안도사(靑岸渡寺)에 관음보살이 머물고 계시다고 한다. 그리고 티베트에는 바다가 없는 관계로 라싸에 있는 유명한 사원의 이름 자체를 '포탈라궁'이라 하고 있다. 우리나라에서는 양양 낙산사 홍련암, 강화 낙가산 보문사, 남해 금산 보리암을 3대 관음성지라 하여 참배객들이 몰리고 있다.

관음보살의 구원능력

『관음경』에는 대중의 마음을 사로잡을 만한 내용으로 가득 차있다. 온갖 곤경에 처해 있을 때 관세음보살만 생각하면서 그의 이름을 부르면 7난삼독(七難三毒)으로 불리는 곤경에서 벗어날 수 있다는 것이다.

첫째, 입(口)으로 관세음보살을 지성껏 부르면 일곱 가지 재앙을 면하게 된다.

큰 불길 속에 들어가게 되더라도 불이 그를 태우지 못하고(火難),

큰 홍수에 떠내려가게 되더라도 얕은 곳으로 이르게 되고(水難),

큰 바다에 들어갔다가 폭풍이 일어나 표류하더라도 벗어나게 되

고(風難),

흉기에 상해를 입게 되었을 때 칼과 몽둥이가 부러져 위험에서 벗어나게 되고(刀杖難),

야차와 나찰들이 와서 괴롭히려 하더라도 악귀들이 해치지 못하고(鬼難),

쇠고랑을 차고 칼을 쓰고 몸이 묶이었더라도 그것들이 모두 끊어지고 부서져서 곧 벗어나게 되고(枷鎖難),

무서운 도적들이 우글거리는 험한 길을 지나가더라도 도적들로부터 벗어나게 된다(怨賊難).

둘째, 마음(意)으로 관세음보살을 지성으로 생각하면 삼독(三毒)의 독소가 녹아내린다.

음욕(淫慾)이 많은 자가 관음을 생각하면 청량을 얻을 수 있고,

분노를 주체하지 못하는 자가 관음을 생각하면 기쁨을 얻을 수 있고,

어리석음이 많은 자가 관음을 생각하면 지혜를 얻을 수 있다.

셋째, 몸(身)으로 예배하고 공양하면 훌륭한 자녀를 얻게 된다고 하였다. 복덕과 지혜를 갖춘 아들을 원할 때나 단정하고 잘생긴 딸을 원할 때나 예배하고 정성으로 공양하면 뜻을 이룰 수 있다.

관음신앙의 전래

프랑스에서 비교종교학을 연구하는 민희식 박사는 그의 저서 『법

화경과 신약성서』에서 관음보살은 페르시아 조로아스터교의 성스러운 물의 여신이자 풍요의 여신인 「아나히타(Aredvi Sura-Anahita)」에 그 뿌리를 두고 있다고 주장한다. 우선 관음보살상은 머리 위에 화불(化佛) 또는 천관(天冠)을 쓰고 손에는 나뭇가지와 물병을 들고 있는데 그 모습은 물의 여신 아나히타와 일치한다는 것이다.

인도 북서부에 위치하여 동서 문화의 교차로에 놓여 있었던 간다라(Gandhara, 현재 인도의 페사와르 지역)는 지리적으로 페르시아에 인접하여 조로아스터교의 영향권에 있었다. 조로아스터교의 아나히타 여신이 간다라 지역에서는 나나야(Nanaya)여신으로 정착되었다. 동아시아의 관세음보살상에서도 나뭇가지와 물병 또는 물을 쏟아 내리는 형상으로 묘사된다. 물의 신이 아닌 관세음보살이 버들가지를 들고 있는 모습, 특히 수월관음이나 양류관음으로 묘사되고 있는 점은 바로 관세음보살의 원형이 물의 여신인 아나히타라는 사실을 입증하고 있다는 것이다.

관음보살과 아미타불의 관계

『관세음보살수기경(觀世音菩薩授記經)』에서는 아미타불과 관세음보살 그리고 대세지보살과의 연관성에 대해 설명해 주고 있다. 오래 전에 서방의 무량덕취안락국에 위덕(威德)이란 왕이 두 아들을 두었는데 이름을 보의(寶意)와 보상(寶上)이라 하였다. 이들이 자라서 보의는 지금의 관세음보살이 되었고 보상은 대세지보살이 되었다고 한다. 이후 한량없는 겁을 지나 아미타불께서 열반에 드실 때, 관세음

보살은 성불하여 보광공덕산왕여래(寶光功德山王如來)가 되고, 대세지
보살은 성불하여 선주공덕보왕여래(善住功德寶王如來)가 되는 것으로
수기를 주셨다는 것이다. 관세음보살과 아미타불과의 관계는 관세음
보살의 역할에도 영향을 미친다. 관세음보살만큼 중생에게 적극적
이고, 실제적이며 활기 있게 구제의 모습을 보여주는 불보살은 없다.
구제의 모습은 거기에서 끝나는 것이 아니라, 중생이 생을 마감할 때
에는 아미타불에게 인도하여 악도에 떨어지지 않도록 끝까지 구제의
손길을 멈추지 않는 것이다.

관음보살의 여러 가지 모습

『관음경』에서는 세존께서 무진의보살의 질문을 받고, 관세음보살
이 여러 가지 모습으로 나타내어 설법하는 모습을 설하셨다.

"선남자야, 만일 어떠한 국토의 중생으로서, 마땅히 부처님의 몸으
로 제도해야 할 이에게는 관세음보살이 곧 부처님의 몸을 나타내어
설법을 하고, 벽지불의 몸으로 제도해야 할 이에게는 벽지불의 몸을
나타내어 설법을 하며…"

이와 같이 33개의 모습을 나타내어 설하시는 것을 일컬어 33응신
설(應身說)이라 한다. 이것은 『능엄경』의 32응신설과 비교되어 논의된
다. 그러나 32나 33 등의 숫자는 별 의미가 없고, 관세음보살이 시간
과 장소에 구애됨이 없이 어느 때 어느 곳에라도 중생이 원하는 모습
으로 나타나신다는 것을 강조하는 의미가 있다. 이 세상 모든 곳에
관음의 모습이 함께 하고, 이 세상 어느 것 하나 관음의 응신이 아닌

죽음에 대한 불교의 성찰

것이 없다는 것이다. 이후 인도에서 밀교의 영향을 받아 관음의 분화가 이루어진다. 관음의 본래의 모습은 성관음으로 변화하고, 관음보살의 능력에 따른 영역별 소관에 따라 6개의 관음으로 분화가 이루어진다.

성관음(聖觀音, Aryavalokitesvara)

성관음보살은 수많은 관음보살의 기본형으로 일반적으로 관세음보살이라고 할 경우 이 관음을 말한다. 따라서 대부분의 사찰에서 모시고 있는 관음보살은 성관음이다. 이 보살은 왼손에 봉우리 상태의 연꽃을 들고, 오른손에는 감로수 병을 들고 있다. 왼손에 들고 있는 연꽃은 모든 중생이 본래부터 갖추고 있는 불성을 상징한다. 활짝 핀 연꽃이 아닌 봉우리 상태의 연꽃은 불성이 아직 개발되지 않은 것을 상징한다. 오른손에 들고 있는 감로수는 정혜수(定慧水)를 뜻하는데, 육신을 잘 다스려 선정과 지혜를 닦으면 번뇌를 없게 해주는 법수가 생겨난다는 것이다. 그리고 관세음보살이 쓴 보관 중앙에는 아미타불이 새겨져 있는데, 이것은 아미타불을 근본스승(本師)으로 삼아 지극히 모신다는 것을 조형화한 것이다.

천수관음(千手觀音, Sahasrabhuja Avalokitesvara)

본래 이름은 천수천안(千手天眼)관세음보살이다. 천 개의 손과 천 개의 눈을 가진 관세음보살이라는 것이다. 관세음보살의 대자비가 한량이 없고 다양한 방편으로 중생을 구제한다는 것을 의미한다. 『천수천안경』에 의하면 관세음보살이 신묘장구대다라니를 들고 감

● 철조천수관음상(프랑스 기메박물관)

죽음에 대한 불교의 성찰

동하여 '일체 중생에게 이익과 안락을 주기 위해 이 몸에 천수천안이 생겨나게 해 주소서'라는 서원을 세웠는데, 그 서원이 이루어져 천수천안이 생겼다는 것이다. 천수관음을 탱화로 모실 때는 천 개를 다 묘사하지만 조각상으로는 42개만을 묘사한다. 그 이유는 2개의 손은 합장한 손으로 원래 가지고 있는 것이므로 제외하고, 40개의 손과 윤회의 범주에 속해 있는 25개의 세계를 곱하면 천이라는 숫자가 나오는 까닭이다.

십일면관음(十一面觀音, Ekadasa-mukha Avalokitesvara)

『십일면관음신주심경』에 의거하여 생겨난 신앙이다. 십일면관음은 죄를 소멸하고 복을 주며 병을 낳게 해주는 절대적인 능력을 가지고 있다고 한다. 머리에는 열한 가지의 모습을 하고 있고 손에는 감로병과 염주를 쥐고 있는 경우가 일반적이다. 11면의 모습은 자비희사(慈悲喜捨) 사무량심(四無量心)을 나타낸다. 사무량심은 한량없는 자비의 마음이다. 선한 자에게는 자애로운 모습(삼면의 자상)으로, 악한 자에게는 악을 뿌리 뽑기 위해 분노하는 모습(3면의 진상)으로, 정업을 닦은 자에게는 기뻐하고 환희하는 모습(3면의 백아상출상)으로 나타내는 것이다. 그러나 결국은 자심(慈心)과 비심(悲心)과 희심(喜心)을 넘어서는 사심(捨心)을 통해 무아의 진리를 전하는 모습(1면의 폭대소상)을 통해 가르치고 있다. 이러한 과정을 거쳐야 부처의 경지에 이를 수 있다는 사실을 마지막의 부처의 모습(정면의 佛面)을 통해 보여주고 있다.

준제관음(准提觀音, Cundi Avalokitesvara)

준제관음보살은 청정한 모성을 상징하는 보살이다. 『천수경』에서는 칠구지불모(七俱胝佛母) 대준제보살이라고 숭모하고 있다. 이것은 7억 부처님의 어머니라는 뜻으로 모든 부처님의 모체가 되는 이 보살의 공덕이 광대무변하다는 것을 의미한다. 그 형상이 세 개의 눈과 여러 개의 팔로 표현된다. 세 개의 눈은 중생의 세 가지 장애인 미혹(惑), 죄업(業), 괴로움(苦)이 일어나지 않도록 항시 감시한다는 의미이다. 준제관음보살은 중생의 기도소리를 들으면 세상에 나타나 중생의 재앙을 없애주기도 하고, 소원을 성취시켜 주기도 하며, 수명을 연장시켜 주기도 한다. 특히 지식을 구하는 이에게는 그 원을 성취시켜주고, 깨달음을 구하는 이에게는 깨달음을 이루도록 도와준다고 한다.

여의륜관음(如意輪觀音, Cintamanicakra Avalokitesvara)

여의륜관음은 여의주와 법륜을 지니고 자비와 지혜를 베푸는 보살이다. 부귀와 권력, 지혜의 모든 염원을 성취시켜 주시는 보살로 신앙되고 있다. 곧 여의륜보살은 세간의 소망과 출세간의 염원을 동시에 만족시켜 주시는 분이다. 세간의 소망은 돈·권력·명예가 될 것이고, 출세간의 염원은 복덕과 지혜일 것이다. 여의륜관음은 팔이 여섯 개인 육비좌상(六臂坐像)으로 모셔지는 것이 일반적이다. 보통 오른쪽 첫째 손은 뺨에 대고 중생구제의 생각에 잠겨 있고, 둘째 손은 여의보주를, 셋째 손은 염주를 잡고 있으며, 왼쪽 첫째 손은 앉아 있는 산을 누르고, 둘째 손은 연꽃을, 셋째 손은 법륜을 쥐고 있는

죽음에 대한 불교의 성찰

경우가 많다. 이 여섯 개의 팔은 육도를 윤회하는 중생들에게 육바라밀의 수행의 길로 인도한다는 의미가 담겨 있다.

마두관음(馬頭觀音, Hayagriva Avalokitesvara)

마두관음보살은 분노의 모습을 하고 있으며, 머리 위에는 말머리 상이 장식되어 있다. 일반적으로 관세음보살은 자비로운 모습을 하고 있는데 성난 얼굴을 하고 있는 것은 악을 굴복시키고 마장(魔障)을 깨부수기 위한 방편이다. 마두를 장식하는 까닭은 고대 인도의 전륜성왕(轉輪聖王)이 탄 말이 사방을 누비며 적을 굴복시킨 것처럼, 생사의 대해를 누비면서 악한 마음들을 신속하게 깨뜨려서 대자비를 실천하는 모습을 상징한다.

불공견삭관음(不空羂索觀音, Amoghapasa Avalokitesvara)

불공견색관음보살은 고대 인도의 수렵기구인 견삭을 가지고 아무리 극악무도한 중생이라도 남김없이 구제하는 보살이다. 번뇌의 사바세계에 그물을 널리 펼쳐 중생을 두루 구해내고, 생사윤회의 고해에 낚싯줄을 드리워 중생을 건져낸다는 서원을 이름을 통해 나타낸다. 이 보살을 신봉하면 살아서는 병이 낫고 재물이 풍성해지며, 적과 악귀에 대한 두려움이 사라지고 다른 사람들로부터 존경을 받는 등 많은 공덕이 있다고 한다. 또한 죽을 때에 고통이 없고 죽은 후에는 이 보살의 인도로 극락정토에 왕생하는 이익을 얻는다고 한다. 이 보살의 형상은 한 얼굴에 팔이 네 개인 일면사비(一面四臂) 또는 삼면사비, 삼면팔비 등으로 묘사된다.

● 고려불화 수월관음도(가가미 신사)

　죽음에 대한 불교의 성찰

이상 살펴본 7관음 이외에 33관음상이 있다. 관음신앙이 인도에서 시작되어 중국을 거쳐 한국으로 오면서, 동양의 토착신앙과의 융화를 거쳐 33관음상이 만들어졌다. 각각의 관음상마다 별도의 조성 모델이 만들어졌는데 이 모델들을 수록한 책이 『불상도휘(佛像圖彙)』이다. 이 책은 1796년 발행된 책으로 5권으로 되어 있는데 작자는 미상이다. 우리나라에서는 33관음상 중에 양류관음(楊柳觀音), 백의관음(白衣觀音)과 수월관음(水月觀音)을 즐겨 그렸다.

이 중에 유명한 작품들로는 고려불화 '수월관음도'가 있다. '물방울 관음'이라는 별칭이 붙은 수월관음도(일본 센소지 소장)와 한국에 소재하는 수월관음도(아모레퍼시픽미술관 소장)는 가장 빼어난 작품이다. 고려불화가 세계적으로 유명한 것은 1000년의 세월을 걸치면서도 색상이 변하지 않은 특수성과 희소성 때문에 세계미술시장에서 값을 매길 수 없을 정도이다. 현재 남아 있는 고려불화가 160여 점 정도인데 대부분이 일본에 있고 미국과 유럽에 약 10점이 있다. 그리고 한국에는 최근에 많이 사들여서 고려불화 12점과 오백나한도 8점을 보유하고 있는데, 그중에 7점이 국보 또는 보물로 지정되어 있다.

관음기도

관세음보살을 마음 깊은 곳에서 감득하고 체험하는 것, 그것을 일러 관음관(觀音觀)이라고 한다. 관세음보살과 나 사이에 놓여 있는 울타리를 제거하고 관세음보살의 품에 안기듯 일체감을 체험하는 것이 관음관이다. 관세음보살을 객관적인 존재로만 보고 있으면 아무런 유대감이 생겨나지 않는다. 내 마음을 다스리고 끊임없이 정진하면서 관세음보살에게 닦아갈 때에 일체감을 느끼면서 그분의 가피(加被)를 느끼게 되는 것이다. 관음기도의 방법으로는 '관세음보살'의 명호를 외우고 예배·공경하는 칭명법(稱名法), 관세음보살의 서원과 능력을 기록한 경전을 읽고 새기면서 공경심을 느끼는 문명법(聞名法), 그리고 대자비를 행하시는 관세음보살을 간절히 생각하는 염성법(念聖法) 등이 있다. 이 중에서 자신에게 적합한 방법을 택하여 간절한 기도를 끊임없이 행한다면 반드시 응답을 받을 것이다.

부처님은 관세음보살에 대한 무진의보살의 질문에 답해, 다음과 같이 게송으로 말씀하셨다.

관세음보살의 이름을 듣고 모습을 보고
오직 한 마음으로 염하는 자는
모든 괴로움에서 벗어날 수 있느니라.
불구덩이에 빠져도 그 구덩은 연못이 되어 그 사람을 구하고,
바다에서 표류하거나 수미산 위에서 떨어뜨려도,
도적의 습격을 받아도, 처형당하게 되거나 쇠사슬에 묶여도,
관음의 힘을 믿으면 난을 벗어나게 되리라.
저주나 독약의 위험에서도 벗어나게 되리라.
관세음보살의 맑은 빛은 태양과 같은 지혜를 가지고
어둠을 없애고 온 세상을 비추리라.
모든 고뇌와 죽음 앞에서 인간이 의지할 수 있는 곳이
관세음보살이니라.

관세음보살은 모든 공덕을 갖추고

자비의 눈으로 사람을 보느니라.

그 덕은 바다보다 넓으니 땅에 머리 숙여 예배하라.

천수경

1) 천수경의 성립

관음신앙에 대한 개념을 도출한 경전이『법화경』이라면 그 실천 방법을 설명한 경전이『천수경(千手經)』이다. 말하자면 '관세음보살보문품'이 세속의 법률이라면 천수경은 분야별로 필요한 사항을 정한 시행령과도 같은 것이다. 한국불교에서 천수경은 불교문화의 저변을 차지하고 있는 중요한 경전이다. 이는 천수경이 독송용의 의식경전으로서 한국불교의 신앙의례를 담당하고 있기 때문이다. 그런데 문제는 현재 우리가 애경하는 천수경을 대장경에서 찾을 수가 없다는 것이다. 그러나 천수경이 대장경에 없는 것이 아니라 다른 이름으로 내장되어 있는 것이다. 광본천수경이라 불리는 원래의 천수경은 658년 가범달마가 번역한『천수천안관세음보살광대원만무애대비심다라니경(千手千眼觀世音菩薩廣大圓滿無碍大悲心陀羅尼經)』으로 대장경에 수록되어 있다. 이 경은 670년 경 의상대사가 귀국길에 가지고 오게 되어 우리나라에 유포되었다.

그러나 현재 한국불교에서 사용되고 있는 천수경은 원래 대장경 속에 포함되어 있는 약 18종의 천수경 류의 경전이 아니다. 그렇다면 현행 천수경은 언제 성립된 것인가. 속칭 약본천수경이라 불리는 이 천수경은 한국불교에 의해 독자적으로 형성된 경전이라는 데 대해 이론이 없다. 이 경전의 성립은 500여 년 전부터 수많은 스님들에 의해 시대정신을 반영하여 꾸준히 형성되어 온 것이다. 안진호에 의해 편찬된 『석문의범』에 천수경 전문이 실려 있는데 현재 유통되고 있는 내용과 다르지 않다. 그런데 책에 실려 있는 경문이 최초 발간 당시인 1935년부터 그대로 실린 것인지, 이후의 증보과정에서 바뀐 것인지는 확실하지 않다. 학계에서는 현행 천수경이 1950년경에 현재의 모습으로 굳혀진 것으로 보고 있다.

2) 천수경의 구성

『천수경』(천수천안관자재보살광대원만무애대비심대다라니)은 서분(序分), 정종분(正宗分) 그리고 유통분(流通分)의 3단으로 이루어져 있다.

① 서분 : 경을 열어 보임
  - 정구업진언(淨口業眞言)
  - 오방내외안위제신진언(五方內外安慰諸神眞言)
  - 개경게(開經偈)
  - 개법장진언(開法藏眞言)
② 정종분 : 관세음보살의 설법
  - 계청(啓請)
  - 십대원(十大願)

죽음에 대한 불교의 성찰

- 육향육서(六向六誓)

- 관음 11명호(名號)

- 신묘장구대다라니(神妙章句大陀羅尼)

- 사방찬(四方讚)

- 도량찬(道場讚)

- 참회게(懺悔揭)

- 참죄업장십이존불(懺除業障十二尊佛)

- 십악참회(十惡懺悔)

- 이참(理懺)

- 참회진언(懺悔眞言)

③ 유통분 : 유포하고 가르치도록 부촉

- 준제진언 계청(准提眞言啓請)

- 네 가지 진언

- 여래십대발원문(發願文)

- 발사홍서원(發四弘誓願)

- 발삼귀의(發三歸依)

- 네 가지 진언

3) 천수경 구성의 문제점

천수경은 구성과 내용에 오류와 불완전성이 많은 경전이다. 우선 경전의 구성이 전항에서 설시한 바와 같이 질서 정연하게 되어 있지 않다. 시중에 유통되는 천수경전을 보면「천수천안관자재보살광대원만무애대비심대다라니 계청」이라는 제목 하에 ① 계청 ② 10대원 ③ 육향육서 ④ 관음11명호 등이 구분되어 있지 않고 연이어 서술되어 있다. 많은 불자들은 이 제목 하에 네 개의 별도의 경제(經題)가 포함되어 있다는 사실을 인지하지 못하고 무조건 염송하고 있는 것이다. 이러한 사실을 인지하지 못한 채 경의 정확한 내용을 이해하기는 어려운 것이다.

또 하나의 의문점은 경의 내용 중 필요성에 의문이 제기되는 경문이다. 그 대표적인 사례가 「참제업장십이존불」이다. 한 번도 들어 본 적이 없는 긴 이름의 부처님 이름이 열두 분이나 나열되어 있다. 이 부분은 불자들이 경전을 염송하는 경우에나 사경하는 경우에 곤혹스러움을 느끼게 한다. 앞으로 천수경을 수정할 수 있는 기회가 생긴다면 당연히 삭제하는 것이 옳다고 본다.

4) 신묘장구대다라니

신묘장구대다라니는 천수경의 핵심이다. 상당히 긴 문장임에도 불구하고 신실한 불자들은 이를 다 외운다. 이 다라니를 외우고 못 외우는 것을 보고 불자들의 신심을 점치기도 한다. 그런데 이 다라니에는 두 가지의 문제점이 있다.

첫째, 진언 문자의 오류가 너무나 많다는 것이다. 이 다라니가 처음 한반도에 들어온 것은 천여 년 전쯤 될 것이다. 아마도 그 당시에는 이 다라니의 원문이 산스크리트어로 되어 있다는 사실조차 모른 채, 한문을 한글로 옮기다 보니 발음의 오류와 띄어쓰기의 오류가 부지기수가 된 것이다. 요즈음에 쉽게 구할 수 있는 산스크리트 원문과 비교해 보면 너무나 많은 오류를 발견할 수 있다. 여기에 대해 두 가지 의견이 엇갈린다. 하나는 지금이라도 산스크리트 원본에 맞추어 수정해야 한다는 의견이 있는 반면에, 다른 하나는 진언의 속성에 따라 그대로 두어야 한다는 의견이다. 진언은 오묘한 힘을 가진 신통한 주문이기 때문에 발음 하나하나에 신경 쓸 이유가 없다는 것이다. 그것이 설사 원문과 차이가 있다 하더라도 우리 민족이 천여 년에 걸쳐 마음을 다해 기도한 주문이라면 거기에 이미 신통력이 배어 있다는 것이다. 어느 것이 옳은지는 독자 여러분이 판단할 일이다.

둘째, 다라니의 내용에 대한 해석이 가지각색이다. 모든 해설서의 해석 내용이 각기 다르다. 이것은 바로잡아야 할 필요가 있다고 본다. 어느 권위 있는 기관에서 여러 의견을 모아 표준이 되는 해설문을 제시한다면 이것을 공부하고 신봉하는 사람들에게 큰 도움이 되리라고 본다. 본서에서는 앞으로 표준 해설문 입안 시 참고를 위해 다음과 같은 해설문을 제시하고자 한다.

삼보님께 귀의합니다.
거룩하신 관세음보살님께 귀의합니다.
마하살이시여, 대비주님이시여,
일체의 두려움을 없애주시는 님에게 귀의하오니,
성관음이시여, 위대한 힘을 보여주소서.
목에 푸른 장식을 하신 그 모습을 찬양합니다.
중생을 이롭게 하시는 그 마음으로

윤회의 길을 청정하게 인도하여 주소서.

세간을 초월하여 광명과 지혜를 갖추신 님이시여,

중생을 피안으로 인도하시는 대보살님이시여.

마음에 새기고 또 새기고자 하오니

쌓여 있는 업장을 소멸하게 하소서.

반야의 대해를 건너신 승리자이시여,

피안에 이를 수 있도록 지켜주소서.

청정하고 원만한 님이시여,

탐욕의 독을 없애 주시고

분노의 독을 없애 주시고

어리석음의 독을 없애 주소서.

번뇌를 초월하신 연화성존이시여,

두려움 없이 나아갈 수 있도록 감로수를 베푸소서.

자애로운 청경성존이시여,

애욕을 떨쳐버리도록 힘을 주소서.

깨달음을 얻은 관음이시여, 경배 드립니다.

대각의 경지에 오른 관음이시여, 경배 드립니다.

요가수행을 마친 관음이시여, 경배 드립니다.

목에 푸른 장식을 한 관음이시여, 경배 드립니다.

멧돼지 형상과 사자 형상을 한 관음이시여, 경배 드립니다.

손에 연꽃을 든 관음이시여, 경배 드립니다.

큰 법륜을 굴리는 관음이시여, 경배 드립니다.

소라로 법음을 내는 관음이시여, 경배 드립니다.

죽음에 대한 불교의 성찰

상서로운 병을 손에 든 관음이시여, 경배 드립니다.

오른쪽 어깨에 상서로운 상을 갖춘 관음이시여, 경배 드립니다.

호랑이 가죽을 두르고 명상하는 관음이시여, 경배 드립니다.

불·법·승 삼보님께 다시 한번 귀의합니다.

거룩하신 관세음보살님께 다시 한번 귀의합니다.

5. 약사신앙

소의경전

약사신앙의 소의경전은 『약사유리광여래본원공덕경(藥師琉璃光如來本願功德經)』이다. 약칭하여 『약사여래본원경』 또는 『약사경』이라 부른다. 이 경의 산스크리트어 원본은 전해지지 않지만 여러 번에 걸쳐 한역이 이루어졌는데, 그 종류가 다섯 가지가 된다. 그것은 동진의 백시리밀다라(帛尸梨蜜多羅) 역(322), 송의 혜간(慧簡) 역(457), 수의 달마급다(達磨笈多) 역(615), 당의 현장(玄奘) 역(650), 의정(義淨) 역(707) 등이다. 한글 번역본으로는 법정스님이 현장 본을 저본으로 하여 『약사경』을 1969년에 출간하였고, 선문출판사에서는 1990년에 달마급다 본을 저본으로 하여 『약사여래본원경』을 출판하였으며, 광릉사에서도 1995년에 달마급다 본을 저본으로 하여 『약사경』을 출간하였다.

유리광정토

약사경의 특징은 현세의 이익을 말하고, 약사여래의 거처인 유리광정토에 왕생하기를 권장하면서도, 극락정토의 왕생도 거부하지 않는다. 이러한 이유로 해서 약사신앙이 미타신앙에 비하여 대중적인 관심이 적은 것이 아닌가 생각된다. 우리나라에서 아미타불에 대한 신앙이 워낙 크다 보니 약사신앙은 상대적인 피해를 보아왔다는 생각도 든다.

약사경에서는 유리광(琉璃光)정토의 모습을 다음과 같이 설명한다.

"저 불국토는 항상 깨끗하고 여인의 형체가 없어서 모든 욕심의 악으로부터 벗어나며, 또한 일체 악도의 고통소리가 없다. 유리의 땅으로 되어 있고 금줄로 길을 구별하고 있으며, 성·대궐·담장·문·창·기둥·대들보·서까래가 비단 그물로 드리워져 있는데, 모두 칠보로 되어 있어 극락세계의 장엄과 다름이 없다. 이 나라에는 두 분의 보살 마하살이 있는데, 한 보살의 이름은 일광(日光)이고 또 한 보살의 이름은 월광(月光)이다. 이들은 그 나라의 수많은 보살들 가운데 으뜸으로서, 약사유리광여래의 올바른 가르침을 받들어 그곳의 중생들을 교화하고 있다."

약사여래의 12대원

약사유리광여래께서 처음 발심하여 보살도를 행할 때에 다음과 같은 '열두 가지의 큰 원'을 세우셨는데 그 내용은 다음과 같다.

- 내가 내세에 보리를 이룰 때에, 내 자신으로부터 나오는 광명이 온 누리를 비추고, 내 몸을 장엄하게 꾸민 뒤에는 일체중생도 나와 똑같이 꾸미게 하리라.
- 내가 내세에 보리를 이룰 때에는, 몸은 유리처럼 안팎이 투명하고 깨끗해서 광명이 눈부시고 일월처럼 찬란해서, 저승의 중생들이 이 빛을 받아 모두 교화를 하여 마음먹은 대로 이루게 하리라.
- 내가 내세에 보리를 이룰 때에는, 한량없고 끝없는 지혜 방편으로써 모든 중생들로 하여금 소용되는 물건들을 마음껏 얻게 하여 모자람이 없도록 하리이다.
- 내가 내세에 보리를 이룰 때에는, 삿된 길을 가는 중생이 있으면 모두 보살도 안에 편안히 머물게 하고, 성문(聲聞)이나 연각(緣覺)을 행하는 이에게는 모두 대승의 길로 인도하리라.
- 내가 내세에 보리를 이룰 때에는, 중생들에게 범행(梵行)을 닦게 하고 계율을 파괴하는 일이 없게 하여 악도에 떨어지지 않게 하리이다.
- 내가 내세에 보리를 이룰 때에는, 중생들의 몸이 나약해서 육근이 갖추어져 있지 않거나 정신이상 등 온갖 불구의 몸이라도, 내 이름을 들으면 모든 기관이 온전하게 되고 병고가 없게 하리이다.
- 내가 내세에 보리를 이룰 때에는, 중생들에게 여러 가지 병이 달라붙어 가난 속에서 괴로움을 받을 때에라도, 내 이름을 한 번 들으면 병이 다 낫고 몸과 마음이 안락하여지리이다

- 내가 내세에 보리를 이룰 때에는, 만약 어떤 여인이 여성이라는 이유로 백 가지 어려운 일 때문에 생을 포기하고자 할 때에라도, 내 이름을 한 번 듣기만 하여도 남자로 몸이 바뀌어 장부의 모습을 갖추게 하리이다.
- 내가 내세에 보리를 이룰 때에는, 중생들로 하여금 악마의 그물에서 벗어나고 외도의 속박에서 벗어나 바른 생각을 갖게 하여 보살행을 닦아 깨달음의 길로 인도하리이다.
- 내가 내세에 보리를 이룰 때에는, 만약 중생들이 국법을 어기고 옥에 갇히어 심신이 괴로울 때 내 이름을 들으면 근심과 괴로움에서 벗어나게 하리이다.
- 내가 내세에 보리를 이룰 때에는, 만약 중생들이 기갈에 못 견디어 먹을 것을 얻으려고 나쁜 짓을 하려 할 때에 내 이름을 듣고 일심으로 생각하면, 먼저 맛있는 음식으로 포식하게 하고 다음에는 '법의 맛'으로 안락을 얻게 하리라.
- 내가 내세에 보리를 이룰 때에는, 중생들이 가난에 헐벗고 추위와 더위로 밤낮으로 괴로움을 받을 때에 내 이름을 듣고 일심으로 생각하면, 좋은 옷을 얻게 되고 마음대로 즐겨 모두 만족하게 하리이다.

중생의 일탈과 구원

어떤 이들이 선악을 알지 못하고, 욕심만 내고 남에게 은혜를 베풀지도 모르며, 어리석고 무지하여 믿음이 없으며, 재산을 모으고

죽음에 대한 불교의 성찰

지키는 일에만 급급할 뿐 남에게 나눠주는 데 인색하다면, 그는 죽어서 아귀세계나 짐승세계에 태어날 것이다. 그러나 그가 과거 인간세계에서 잠시라도 약사여래의 이름을 들은 적이 있어서 그 이름을 잠깐이라도 생각하게 되면, 생각하자마자 그곳에서의 생을 마치고 다시 인간세계에 태어나게 된다.

어떤 사람들은 여래를 받들어 가르침을 받아 간직한다 해도 계율을 깨뜨리고, 부처님 말씀을 잘 들으려 하지 않아 경전의 깊은 뜻을 알지 못하여 교만하고, 자기만 옳고 남을 그르다고 비방하여 중생들을 그릇된 생각에 빠뜨리게 하면, 결국에 많은 중생들과 함께 지옥에 떨어지게 될 것이다. 그러나 이들도 약사여래의 이름을 듣게 되면 곧 악행을 버리고 좋은 일들을 실천하게 되어 그곳에서 목숨을 마치고 인간세계에 태어나게 된다.

또 어떤 사람들은 질투심이 많아 남을 헐뜯으며 남을 업신여긴 까닭에 삼악도에 떨어져 굶주림과 목마름에 시달리면서 무거운 짐을 지고 일해야 하는 고통을 당하게 될 것이다. 그러나 옛날 인간으로 살 때 약사여래의 이름을 들은 적이 있다면, 그것이 좋은 인연의 뿌리가 되어 부처님의 위신력에 의지해 온갖 고통으로부터 벗어날 수 있다.

또 어떤 사람들은 분열을 좋아하여 서로 다투기를 일삼으며, 남을 괴롭히고 어지럽히며 손해를 입히고, 온갖 신들을 불러내어 제사를 지내며 남을 저주하는 못된 짓을 한다. 그러나 이들도 약사여래의 이름을 듣게 되면 지난 일들을 후회하고 오히려 서로 사랑하는 마음으로 돌아서게 된다.

●통도사 약사여래후불탱(경상남도 유형문화재 제419호)

죽음에 대한 불교의 성찰

약사여래의 공덕

선남자 선여인이 여덟 가지 재계(齋戒)를 1년간 혹은 3개월간 받아 지키며, 이 선행의 인연으로 부처님 계신 곳으로 가기를 원하는 이가 약사여래의 이름을 들으면, 목숨을 마칠 때 여덟 명의 보살이 허공에 나타나 그곳으로 가는 가까운 길을 보여 주어, 곧장 그 세계의 여러 가지 색깔의 연꽃 속으로 저절로 태어나게 될 것이다.

약사여래는 무상정등각(無上正等覺)을 얻었을 때, 애초에 세웠던 서원의 힘으로 모든 중생들을 살펴보고, 그들이 온갖 병고와 귀신들의 장난에 시달려 단명하거나 횡사하는 것을 알고, 이들의 병고를 없애 주고자 삼매에 들었다. 삼매에 들어가신 후 육계에서 큰 빛이 나오고 그 빛 속에서 위대한 진언이 흘러 나왔다. 이 진언이 끝나자 대지가 흔들리면서 광명이 나타났으며, 모든 중생들의 병고가 다 사라지고 안락하게 되었다.

병자를 위해 약사여래께 올리는 공양

환자를 병고에서 벗어나게 하려거든 그 사람을 위해 밤낮 동안 여덟 가지 재계를 받아 지키며, 음식을 비롯한 여러 가지 공양을 힘닿는 대로 부처님과 스님들께 올리며, 밤낮 여섯 차례 약사여래께 예배하며, 이 경전을 49번 읽고 외우며 49개의 등불을 밝혀야 한다. 공양자가 지켜야 하는 여덟 가지의 재계는 다음과 같다.

• 생명을 죽이지 않는다.

- 남의 것을 훔치지 않는다.
- 간음하지 않는다.
- 거짓말을 하지 않는다.
- 술 마시지 않는다.
- 사치하거나 음악을 즐기지 않는다.
- 높고 크고 호사한 자리에 앉지 않는다.
- 때가 아니면 먹지 않는다.

약사여래의 불상을 일곱 분 만들어 모시고 각 불상마다 그 앞에 일곱 개의 등불을 놓아야 하는데, 등불을 수레바퀴처럼 크게 만들어 49일이 다 되어도 빛이 다하지 않게 해야 한다. 그리고 길이가 49자 되는 비단 깃발을 만들어 걸어야 한다. 또 생명 있는 것을 49마리 놓아 주면 위기에서 벗어나 온갖 횡사나 악귀에게 휘둘리지 않게 될 것이다.

약사신앙의 특징

약사신앙은 미타신왕과 밀접히 관련되어 있다. 미타신앙이 서방 극락정토를 이상향으로 하고 있다면 약사신앙은 동방 유리광정토를 이상향으로 한다. 다만 미타신앙이 사후세계에의 왕생에 신앙의 목표가 세워져 있다면, 약사신앙은 사후세계에도 신앙의 목표가 미치긴 하지만 현재 중생들이 살아가는 사바세계를 신앙의 무대로 하고 있다는 점에서 차이가 있다.

죽음에 대한 불교의 성찰

● 관룡사 약사전 (보물 제146호)

약사신앙은 관음신앙과도 관련이 깊다. 관세음보살의 이름을 부르면 중생의 모든 소원이 이루어지는 것처럼, 약사여래의 이름을 듣고 외우면 아무리 어려운 환경에 처해지더라도 회생의 희망이 보이는 것이다. 망자의 수명이 다하는 순간 관세음보살의 이름을 부르면 극락정토로 인도하여 주는 데 반해, 약사여래의 명호를 부르면 본인의 희망에 따라 극락정토에도 갈 수도 있고 유리광정토에도 갈 수 있는 것이다.

약사신앙은 다른 두 개의 신앙에 비해 교리의 내용이 구체적이고 현실적이다. 약사신앙을 기복신앙이라고 매도하는 경향이 있는데, 이것은 경의 내용이 심오한 교리를 담기보다는 중생의 현실적인 욕구를 충족하려는 경향이 강하였기 때문이다. 중생이 한 생애를 넘어 가려면 생·로·병·사의 괴로움이 너무나 크다. 약사경은 이러한 고통을 덜어주려고 등장한 경전이다. 그렇다고 약사경이 불교적 수행과 깨우침에 대한 가르침에 소홀한 것은 결코 아니다.

신라 시대의 고승인 경흥(憬興)은 『약사경』을 풀이한 주석서 『약사경소(藥師經疏)』를 만들었는데, 현재 그 내용은 전해지지 않고 그 개요만 대각국사 의천(義天)이 편찬한 『신편제종교장총록(新編諸宗教藏總錄)』에 전한다. 약사신앙은 인도의 유식사상가들이 지은 약사경 주석서에 기반하여 유행되었는데, 이 주석서가 신라에도 들어와 신라불교에 영향을 끼쳤을 것으로 추정된다. 당시 신라에는 유식사상에 관심이 집중되어 있었는데, 이러한 배경에 의해 『약사경소』가 만들어졌고, 약사신앙이 신라불교의 주요한 흐름으로 자리 잡게 된 것이다.

불교의 신앙체계도

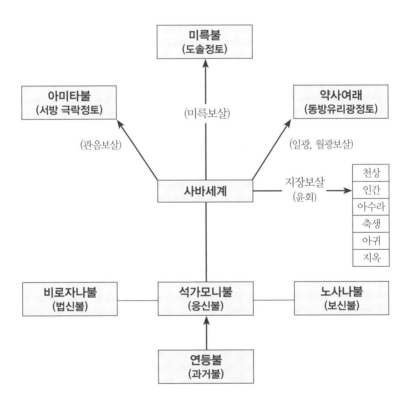

불교신앙별 사찰의 전각 및 문화재

신앙의 대상	전각의 명칭	협시불보살	장엄 불화	주요 문화재
석가모니불	대웅전, 대웅보전 영산전, 팔상전 응진전, 나한전	문수보살 보현보살	영산회상도 삼세불 탱화 삼제불 탱화 팔상도, 나한도	수덕사 대웅전(국보 제49호) 범주사 팔상전(국보 제55호) 통도사 대웅전(국보 제290호)
비로자나불	대적광전, 대광명전 대광보전, 대적전 비로전, 각황전	노사나불 석가모니불	삼신불 탱화	화엄사 각황전(국보 제67호) 마곡사 대광보전(보물 제802호) 기림사 대적광전(보물 제833호)
아미타불	극락전, 극락보전 무량수전	관세음보살 대세지보살	극락회상도	무위사 극락보전(국보 제13호) 봉정사 극락전(국보 제15호) 부석사 무량수전(국보 제18호)
약사여래	약사전, 유리전 유리보전	일광보살 월광보살	약사회상도	관룡사 약사전(보물 제146호) 전등사 약사전(보물 제179호) 송광사 약사전(보물 제302호)
미륵불	미륵전, 용화전	법화림보살 대묘상보살	용화회상도	금산사 미륵전(국보 제62호) 통도사 용화전(유형문화재)
관세음보살	관음전, 원통보전 보타전	남순동자 해상용왕	관세음보살도	개목사 원통보전(보물 제242호) 범주사 원통보전(보물 제916호)
지장보살	지장전, 명경전 명부전, 시왕전	도명존자 무독귀왕	지장보살도 지장시왕도	흥천사 명부전(유형문화재) 쌍계사 명부전(유형문화재)

죽음에 대한 불교의 성찰

9장

죽음에 대한 불교의 의례

1. 불교의 죽음관

초기불교의 죽음관

붓다의 말씀을 전하는 초기경전인 『잡아함경』에서는 죽음의 개념을 소박하게 정의하고 있다.

죽음이란 무엇인가? 중생들의 몸이 파괴되고 수명이 다하여 온기가 떠나고 생명이 소멸해서 몸을 버리는 때에 이른 것을 죽음이라 한다. 수명과 온기와 의식은 몸을 버릴 때 함께 버린다. 그 몸은 흙더미 속에 버려지고 마음이 없어 목석과도 같다. 이를 죽음이라 한다.

또한 초기경전 중에 빠알리어로 쓰여진 『맛지마니까야』에서는 죽음에 대해 다음과 같이 정의하고 있다.

사라짐, 없어짐, 부서짐, 나타나지 않음, 죽어감, 수명을 다함, 오온(五蘊)의 흩어짐, 몸의 버려짐, 이것을 죽음이라 부르느니라.

상좌부불교의 대표적인 이론서로서 최근에 대림스님에 의해 한글로 완역된 『청정도론』에서는 죽음의 형태를 세 가지로 분류한다.

첫째, '삼우체다-마라나'는 붓다나 아라한이 모든 번뇌를 소멸하여 윤회로부터 벗어난 상태에서 맞이하는 죽음을 의미한다.

둘째, '카니까-마라나'는 한 번의 생각이 일어나고 사라지는 것과 같이 순간적으로 일어나는 죽음을 의미한다. 이것을 '찰나생, 찰나사'라고도 표현하는데 우주론적인 입장에서 한 인간의 실체적인 죽음을 조명하는 것이다.

셋째, '삼무띠-마라나'는 언어를 통해 개념으로 설명하는 죽음을 의미한다. 이것은 실제의 죽음과 상관없이 우리의 개념을 통해 죽음을 인정하는 것이다.

부파불교의 죽음관

아비담마에서는 죽음이 도래하는 경로를 다음과 같이 네 가지 경우로 분류하고 있다.

- 수명이 다한 죽음
- 생산하는 업력이 다한 죽음
- 수명이 다하고 생산하는 업력이 다한 죽음
- 파괴하는 업이 끼어드는 죽음. 이것은 교통사고를 당하거나 자살하는 것과 같은 갑작스런 죽음을 말한다.

죽음에 대한 불교의 성찰

부파불교의 여러 교리들을 집대성한『아비달마대비바사론』에서는 사유설(四有說)로 죽음을 설명하고 있다. 불교는 개체적 삶이 시작되는 순간을 생유(生有)라 하고, 태어나서 죽기까지의 기간을 본유(本有)라 하며, 그 생이 끝나는 순간인 죽음을 사유(死有)라 하고, 사후부터 다시 태어나기까지의 기간을 중유(中有)라고 한다. 다시 말해 불교는 개체가 죽을 때 오온은 흩어져 멸하여도 그 개체가 지은 업의 힘이 업력으로 남아 그 다음의 오온을 형성하므로, 죽음을 단순한 끝이 아니라 과정의 하나로 보는 것이다.

생유 : 사대와 오온이 결합하여 태어남이 생긴다.

본유 : 생분(生分)과 사분(死分)을 제외한 중간의 모든 유이다. 이것을 본유라 하는 것은 지난날에 지었던 업으로 생겨나기 때문이다.

사유 : 사대와 오온이 흩어지게 된다.

중유 : 두 가지 유의 중간에 존재하면서 취(取)에 포섭되어 생겨난 오취온(五取蘊)이 아니면 중유라 한다.

이 사유설에 대해 대부분의 부파에서는 이를 인정하고 있으나 일부 부파(대중부, 화지부, 일설부)에서는 이를 인정하지 않고 있다. 이들의 주장에 의하면 체는 죽은 다음 찰나에 새로이 재생을 하기 때문에 중유를 인정할 수 없다는 것이다.

대승불교의 죽음관

대승불교는 부파불교 시대의 승가 중심의 불교와 교리 중심의 불교에 대한 반작용으로 일어난 종교혁명이었다. 그러나 대승불교는 부파불교의 논리체계를 벗어나지 못하고 이를 계승 발전시키는 데 그쳤기 때문에 그 수명이 오래가지 못하였다. 결국 대승불교는 분해하여 일부는 티베트로 들어가 밀교로 발전하였고 일부는 중국으로 건너가 선불교로 발전하면서 그 명맥을 유지하게 되었다.

티베트 밀교에서는 죽음에 대한 명상을 강조한다. 탄트라(tantra) 수행을 통해 수행자는 죽음을 관찰하는 능력을 갖추게 되어 죽음 이후에 무엇이 일어나는지를 알 수 있게 된다는 것이다. 이렇게 함으로써 수행자는 죽음의 과정과 중음에서 생기는 일, 그리고 재생으로의 연결과정에 대한 확신을 갖게 된다는 것이다. 이러한 일련의 과정을 통해 존재의 본성을 이해하게 되고 윤회를 극복할 수 있는 계기를 마련할 수 있다는 것이다. 이와 같이 티베트에서의 죽음의 명상은 죽음에 대비하는 준비과정이다.

중국에서의 불교는 인도로부터 건너온 달마(達磨)대사로부터 육조혜능(六祖惠能)을 거치면서 선불교를 탄생시킨다. 선불교는 이후 조사선, 묵조선, 간화선 등 여러 형태로 나뉘어 깨달음에 이르기 위한 수행 방식을 택하지만, 일관된 흐름은 생사일여(生死一如)의 죽음관이다. 태어나고 죽음이 마치 한 조각의 구름이 일어나고 사라지듯, 인연이 모이면 생기고 인연이 흩어지면 사라지듯 하나의 현상일 뿐, 기뻐하거나 슬퍼할 일이 아니라는 것이 선가의 생사관이다. 이는 중국의 불교가 도가사상을 받아들인 데서 비롯된 생사관이라고 생각된다.

죽음에 대한 불교의 성찰

2. 임종의례

불교에서는 임종 시 염불을 외운다. 임종염불은 죽음을 앞둔 이의 극락왕생을 위한 것이므로 기력이 남아 있는 한 병자 자신이 하는 것이 좋다. 병자 자신이 염불을 하게 되면 불안한 마음을 잠재우고 편안하게 임종을 맞이할 수 있다. 본인 스스로 '나무아미타불'을 열 번 외우면 십념왕생(十念往生)이라 하여 많은 악업을 쌓은 사람이라 하더라도 극락에 갈 수 있다는 믿음이 불자들에게 퍼져 있다.

그러나 병자가 기력을 잃어 자력으로 할 수 없을 때에는 주위에서 이를 도와주어야 한다. 가족이나 친지 등이 대신 염불을 하여 주면 병자에게 의식이 있던지 또는 무의식 상태라 하더라도 병자가 편안한 마음으로 임종에 임할 수 있다. 이것을 조념염불(助念念佛)이라 하는데 조념염불을 하여 한 사람을 정토에 왕생시키면 그 공덕으로 본인에게도 복전(福田)이 열린다는 것이다. 임종 시 주위 사람들이 주의해야 할 사항은 임종에 임박하여 병자를 옮기거나 울음소리를 내어 병자를 심란하게 하여서는 안 된다는 것이다.

최근 조계종에서 마련한 『불교 상제례 안내』에 의거한 임종의례의 개요는 다음과 같다.

1) 급박한 상황일 경우

지극한 마음으로 병자의 극락왕생을 기원하면서 '나무아미타불'을 외우는 임종염불만으로 족하다. 자신의 기도와 염불로 병자를 편안하게 좋은 곳으로 떠나보낼 수 있다는 확신을 가지고, 병자 가까이에 앉거나 서서 조용히 염불하되 병자에게 부담을 주어서는 안 된다. 병자가 숨을 거둔 이후에도 한동안 염불을 계속하는 것이 좋다.

2) 스님이 집전하는 경우

임종의 자리에서 병자를 좋은 곳으로 인도하는 스님은 현장의 형편을 고려하여 '삼귀의-반야심경-수계-법문'의 순서로 진행하거나, '독경-염불-극락세계발원문-사홍서원'의 순서로 진행한다. 수계는 계를 받음으로써 불법을 받드는 사람이 될 것을 서약하는 의식으로 삼귀의계와 오계를 주고, 연비를 한 뒤 법명이 없는 이에게는 법명을 준다. 상황에 따라 오계는 생략해도 좋고 보호자가 대신 답할 수도 있다. 숨을 거둔 뒤에 수계를 할 경우에는 삼귀의계와 오계 대신 무상계를 준다.

3) 재가불자가 집전하는 경우

스님을 대신하여 재가불자가 임종의식을 집전하는 경우에는 '삼귀의-반야심경-극락세계발원문-사홍서원'의 순서로 진행한다. 수계는 재적사찰에 연락하여 우편·메일·팩스 등으로 수계증을 받고, 시급한 상황에서는 전화로 법명을 받아도 무방하다. 연지대사가 지은 '극락세계발원문'은 상당히 긴 문장이기 때문에 시간이 촉박할 때에는

죽음에 대한 불교의 성찰

전문을 낭독하는 대신 다음과 같은 첫 문장만을 낭독할 수도 있다.

"극락세계에 계시며 중생을 이끌어 주시는 아미타불께 귀의하옵고, 그 세계에 가서 태어나기를 발원하옵나니, 자비하신 원력으로 굽어 살펴 주옵소서."

또한 상황에 따라 '삼귀의-수계-아미타염불-사홍서원'만 하는 것으로 간소하게 진행할 수도 있다.

4) 임종을 준비하는 지침

임종이 임박하면 병자에게 가장 편안한 방향과 자세로 모시되, 붓다의 반열반 자세처럼 머리를 북쪽으로 두고 극락정토를 상징하는 서쪽을 바라보도록 하면 좋을 것이나 꼭 고집할 필요는 없다. 병자 곁에 작은 불상을 모시거나 불화나 다라니를 그린 그림판을 비치하여도 좋을 것이다. 불화는 아미타불을 모시면 좋을 것이고, 여의치 않다면 평소에 함께 하시던 불상을 모셔도 좋을 것이다. 불상을 모시는 경우 불상과 병자의 손가락을 오색실로 연결하여 놓으면 병자가 더욱 평안함을 느낄 것이다.

3. 빈소의례

신도들에게 상(喪)이 발생하면 스님이 빈소에 주석하여 망자에게 극락왕생을 기원하는 것이 불교의 관행이다. 스님은 장례를 마칠 때까지 설법이나 염불을 행하는데 이를 시다림(尸茶林)이라 부른다. 시다림이란 용어는 인도의 왕사성 인근의 시타바나(Sitarvana)라는 숲의 명칭에서 유래되었다고 한다. 이 숲은 고인도 마가다국의 공동묘지로 사용되었는데 망자를 조장(鳥葬)하는 장소로 음습하여 대중들이 꺼리는 장소였다 한다.

영단(靈壇)을 높은 자리에 마련하여 불교적 요소로 장엄하는 것은 고인을 떠나보내는 마지막 의례이다. 영단에 향과 등이나 꽃을 올리고 연꽃형의 위패와 탑 다라니 등으로 장식하거나 염주나 경전을 놓기도 한다. 가족들이 슬픔을 멈추고 지극한 마음으로 염불과 기도로 고인을 추모하는 것이 불교 상례의 전통이다. 이 자리에 참석한 스님과 함께 진언을 외우고 물과 황토를 고인에게 뿌리는 정화의식을 행하기도 한다.

스님은 영단 앞에서 다음과 같은 순서로 조념의식을 진행한다.

- 향공양
- 쇄정(灑淨)의식 : 대비주(관세음보살) 염송 7번~21번
- 영가법문
- 사홍서원
- 조념염불
- 광명사(광명진언으로 加持한 모래)를 고인의 신체에 배향
- 가족법문
- 회향

죽음에 대한 불교의 성찰

조념염불은 목숨을 다한 사람이 극락에 가서 태어날 수 있도록 돕는 것이므로 이 인연을 만난 사람들은 의심을 끊고 다음의 세 가지 사항을 지극한 마음으로 기도하는 것이 공덕을 쌓는 길이다.

첫째, 임종한 분을 좋은 방편으로 이끌고 편안하게 위로하며, 바른 믿음(正信)으로 인도해야 한다.

둘째, 모두 돌아가며 지속적으로 염불을 해서 목숨을 다한 사람이 올곧게 염불에 집중할 수 있도록(正念) 도와야 한다.

셋째, 목숨이 다한 사람을 함부로 옮기거나 흔들거나 해서는 안 되고, 울음을 터뜨려 망자를 혼란에 빠지도록 해서도 안 된다.

조념의식을 행하기 전·후에는 『아미타경』을 염송하거나 『무상경(無常經)』을 낭독한다. 무상경은 부처님의 말씀을 최초로 기록한 경전인 『잡아함경』의 첫머리에 등장하는 경전인데 고인에게 전하는 지극한 마음이 담겨진 경전으로서 그 일부를 소개한다.

마음이 해탈한 사람은 만일 스스로 증득하고자 하면 곧 스스로 증득할 수 있으니, 이른바 '나의 생은 이미 다하고 범행은 이미 섰으며, 할 일은 이미 마쳐 후세에 몸을 받지 않는다'고 스스로 아느니라. 무상하다고 관찰한 것과 같이, '그것들은 괴로움(苦)이요, 공(空)하며 나가 아니다(非我)'라고 관찰하는 것도 또한 그와 같으니라.

4. 다비의례

망자를 빈소에 안치한 후 화장이나 매장이 이루어질 때까지의 모든 절차를 일컬어 다비(茶毘)의례라 칭한다. 이를 다비의식이라 칭하는 것은 인도에서는 장의를 주로 화장으로 했으므로 이를 음역한 다비라는 단어를 차용하여 장례절차를 규범화한 것이다. 현재 우리나라의 불교에서 행하는 다비의례는 1935년 안진호 스님이 편찬한 『석문의범(釋門儀範)』이라는 책에 의거해서 행해지고 있다.

윤창화 님은 그의 저서 『근현대 한국불교 명저 58선』에 『석문의범』을 포함시키면서 그 이유를 다음과 같이 설명하고 있다.

"이 책은 한국 불교의식의 교과서와 같은 책으로 불교의 각종 의식과 법식, 염불문 등이 집합되어 있는 책이다. 단순히 염불만 수록한 것이 아니라, 한국불교의 사상적·문화적 특성을 고려하여, 화두와 좌선의식, 수계의식, 계문(戒文), 각종 방함록, 조선사찰 일람표 등도 수록되어 있다. 이 책을 '58선'에 포함시킨 것은 이 책으로 인하여 불교의식이 어느 정도 통일될 수 있었기 때문이다."

불가에서는 장례를 행함에 있어 일찍부터 매장이 아닌 화장법을 택했다. 그런데 시신을 불에 태우면서 화장이라는 말을 쓰지 않고 다비(茶毘)라는 용어를 사용하여 왔다. 왜 그랬을까. 불교의 화장은 단순한 유체의 처리가 아니라 이를 열반의 기회로 활용하고자 했던 것이다. 불교에서는 생과 사를 별개로 생각하지 않고 윤회의 과정 안에 모두 포함되는 것으로 보아왔기 때문이다. 그러한 기본인식 하에 다비의식의 여러 과정마다 망자로 하여금 윤회가 아닌 해탈의 길에 들어설 수 있도록 경전의 필수적인 문구나 조사의 어록 등을 끊임없이 들려주고 있다.

1) 오방례

불교에서는 방향의 개념으로 사방, 팔방 대신에 오방, 시방(十方)을 쓴다. 『석문의범』에 의하면 영단과 함께 오방번(五方幡)을 설치한 후 오방번에 모셔진 부처님들께 오방례를 올린다. 중앙의 비로자나불은 황색으로 번을 쓰고, 동방 약사불은 청색 번을 쓰며, 남방 보승불은 붉은색 번을, 서방 아미타불은 백색 번을, 그리고 북방 부동불은 흑색 번을 각각 쓴다. 불교는 다른 종교와 달리 극락세계가 한 곳에만 있는 것이 아니라 오방 어느 곳에나 정토가 있다고 한다. 그래서 오방례란 동서남북과 중앙에 있는 부처님들께 예배드리고 영가를 부탁하는 것이다. 그리고 영가를 오방 부처님들께 안내해 주면서, 어느 곳에 가든지 걱정하지 말고 그곳에 계신 부처님께 귀의하도록 독려해 주는 것이다. 불교의 오방례를 행함에 있어 의례의 대상을 현교의 정토불이 아닌, 밀교의 오선정불을 택한 것은 한국불교의 의례에 있어 밀교의 영향력이 크다는 것을 의미한다.

예불을 드리는 방식은 법주가 "중방화장세계 비로자나부처님께 귀명합니다. 오직 원컨대 큰 자비로서 이끌어 주시어 새로 원적에 드는 ○○ 영가를 황유리세계로 목숨이 돌아가게 하옵소서." 그러면 대중들은 이에 답하여, "비로자나부처님께 귀명합니다."라고 합송한다. 같은 방식으로 오방 부처님들께 합송한다.

"동방만월세계 약사유리광부처님께 귀명합니다."

"남방환희세계 보승여래부처님께 귀명합니다."

"서방극락세계 아미타부처님께 귀명합니다."

"북방무우세계 부동존부처님께 귀명합니다."

2) 무상계

무상계(無常戒)는 무상의 원인과 결과를 밝혀, 영가로 하여금 무상의 원리에 따라 유상적 인생관을 초월하도록 일러주는 법문이다. 『원각경(圓覺經)』「보안보살장(普眼菩薩章)」에 근거하여 작성되었는데, 태어남의 원인과 결과를 밝혀 영가로 하여금 제법무상을 깨달아 통속적인 인생관을 초탈할 것을 일깨워 주는 계문이다. 우리말로 번역된 무상계는 사언절구로 만들어져 네 묶음으로 구성되어 있는데, 장문인 점을 감안하여 첫째 묶음 부분에 대해서만 소개한다.

모름지기 무상계는
열반으로 들게하는 요긴하온 문이되고
고통바다 벗어나는 자비로운 배이므로
부처님도 이계로써 열반으로 드시었고
일체중생 이계로써 고통바다 벗어나네

죽음에 대한 불교의 성찰

영가시여 이제모든 육근육진 벗어놓고
신령스런 맑은심식 확연하게 드러내서
이와같이 부처님의 무상정계 받게되니
이와같이 다행하고 기쁜일이 또있으리
영가시여 겁의물결 순식간에 타오르면
한량없이 크고넓은 대천세계 부숴지고
수미산도 무너지고 큰바다도 모두말라
자취조차 남김없이 없어진다 하옵는데
어찌하여 영가님은 연약한몸 태어나서
나고늙고 병들어서 죽어가는 그동안에
근심하고 슬퍼하며 고통스런 온갖번뇌
어찌능히 가벼웁게 벗어날수 있으리오
영가시여 머리카락 손톱발톱 살과가죽
힘줄과뼈 뇌와골수 모양갖춘 모든것들
흙속으로 돌아가고 코와눈물 피와고름
대변소변 모든정기 물속으로 돌아가며
따뜻하던 기운들은 불속으로 돌아가고
움직이던 힘바탕은 바람되어 돌아가고
이와같이 사대각각 흩어져서 돌아가니
오늘그대 영가몸은 어느곳에 있을런가

3) 염습

염습(殮襲)이란 망자의 몸을 씻기고 옷를 입히는 일이다. 그 과정을 5단계로 나누는데 각 단계마다 『석문의범』「장의편」에 의한 게송을 읊는다.

목욕편

시신을 목욕시킬 때 외우는 글이다.

"새로 원적에 드는 ○○ 영가이시여, 만약에 사람이 부처님의 경계를 알고자 하거든 마땅히 그 뜻이 맑아서 허공과 같이 되어야 할 것입니다. 대저 헛되고 부질없는 마음을 여의면 마음 가는 곳마다 걸림이 없을 것입니다. (중략) 이제 마음속에 허망한 티끌과 때를 씻고, 금강불괴의 몸을 얻었으니, 청정법신은 내외에 다름이 없고, 생사에 한결 같은 참된 모습을 갖추소서."

세수편

손을 씻을 때 외우는 글이다.

"새로 원적에 드는 ○○ 영가이시여, 와도 온 바가 없는 것은 밝은 달이 천강에 드리운 것 같고, 가도 가는 바가 없는 것은 밝은 허공에 형상을 드러내서 비추는 것과 같습니다. (중략) 이제 손을 씻었으니 이치를 밝게 가려서 사방의 불법이 손바닥 안에 달이 비추듯 그려질 것입니다. 눈으로 푸른 산을 살펴보며 작은 나무 하나도 없는 천애의 낭떠러지에 발을 옮기는 대장부가 되소서."

죽음에 대한 불교의 성찰

세족편

발을 씻을 때 외우는 글이다.

"새로 원적에 드는 ○○ 영가이시여, (중략) 이제 발을 씻어 만행을
원만히 이루었고, 한 번 들어 한 걸음 나아가니 법운에 올랐습니다.
다만 한 생각으로 무념에 돌아가서 높이 비로의 정상을 향해 걸어가
소서."

착군편(着裙篇)

옷을 입힐 때 외우는 글이다.

"새로 원적에 드는 ○○ 영가이시여, (중략) 이제 속옷을 입었으니
육근 문을 깨끗하게 보호하여서 부끄럽고 뉘우치는 마음을 여의고,
단번에 보리를 증득하고자 뛰어오를 것입니다. 만일 설법의 가르침
으로 근본을 깨닫는다면 한줄기 신령스러운 빛으로 나에게 들어오
는 육진을 방어하소서."

착의편

겉옷을 입힐 때 외우는 글이다.

"새로 원적에 드는 ○○ 영가이시여, (중략) 지금 겉옷을 입어 더러
운 모습을 가렸으니 바로 이것이 여래의 인내의 옷이요, 나의 떳떳한
모습입니다. 우리 부처님께서 연등불을 뵙고 수기를 얻어 여러 겁에
걸쳐 인욕 선행을 하신 것처럼 부처님의 그 뜻을 따르소서."

4) 발인

발인(發靷)은 방안에서의 모든 장례절차를 마치고 시신을 모시고 출상하는 의식을 말하는데 이 의식도 여러 단계로 나뉘어져 있다.

기감편(起龕篇)

관을 들고 밖으로 옮길 때 외우는 독송으로 다음과 같이 한다.

"묘각 앞에서 선열로서 음식을 삼으니, 남북 동서에 어느 곳을 가도 쾌활할 것입니다. 비록 그러나 대중에게 묻습니다. ○○ 영가는 열반의 길머리에서 지금 어디에 있습니까. 곳곳의 푸른 버들가지에 말을 매었으며, 집집의 문 밖엔 장안으로 통하는 길입니다."

반혼착어(返魂著語)

일단 옮겨 모신 다음 영혼으로 하여금 정신을 가다듬어 향단에 내려오라 이르는 법어로 다음과 같이 독송한다.

"영가의 밝은 성품이 미묘하여 사량하기 어려운데, 가을 못에 비친 달의 계수나무 그림자가 더욱 차갑다. 목탁소리 요령소리 여러 번에 깨침의 길이 열렸으니, 잠시 동안 영계를 벗어나 이 향단에 이르시라."

귀명12불호(歸命十二佛號)

법계의 중생을 제도하는 열두 부처님으로, 법사가 선창하면 대중은 후창으로 '귀명○○불'이라 한다. 그 게송으로 하나만 소개하고 나머지는 생략한다.

"서방극락세계 대자대비 아미타부처님께 귀명합니다. 오직 원합니다. 황금연화보좌로 허공으로 솟아 오시어서 이 몸을 맞이해 이끌어 정토에 나게 하소서."

대중은 화창하여 "아미타부처님께 귀명합니다."

회향게(回向偈)

법사가 회향게를 외우면서 영구 있는 곳을 세 번 돈다.

"원컨대 이 공덕으로써 일체중생에게 널리 미쳐서 나와 내 가족, 그리고 모든 중생들이 마땅히 극락정토에 태어나서 무량한 수명을 가진 부처님을 함께 뵙고 모두 함께 불도를 이루어지이다"라는 게송을 외운다.

하직게(下直偈)

하직게가 끝나면 상제들은 곡(哭)을 하고 재배한다.

"성현의 가는 걸음 허공을 떨치고, 세상 육신 이미 벗어 극락에 이르네. 이제 망자 또한 이와 같아서, 오음을 받지 않고 즐거운 곳 향하네. 꽃잎을 흩어 뿌리옵니다.(3번) 영산회상 불보살님께 귀명합니다.(3번) 대성 인로왕보살님께 귀명합니다.(3번)

발인제문(發靷祭文)

발인할 때 쓰는 제문으로 다음과 같이 쓴다.

"○○년 ○월 ○일 제자 ○○ 등은 삼가 차와 과일 등 정성스런 제물을 올리며 감히 영전에 고하오니, 이 자리에 내려와 운감해 주시기를 청하옵니다. 슬픈 마음을 거두지 못해 호곡합니다. (중략) 생전에 영가의 뜻을 따르지 못하였음을 부끄럽게 생각하면서 앞으로나마 그 뜻을 따르겠나이다. 흠향하옵소서. 서방대교주 나무아미타불"

노제문(路祭文)

노제란 상여가 먼 길을 갈 때나 그가 평상시 인연이 깊은 곳을 지나갈 때에 길거리에서 지내는 제사이다. 이때 법사는 간단한 제물을 배설하고 다음과 같은 제문을 읽는다.

"(전략) 이 몸이 부평초와 같이 동서로 돌아다니다 보니 살아서는 삼평과 같은 효행을 하지 못하였고, 돌아가신 뒤에도 신찬과 같은 효행의 모범을 보이지 못하오니 오직 황망할 뿐이옵니다. 이와 같이 박하게 제물을 올리옵고 영가께 아뢰오니 엎드려 바라옵건대 흠향하소서."

5) 화장 또는 매장

불교에서는 화장을 원칙으로 하고 있고, 화장을 주로 하고 있는 저간의 추세를 감안하여 화장 의례에 한하여 기술한다.

거화편(擧火篇)

불을 들고 서서 외우는 글로 다음과 같이 독송한다.

"이 한 점 햇불은 삼독의 불이 아니라, 여래의 일등(一燈) 삼매(三昧)

의 불입니다. (중략) ○○ 영가시여, 회광반조(廻光返照)하여 몰록 무생(無生)을 깨닫고, 뜨거운 번뇌의 고통을 벗어나고 쌍림(雙林)의 즐거움을 얻으소서."

하화편(下火篇)

불을 놓으면서 외우는 글로서, 정월·5월·9월에는 서쪽에서부터 놓고, 3월·7월에는 동쪽에, 4월·8월·12월은 남쪽에서부터 놓는다. 그 게송은 다음과 같이 독송된다.

"세 가지 인연이 어울리고 합하여 잠깐 이루어졌다가, 사대(四大)가 흩어져서 떠나니 홀연히 허공으로 돌아감을 얻었습니다. (중략) 붉은 불꽃 안에서 찬바람이 크게 불어오네."

봉송편(奉送篇)

혼령이 잘 가시도록 봉송하면서 외우는 글로 다음과 같이 독송한다.

"간절한 마음으로 봉송하는 ○○ 영가시여. 이미 인연에 의해 적멸에 이르러 법에 따라 다비합니다. 백 년 동안 도를 넓히시던 몸을 태우니 한 길로 열반에 드셨습니다. 깨달음의 길에 오래 머무시도록 대중과 더불어 마음을 함께 모으겠습니다."

창의편(唱衣篇)

영혼이 위패에 안주하도록 권하는 글로 다음과 같이 독송한다.

"이 향연으로 인하여 멀어진 자리에 내려 오셔서, 창의를 보고 들고 알아서 증명하시옵소서. (중략) 육근과 육진을 벗어버리고 삼계를 벗어나, 일천 성현의 바른 길을 따라서 밟고, 일승의 묘장(妙場)에 유희하소서. 바다 하늘에 처음 달이 뜰 때, 이때는 바위와 나무에서 원숭이가 울음을 그친 때입니다."

기골편(起骨篇)

뼈를 뒤적이면서 외우는 글로 다음과 같이 독송한다.

"한줄기 신령스러운 광명으로 걸림 없이 한번 몸을 던져 태운 후 몸을 뒤척이니 얼마나 자재하시나이까. 형상도 없고 공한 것도 없고 공하지 않은 것도 없으면, 이것이 즉 여래의 진실한 모습이오니까."

습골편(拾骨篇)

남은 뼈를 주으며 외우는 글로 다음과 같이 독송한다.

"취해도 얻지 못하고 버려도 얻지 못합니다. 이러한 때를 당해서 어떻게 해야 하겠습니까. 잠깐 눈썹을 일으켜 불속을 보십시오. 분명히 한 줌의 황금 뼛조각이로소이다."

쇄골편(碎骨篇)

주은 뼈를 빻으면서 외우는 글로 다음과 같이 독송한다.

"만일 어떤 사람이 화두(話頭)를 들어 향상관(向上關)을 터득하면 비로소 산하대지에 가는 티끌 하나도 걸림이 없다는 것을 깨달을 것이리라. (중략) 가는 곳마다 항상 담연함을 여의지 않으면, 찾아도 가히 보지 못할 줄 능히 알 것입니다."

●법정스님 다비식

산골편(散骨篇)

빻은 뼛가루를 뿌리면서 외우는 글로 다음과 같이 독송한다.

"마른 재가 들판에 퍼져 날리니, 뼈마디를 어디서 찾으리까. 땅에 부딪치는 한 소리에 비로소 뇌관을 울릴 것입니다. 한 점의 신령스러운 광명은 안팎이 다르지 않거늘, 오대산 봉우리에 공연히 흰 구름만 걸려 있더이다."

(환귀본토진언) 옴 바자나 사다모(3번)

5. 영가천도

천도재

사자에 대한 추모 의례로 제(祭)와 재(齋)가 있는데 일반인들은 흔히 이를 혼동한다. 제는 유교적 전통에 따라 천지신명이나 조상님들에게 음식을 차려 제사를 지내는 것인 반면, 재는 불교적 방식에 의거하여 영가를 더 좋은 곳으로 보내 드리는 위하여 부처님에게 예를 올리는 것이다. 재의 일반적인 형태가 천도재(薦度齋)이다. 천도재는 고대 인도의 조령제(鳥靈祭)를 불교가 종교 의식으로 수용하면서 비롯되었다. 불교에서는 망자가 중음에 머무는 동안에 음식 냄새를 맡게 함으로써 생을 이어간다는 믿음을 가지고 조령제 방식의 의식을 행하게 되었다는 것이다.

죽음에 대한 불교의 성찰

천도재는 영가에게 지혜의 눈을 뜨게 해 주는 의식이다. 부처님의 광명과 지혜 그리고 자비의 위신력을 통해, 영가가 영계의 길을 슬기롭게 걸어갈 수 있는 계기를 마련해 드리는 의식이다. 천도재를 지내면서 부처님의 거룩한 가르침을 염불을 통해 끊임없이 알려드려, 중음에서 벗어나 극락왕생의 길로 인도해 드리는 것이다. 천도재를 지내는 것은 영가를 위한 것일 뿐만 아니라 재를 지내는 사람에게도 공덕이 돌아간다고 『지장경』에서 누누이 강조한다. 천도재는 지내는 시기, 대상, 목적 등에 따라 사십구재, 우란분재, 예수재, 영산재, 수륙재 등으로 구분된다.

사십구재

사람이 죽으면 다음 생을 받을 때까지 49일 동안 중음에 머물게 된다고 한다. 이 기간 동안 7일 간격으로 다음 생을 맞을 연(緣)이 지어진다고 하여, 7일마다 불경을 읽고 부처님께 공양하는 의식을 말한다. 『지장경』에 의하면 영가에게 천도재를 지내 드리지 않는 것은 영가에게 먼 길을 무거운 짐을 지고 홀로 보내 드리는 것과 같은 것이라 하며, 사십구재를 반드시 지내 드려야 한다고 강조한다. 사십구재를 지내 드리는 목적은 영가가 생전에 못 다한 복을 지어 드리고, 나아가 진정한 영가의 실상이 무엇인지를 일깨워 드리는 한편, 저승길에 풍요로운 마음의 양식을 준비해 드리는 데 있다고 하겠다.

우리나라의 사후의례(死後儀禮)는 1980년대까지만 해도 유교식 제례와 불교식 천도재 그리고 무속신앙에 의한 '씻김굿' 등이 혼재되어 행하여졌다. 그러던 것이 생활방식의 변화와 간소화를 선호하는 추세에 따라, 절에서 사십구재를 행하는 것이 종교와 관계없이 일반화되어가고 있다. 이것은 불교의 죽음 의례가 개인의 차원을 넘어 사회 공동체적 관행으로 자리매김할 수 있다는 점에서 고무적으로 평가된다. 사십구재를 행하더라도 매7일마다 행하는 경우는 극히 드물고, 마지막 재인 49일의 재만 행하는 것이 일반적인 관행이므로 사회 경제적 관점에서도 수용이 가능한 의식으로 평가된다.

우란분재

우란분재(盂蘭盆齋)는 '백중'이라 부르는 음력 7월 15일에 사찰에서 거행하는 불교 행사이다. 죽은 사람이 사후에 거꾸로 매달려 고통받고 있는 것을 구하기 위해 후손들이 음식을 마련하여 스님들에게 공양한다. '우란분'이란 용어는 'ullambana'라는 산스크리트어에서 유래한 것인데, 거꾸로 매달려 있다는 뜻이다. 우란분재는 불교 경전인 『우란분경』과 『목련경(目蓮經)』에서 비롯되었다. 두 경전의 내용을 요약해 보면 부처님 10대 제자 중의 하나인 목건련(目揵連)의 효도 이야기가 담겨져 있다.

목건련이 돌아가신 모친의 현재의 정황을 살펴보니 아귀도에 떨어져 피골이 상접해 있는지라 부처님께 도움을 요청한다. 부처님은 이 말을 듣고는 모친의 죄업이 뿌리가 깊은지라 여러 승려들이 위신력을 합쳐야만 구제할 수 있다고 처방한다. 이를 위해 모든 승려들이 스스로의 행업을 점검하는 날인 7월 15일, 자자일(自恣日)에 음식과

죽음에 대한 불교의 성찰

과일을 우란분에 담아 시방의 승려들에게 공양을 하면 아귀도에서 벗어나 복락을 누린다는 것이다. 이 교시를 행한 결과 모친을 아귀도에서 구출하게 되어, 모친이 여생에 복락을 누리시도록 효도를 행한 것이다.

불교가 동아시아 문화권에 들어오던 시기에 유교의 효(孝)의 윤리와 부딪치면서 불교 배척의 빌미를 제공한 시기가 있었다. 그러던 것이 효를 기반으로 하는 불교행사인 우란분재를 사찰에서 시행하면서 이러한 논란을 잠재울 수 있었다. 7월 보름인 백중날에 행하는 우란분재는 현재 사찰에서 행하는 중요한 행사로서, 초파일의 불탄절과 함께 사찰의 대표적인 명절이 되었다. 오늘날 우란분재는 단순한 천도재의 의미와 더불어 빈자에게 음식을 제공하고, 병든 사람을 치료하며, 외로운 자를 위무하고, 청정한 수행자를 보호하는, 현대사회에 필요한 공덕을 행하는 행사로 그 의미가 진화되어 있다.

예수재

천도재가 망자의 극락왕생을 염원하는 의식이라면, 예수재(預修齋)는 본인의 왕생극락을 위하여 생전에 지내는 천도재이다. 중국의 당대에 천도재나 사십구재가 민간의 불교의례로 정착되었는데, 이 시기에 『지장보살본원경』이나 『예수시왕생칠경』 등이 편찬되면서 자신을 위한 천도재를 미리 지내는 풍습이 생겨나게 되었다. 우리나라에서는 고려시대에 시왕신앙이 성행되면서 이 시기에 예수재도 함께 유행하게 된 것으로 추정된다.

불교에서는 사람이 죽으면 생전에 지은 업을 심판하여 그 결과에 따라 내세가 결정된다는 과보사상이 있다. 이에 따라 생전에 지은 업을 미리 갚아버리기 위한 의식이 행해진 것이다. 예수재는 밀교적 방식을 취하여 사찰을 화려하게 장식하고 범패와 의식무가 동반되는 등 축제 형식으로 진행된다. 사찰에 따라 하루만 지내거나, 3·7일 즉 21일간 지내기도 하고, 사십구재처럼 7일마다 일곱 번에 걸쳐 지내기도 한다. 예수재는 종교에 의지하여 내세의 복락을 구하려는 기복 불교의 전형이라 할 수 있다.

영산재

영산재(靈山齋)는 석가모니불이 영축산에서 『법화경』을 실한 장면인 영산회상(靈山會相)을 오늘에 재현하는 종교적 의미를 가진 법회이다. 이 법회를 통해 영혼을 천도하는 의식을 행하는 것이다. 이 의식의 절차는 야외에 영산회상도를 내어 거는 것으로부터 시작된다. 이렇게 야외에 내거는 불화를 괘불(掛佛)이라고 하고, 괘불을 내거는 의식을 괘불이운(移運)이라고 한다. 이운이 끝나면 여러 가지 예를 갖추어 불보살에 소망을 사뢰고 그 성취를 기원하게 된다. 상단, 중단, 하단으로 구성된 삼단에 장엄과 공양을 위한 제단을 구성하면 영산재의 준비가 끝나는 것이다.

의식의 진행절차는 법의를 입은 의식승이 앞자리에 정좌함으로써 시작된다. 첫 머리의 의식은 신앙의 대상인 불보살과 재를 받을 대상인 천도 받을 영가를 모셔오는 의식부터 시작된다. 이를 시련(侍輦)이

죽음에 대한 불교의 성찰

●화엄사 영산회괘불탱(국보 제301호)

라 하는데 신앙의 대상 또는 천도를 받을 대상을 절 밖에서 모셔오는 영접의식이다. 이 시련은 행렬의식으로 진행하는데, 인로왕보살 번기(幡旗)를 선두로 하여 영기(令旗), 청사초롱, 일산 등이 뒤따른다. 행렬음악으로 삼현육각과 범패 그리고 인로왕보살에 대한 창을 한다. 시련행렬은 괘불 앞의 의식단 앞에 이르러 예를 올리고 가피력을 기원한다.

영산재의 서재(序齋)가 끝나면 설치되어 있는 삼단에 권공의식을 행한다. 권공의식이란 제물을 올려 권하고 소원을 아뢰며, 가피력을 입게 되기를 비는 것이다. 그리고 의식도량에 초청된 불보살에 대한 찬불의례를 행한다. 찬불의례는 불보살의 강림을 찬탄하는 향화청(香花請), 산화락(散花落) 등의 범패를 부르고, 바라춤을 추어 분위기를 고조시킨다. 그리고는 불보살에게 공양의례를 행한다. 이렇게 권공의식이 끝나면 재를 개설한 사람들의 보다 구체적인 소원을 사뢰는 축원문이 낭독된다. 본의식이 끝나면 마지막으로 회향의식과 봉송의례를 행함으로써 영산재를 마치게 된다.

영산재는 유수한 불교 의식임과 더불어 음악과 회화 등의 문화적 발전에도 기여하여 왔다. 음악 분야에는 범패(梵唄)와 정악 영산회상이 있다. 범패는 절에서 재를 올릴 때 쓰는 음악이다. 한국 불교음악을 총칭하는 것으로 범음(梵音) 또는 어산(魚山)이라고도 한다. 법주가 요령을 흔들며 낭송하는 안채비소리, 한문이나 범어로 낭송되는 겉채비소리, 회심곡 등으로 구성된다. 범패에는 무용을 곁들이게 되는데 나비춤, 바라춤, 법고춤 등으로 나누어진다. 그리고 '영산회상'이라고 명명되는 정악에 속하는 기악 합주곡이 있다. 현행 영산회상의

죽음에 대한 불교의 성찰

악곡 형성은 15세기에 만들어져 오늘에 이르고 있는데, 현재 국악을 대표하는 기악곡이 되었다.

영산재는 불교미술의 발전에도 크게 영향을 미쳤다. 현재 각 사찰에서 볼 수 있는 '영산회상도'는 『법화경』에 의거하여 석가모니불이 영축산에서 제자들에게 설법하는 모습을 그림으로 묘사한 불화를 말한다. 우리나라 대부분의 사찰에서는 석가모니불을 봉안하고 영산회상도를 후불탱화로 하여 장엄하고 있다. 이 탱화를 봉안함으로써 모든 대웅전은 법화경을 설하는 영축산의 영산회상이 되는 것이다. 영산회상도는 후불탱화 이외에도 벽화로도 그려지고 영산재에 등장하는 괘불로도 많이 그려졌다. 전국의 거의 모든 사찰에서 보유하고 있는 영산회상도 중에서 보물급에 속하는 불화를 보유하고 있는 사찰은 쌍계사, 파계사, 불영사, 해인사, 통도사, 봉정사, 불국사 등이다.

수륙재

수륙재(水陸齋)는 물과 육지를 헤매는 영혼과 아귀를 달래고 위로하기 위해 불법을 강설하고 음식을 베푸는 천도재의 일종이다. 일반적인 천도재가 특정의 영가를 위무하기 위한 의식임에 비추어, 수륙재는 불특정한 영가들을 천도시킨다는 데에 차이점이 있다. 이 의식은 중국 양나라 무제(武帝)에 의해서 시작되었다. 송나라 때에는 동천(東川)이 수륙문(水陸文)을 지어 보급함으로써 수륙재가 크게 성행하게 되었다.

우리나라에서는 고려 광종 때부터 수륙재가 시작되었다. 이후 일연(一然)의 제자 혼구(混丘)가 『신편수륙의문(新編水陸儀文)』을 찬술함으로써 이 의식이 널리 성행하게 되었다. 조선시대에는 억불정책에도 불구하고 태조는 진관사(津寬寺)를 국행수륙재를 행하는 사찰로 지정하는 한편, 고려 왕씨의 원혼을 달래는 수륙재를 거행한 바 있다. 이후 중종 때에 이르러 유생들의 반대로 국행 수륙재의 시행이 금지됨에 따라, 그 이후에는 수륙재가 민간 주도로 오늘날까지 전승되어 왔다.

『석문의범』 등에 수록된 수륙재의 진행절차를 간략하게 서술하면 다음과 같다.

- 먼저 재를 여는 취지를 대내외에 밝히고,
- 영혼에게 취지를 알려 보리심을 일으키게 하며,
- 명부사자를 맞이하기 위한 분향의식을 한다.
- 명부사자를 공양하고 축원의 사유를 밝혀 봉송한다.
- 재를 지내는 도량이 청정해지도록 오방신에게 공양하며,
- 불법승 삼보에게 공양을 올리고 재를 올리는 목적을 사뢴다.
- 불교의 정법 신앙인 삼보를 비로소 불단에 모신다.
- 불보살 앞에 나아가기 전에 조욕의식(藻浴儀式)을 행한다.
- 고혼들에게 음식을 대접하는 의식을 행한다.
- 마지막으로 참회와 더불어 사홍서원을 행한다.

죽음에 대한 불교의 성찰

글을 마치며

인류의 선조들은 수많은 재앙에 시달려 왔다. 그들은 재앙으로부터 벗어나기 위해 신을 찾게 되었다. 재앙은 생로병사의 형태로 나타나는데 궁극적으로는 죽음에 귀결된다. 죽음으로 한 세상을 마감하면 그 다음은 어떻게 되는가? 죽음으로 모든 것이 단멸되는가, 아니면 사후에 다른 세계에 연결되어 삶을 이어가게 되는가? 이러한 문제에 대한 해답을 얻기 위해 종교가 필요해진 것이다. 그래서 모든 종교는 사후의 세계에 대해 독자적인 교리를 개발하고, 이를 통해 전도를 하고 신앙생활을 하는 것이다.

인류 역사상 최초로 등장한 체계적인 종교는 조로아스터교이다. 그리스어의 조로아스터는 페르시아어로는 자라투스트라(Zarathustra)로 발음한다. 중국에서는 불을 숭상하는 종교라 하여 배화교(拜火敎)라고 칭하기도 한다. 조로아스터교(Zoroastrianism)의 성립 시기에 대해서는 기원전 30세기 설과 15세기 설 등 다양한 학설이 있다. 현재의 통설은 기원전 660년경에 당시 페르시아 영토였던 박트리아 지방(현재 아프가니스탄에 위치)에서 생성하였다는 것이다. 조로아스터교의 경전인 아베스타(Avesta)에는 현대 종교의 근간이 되는 주요한 사상과 신앙들이 등장한다. 다시 말해 삼위일체 사상이 등장하고, 천사와 악마의 대립, 천당과 지옥의 존재, 내세에서의 부활, 세상의 종말, 최후의 심판 등의 신앙이 생겨나고, 이 신앙은 다른 종교에도 영향을 미치게 된다.

조로아스터교가 번창하였던 아케메네스 왕조(BC 559~BC 330) 시대의 키루스2세는 기원전 539년에 바빌론을 함락시키고, 그곳에 잡혀 와 있던 유태인들을 본국으로 돌아가도록 해방한다. 유태인들은 고향으로 돌아가면서 조로아스터 경전인 아베스타를 짐 속에 넣어서 귀국한 것으로 추정된다. 이후 유태교에 조로아스터 교리가 유입되면서 사탄, 천사, 내세에 대한 관념이 나타나고 메시아 사상이 새로 유입되어 유태교의 교리가 상당부분 보완된다. 소박한 유목민의 종교였던 유태교는 '바빌론 유수'라는 역사적 과정을 통해 조로아스터교의 교리를 흡수하게 되면서, 종교로서의 시스템을 확보하고 민족 종교로서의 체계를 확립하게 된 것이다. 이후 페르시아의 아케메네스 왕조는 기원전 330년 알렉산더 대왕에 의해 멸망된다. 이로 말미암아 조로아스터교는 국교로서의 지위를 상실하고 쇠퇴의 길에 접어든다. 그러나 유태교는 알렉산더 대왕의 보호를 받으며, 그리스의 사유체계의 일부를 교리에 수용하게 된다.

기원전 36세기경부터 카스피해 연안 지방에 거주하던 아리안 족들은 기원전 15세기경에 기후변화로 황폐해진 고국을 버리고 이동을 시작한다. 일부는 유럽 쪽으로 서진하고, 일부는 남쪽으로 이동

죽음에 대한 불교의 성찰

하면서 인도·유러피안 문명을 열어간다. 남쪽으로 이동하던 아리안 족 중에 일부는 오른쪽으로 이란 방향으로 가고, 일부는 왼쪽으로 틀어 인도 서북지방에 진입한다. 이란계 아리안 족과 인도계 아리안 족은 처음에는 같은 신을 모셨는데, 시간이 흐르면서 이란계는 조로아스터교를 창시하고, 인도계는 베다교(후에 브라흐만교와 힌두교로 변모)와 불교를 창시하면서 서로 다른 길을 가게 된다. 그럼에도 불구하고 고대 페르시아 문명과 인도의 문명은 오랜 기간 동안 문명을 공유하고 교류하면서 상호 간에 영향을 주고받게 된다. 그중에서도 괄목할 만한 교류는 양 지역의 종교 사이에서 일어난다. 그 몇 가지 사례를 짚어본다.

첫째는, 삼위일체 사상이다. 조로아스터교는 성부(Ahura Mazda), 성자(Saoyant), 성령(Spenta Mainyu)을 삼신(三神)으로 모시고, 힌두교는 창조의 신(Brahma), 유지의 신(Vishnu), 파괴의 신(Shiva)을 삼신으로 하는 한편, 불교에서는 법신불(비로자나불), 보신불(노사나불), 화신불(석가모니불)을 삼신으로 하여 삼위일체를 실현하고 있다. 삼위일체 사상은 기독교에서도 유사하게 나타난다.

둘째는, 사후심판 사상이다. 조로아스터교에 의하면, 사람이 죽으면 영혼이 나와 3일 밤을 거친 후 재판을 받는다. 심판 후 선량한 영혼은 아름다운 처녀의 안내를 받고, 사악한 영혼은 추악한 노파의 안내를 받아 친바트의 다리(Chinvat Peretum)를 건넌다. 선량한 영혼은 무사히 건너 천국으로 가지만, 사악한 영혼은 다리에서 떨어져 어둡고 절망만이 가득한 지옥으로 가게 된다. 불교에서는 열 명의 명부 재판관(十王)이 중음세계에 있는 영혼을 생전의 죄업에 대해 일주일 간격으로 재판을 하고, 윤회해야 할 육도를 결정한다. 생전에 깨달음을 얻어 해탈을 성취한 영혼은 물론 이 사후심판의 대상에서 제외된다.

셋째는, 구원 사상이다. 페르시아 신화의 물의 여신 아나히타(Avedvi Sura Anahita)는 조로아스터교에서 풍요와 다산의 여신으로 등장한다. 이 여신은 여러 종교와 사상에 영향을 미치고 있다. 그리스에서는 달의 여신이자 사냥의 여신 알테미스(Artemis)로 나타나고, 불교에서는 관세음보살(Avalokitesvara)로 변신한다. 아미타불사상이나 관세음보살사상은 석가모니불의 가르침과는 전혀 관련이 없이 대승불교시대에 조로아스터교의 영향을 받아 생겨난 신앙이다.

아미타불은 극락정토를 주재하는 부처님이고, 관세음보살은 천개의 손과 천개의 눈을 가지고 중생의 어려운 사정을 들어주고 구원해주는 자비로운 보살 이다. 지옥에 떨어져 온갖 괴로움을 겪고 있는 영혼에게는 지장보살이 부처로 승격하는 것도 미루고, 지옥 중생을 구제하기 위해 온갖 노력을 기울인다.

넷째는, 종말 및 재림 사상이다. 아케메네스 왕조의 아르타 크세르크세스 2세의 기념비에는 조로아스터교의 창시자인 아후라 마즈다와 아나히타 그리고 미트라가 삼신불처럼 새겨져 있다. 미트라(Mithra)는 원래 페르시아 신화에 나오는 태양의 신인데, 조로아스터교에서 이를 수용하여 정의의 수호자인 심판자로 변신한다. 죽은 영혼들은 친바트의 다리를 건너기 전에 미트라의 심판을 받아야 되는 것이다. 조로아스터교에서는 현세의 존속기간을 3000년씩 4단

죽음에 대한 불교의 성찰

계를 거쳐 총 12,000년간 존속한다고 한다. 제4의 삼천년이 끝날 무렵 세상은 종말이 온다고 한다. 이때 삼신의 하나인 구세주 사오샨트 (Saoshyant)가 나타나서 최후의 심판을 하게 된다. 그리하여 모든 영혼들이 부활하고 악한 영혼은 순화되어 새로운 세상을 열어 간다고 한다. 불교에서는 미트라가 미륵(Maitreya)으로 이름이 바뀌어 재림과 심판자의 역할을 담당하게 된다. 미륵보살은 붓다의 제자였다가 사후에 도솔천에 올라가 도솔정토를 만든 후 오랜 세월 중생을 교화하고 있었다. 붓다 사후 56억 7천만년 후에 미륵보살은 사바세계에 내려와 성불하여 미륵불이 된 후, 모든 사바세계를 도솔천과 같은 용화정토로 만들어 간다는 것이다.

이상과 같이 사후세계에 대하여 다양한 종교적인 구호장치가 있음에도 불구하고, 죽음을 앞에 둔 중생은 불안하다. 생전에 지은 업에 따라 육도를 윤회한다는데, 지난 생애를 뒤돌아보니 아무래도 지옥에 떨어질 것만 같다. 그런데 불교에서는 영생의 길이 있다고 한다. 윤회도 영생이라면 영생일 수 있겠으나 그것은 괴로움의 연속일 것이므로, 윤회할 바에야 차라리 단멸의 길을 택하려 할 것이다. 그러면 윤회를 하지 않고 영생하는 길은 무엇인가? 불교는 다른 종교와는 다르게 '깨달음에 의한 영생의 길'을 제시하고 있다. 깨달음을 소승불교에서는 열반(涅槃)이라 하였고, 대승불교에서는 보리(菩提)라고 하였으며, 선불교에서는 이를 견성(見性)이라 부른다. 대부분의 불교 경전은 깨달음의 모습은 어떠하고, 깨달음에 이르는 길은 무엇인지에 대해 상세하고 치밀하게 설명하고 있다.

가수 고 최희준 씨는 1980년대 말에 번안가요인 '하숙생'을 불러 크게 히트한 바 있다. 그 가사의 내용이 다음에서 보듯이 우리의 인생을 잘 표현하고 있기 때문이었다고 생각된다.

인생은 나그네 길, 어디서 왔다가 어디로 가는가 (중략)
구름이 흘러가듯 정처 없이 흘러서 간다

우리의 인생은 속절없이 흘러가는 것이다. 그런데 대부분의 인생에게 깨달음을 성취하여 영생에 이르는 것이 사실상 불가능한 일이다. 그러면 어찌할 것인가. 속수무책으로 죽음을 맞이해야만 하는가. 죽음을 맞이하면서 조금이라도 편안한 마음으로 맞이할 수만 있다면 이는 참으로 다행스러운 일이나. 왜냐하면 죽음을 맞이하는 것이 너무나 두렵고 고통스럽기 때문이다. 죽음을 편안하게 맞이하는 방도를 찾는 것이 아마도 '죽음의 준비과정'이라고 말할 수도 있을 것이다. 죽음을 조금이라도 편안하게 맞이하려면 다음의 세 가지 과제를 깊이 생각해 보아야 할 것이다. 첫째, 죽음을 맞이하는 '나'는 누구인가를 성찰하는 것이고, 둘째, 죽음을 불편하지 않게 받아들일 수 있는 정도의 인식의 전환이 있어야 하며, 셋째, 죽음을 두려움 없이 맞이할 수 있으려면 죽음에 대비하는 준비과정을 가져야 하지 않을까 생각된다.

'나'는 누구인가. 다양한 각도에서 볼 수 있다. 그리고 종교마다 나를 보는 인식에 차이가 있다. 대표적인 사례로 힌두교의 인식을 살펴

죽음에 대한 불교의 성찰

본다. 힌두교에서는 이 세상을 브라흐만이 창조하였는데, 브라흐만은 각각의 생명체에 자신의 분신을 파견하여 그 분신이 생명체를 다스린다. 인간에게 파견된 분신을 아트만이라 부르는데, 이 아트만이 곧 '나'인 것이다. 사람이 죽으면 아트만은 윤회를 하게 된다. 다행히 아트만이 해탈을 얻게 되면 그 아트만은 윤회하는 대신에 브라흐만으로 복귀하게 된다. 이것이 모든 힌두교도들의 궁극적인 인생의 목표이다. 불교는 힌두교의 전신인 브라흐만교를 모태로 하여 탄생하였지만 나에 대한 관점은 전혀 다르다.

첫째, 내가 누구인지를 살펴본다. 우리의 인생에 대한 불교의 핵심 전제는 삼법인이다. 삼법인은 무상(제행무상), 고(일체개고), 무아(제법무아)로 이루어져 있다. 그러면 무아란 무엇인가. 내가 버젓이 있는데 내가 없다니 말이 되는가. '나'의 실체는 네 가지 요소 즉 고체(地), 액체(水), 기체(風) 그리고 에너지(火)로 이루어져 있어 이를 사대라고 부른다. 그리고 나의 행위 작동시스템을 오온이라 부르는데 사대의 조합을 색온이라 하고, 감정이나 감각과 같은 감수 작용을 수온이라 하며, 심상이나 개념 등의 심리작용을 상온이라 하고, 행동을 취하기 위한 의지작용을 행온이라 하며, 인식하고 판단하는 작용을 식온이라고 부른다. 이와 같이 사대와 오온이 결합하여 나라는 개체를 형성하고 나의 인생을 살아간다.

현실적으로 내가 존재하고 나라는 독립적인 주체로서의 내가 있는데 어째서 유아가 아니고 무아라고 하는 것인가. 불교의 무아론은 실재하는 내가 없다는 것이 아니라, 아트만(Atman)과 같이 절대적이고 영속적인 존재로서의 내가 없다는 것이다. 나라는 존재는 인연(연기)

에 의해 사대와 오온이 가합하여 생겨난 존재이기 때문에, 인연이 없어지면 따라서 사라져버리고 마는 존재로서의 나라는 것이다. 불교의 무아론은 '나'라고 특정할만한 것이 아무것도 없다는 것'으로 획기적인 종교이론이다. 모든 집착과 번뇌가 생겨나는 것은 내가 독립적이고 영속적인 존재라는 착각이 원인이 되어 생겨난다는 것이다.

둘째, 불편한 마음에 대해 살펴본다. 사람이 나이가 들어가며 죽음이 가까워지면 어떠한 생각을 하게 될까. 살아온 생애를 회고하면서 편안하고 여유 있는 마음을 가지게 되거나, 아니면 지나온 생애를 후회하면서 현실에 대한 불만족에 고통스런 마음으로 살아가게 될 것이다. 각자의 생애가 다르고 현실의 여건이 다르므로 일률적으로 말할 수는 없다. 그러나 불교에 대한 믿음을 가지고 있으면 생각을 달리 해볼 수도 있다고 본다. 불교에서는 자신의 의지에 의한 행위를 업(業)이라 부르는데 업에는 선업이 있고 악업이 있다. 선업과 악업은 각각 열 가지로 분류하여 이를 십업설이라 한다. 그런데 문제를 일으키는 것은 악업이다. 열 가지 악업은 다시 세 가지 신업(身業)과 네 가지 구업(口業) 그리고 세 가지 의업(意業)으로 나누어진다. 그러나 종국적으로 문제가 되는 것은 세 가지 악 의업으로 이를 삼독심(三毒心)이라고도 불린다.

사람들이 고통에 시달리는 원인을 불교에서는 삼독심 때문이라고 한다. 삼독심은 세 가지 악 의업인 탐진치(貪瞋痴)가 그것이다. '탐'은 끝없는 욕심과 갈애에서 생겨난다. 물욕, 성욕, 명예욕, 성취욕 등이 그것인데, 노후에 이로 인해 평생 쌓아온 성과를 한순간에 무너뜨리

　　　　　　　　　　　　　　죽음에 대한 불교의 성찰

는 사례를 수없이 보아왔다. '진'은 분노와 증오를 말한다. 나이가 들어가면서 분노를 참지 못하고 수시로 표출하여 주위에서 존경의 대상이 아닌, 배척의 대상이 되어서는 안 될 것이다. '치'는 망상과 집착이다. 사회규범에 어긋나는 행동을 하고 쓸데없는 일에 집착한다. 이러한 행위는 주위 사람들을 곤혹스럽게 한다. 죽음을 향해 나아가면서 이러한 악업을 후회하고 반성하면서 조금이라도 선 의업(戒定慧)으로 변화할 수 있다면, 그 사람은 보다 편안한 마음으로 죽음을 맞이할 수 있을 것이다.

셋째, 그러면 악 의업을 어떻게 선 의업으로 변화시킬 수 있을 것인가. 거기에는 명상과 수행이 필요하다. 먼저 명상에 대해 살펴본다. 명상은 일반적으로 마음을 닦는 행위를 말한다. 좀 더 넓은 의미로 호흡을 닦는 행위까지를 포함한다. 명상에는 종교적 명상과 비종교적 명상으로 구분된다. 종교적 명상은 다시 도가적(道家的) 명상과 불교적 명상으로 나누어진다. 도가적 명상은 기(氣)를 일으켜서 경락을 통해 경혈로 순환시키는 것이다. 원래 인도의 전통적인 명상은 요가 명상이었는데, 붓다께서 불교의 원리에 부합하는 새로운 명상법을 창시한 것이다. 이것이 바로 '마음챙김 명상법'이다. 이 명상법은 다시 사마타(Samatha) 명상과 위빠사나(Vipassana) 명상으로 구분되는데, 대승불교에서는 양자를 같이 해야 반야의 지혜를 얻게 된다 하여 지관겸수(止觀兼修)를 권유한다. 사마타(止)는 마음을 한곳으로 모아 마음의 대상이 한 곳에서 다른 곳으로 동요되는 것을 막는 명상법이다. 반면에 위빠사나(觀)는 생각의 흐름을 그대로 따라가며 관찰하는 방법을 통해 지혜를 얻게 되는 명상법이다. 1960년대에 자아초월 정신의학의 출현과 더불어, 마음챙김명상(Mindfulness Meditation)은 서구사회에서 심리치료의 주요한 수단으로 인기를 얻고 있다. 한국 불교에서도 최근에는 간화선 일변도의 명상을 지양하고, 마음챙김 명상을 지도하는 선원들이 자리를 잡아가고 있다. 노령으로 대외 활동이 어려워지기 전에 마음챙김 명상을 조금만이라도 연마해 두게 되면, 앞으로 닥쳐올 어려운 시기에 요긴하게 활용할 수 있을 것이다.

　수행은 어떻게 할 것인가. 불교의 수행은 다른 종교와는 달리 획일적인 의무사항이 아니다. 출가자라면 엄격한 계율을 따라야 하지만, 재가자의 경우에는 이슬람 신도처럼 매일 다섯 번씩 기도를 하거나, 기독교 신자처럼 매주 주회에 참석해야 하는 의무가 부여되는 것은 아니다. 불교 신자들은 본인이 선택하는 방식에 따라 수행과 기도를 해 나가면 되는 것이다. 불교에서의 수행은 마음을 닦는 것이다. 본래의 깨끗한 마음(자성청정심)이 탐진치의 삼독에 의해 오염되어 있기 때문에, 마음을 닦아 본래의 마음을 찾아 가야 하는 것이다. 그러면 어떻게 삼독심을 제거할 수 있을 것인가. 그것은 붓다의 가르침에 따라 불성이 자리하고 있는 자신의 내면을 들여다 볼 수 있어야 한다. 내면을 보기 위한 방편으로 소승불교에서는 팔정도가 제시되었고, 대승불교에서는 육바라밀이 제시되었으며, 우리나라를 비롯한 선불교 권에서는 계정혜 삼학을 체계화하여 제시하고 있는 것이다.
　수행과 더불어 반드시 행해야 하는 것이 기도이다. 기도란 자신의 한계를 극복하거나 부족한 점을 얻기 위하여 신이나 어떤 신비한 힘에 의지하여 간절하게 비는 것을 말한다. 불교에서도 이런 차원의 기도를 인정한다. 내가 바라는 바를 부처님의 가피(加被)를 얻어 달성하고자 하는 것이다. 부처님 앞에 자신의 모든 것을 내려놓고 간절하게 일심으로 구하면 기도는 이루어진다고 한다. 불교에서의 기도의 방법으로는 염불(念佛)·주력(呪力)·간경(看經)·절·참회·사경(寫經)·사불(寫佛) 등이 있다. 어느 것이든 자신에게 적합한 방법을 찾아 일심으로 행하면 반드시 가피를 얻을 것이다.

　죽음으로 향하는 마지막의 순간에 모든 인간은 극도의 두려움과 외로움에 깊이 빠져들게 된다. 그 순간에 누구도 그에게 도움을 줄 수가 없다. 오직 도움을 줄 수 있다면 종교적인 믿음뿐일 것이다. 그래서 누구에게든 종교는 필요하다고 본다. 기독교이든 이슬람교이든 민속종교이든 어떤 종교라도 그에게는 힘이 되어줄 것이다. 더욱이 죽음에 대해 2500여 년간 심오한 성찰을 해 온 불교의 신자라면 더욱 더 큰 도움을 받을 것이다.

참고
문헌

1. 불교의 생성 변천과 전개

- 김성규, 『2600년 불교의 역사』, 자유출판사 이사금, 2009.
- 김상현, 『한국 불교사 산책』, 우리출판사, 1995.
- 이병욱, 『한국 불교사상의 전개』, 집문당, 2010.
- 자현스님, 『조금 특별한 불교 이야기』, 불광출판사, 2012.
- 종범스님, 『불교를 알기 쉽게』, 밀알, 2006.
- 임혜봉, 『불교사 100장면』, 가람기획, 1994.
- 류경희, 『인도의 종교와 문화』, 서울대학교출판문화원, 2013.
- 에티엔 라모트, 『간추린 인도불교사』, 시공사, 1997.

2. 죽음에 관련된 불교의 주요 개념

- 고익진, 『불교의 체계적 이해』, 광륵사 광륵선원, 2006.
- 고영섭, 『불교란 무엇인가』, 정우서적, 2004.
- 보경스님, 『아함경에서 배우는 삶의 지혜』, 운주사, 2016.
- 이연숙, 『가려뽑은 아함경』, 불광사 불광교육원, 2008.
- 사이토 아키라, 『대승불교란 무엇인가』, 도서출판 씨아이알, 2015.
- 혜담스님, 『반야불교 신행론』, 불광출판사, 1997.
- 석지현, 『우파니샤드』, 일지사, 1997.
- 크리스토퍼 베이치, 『윤회의 본질』, 정신세계사, 2019.
- 일묵스님, 『초기불교 윤회이야기』, 불광출판사, 2019.
- 청운스님, 『육조혜능과 금강경 오가해』, 불교시대사, 2011.
- 틱낫한, 『틱낫한 스님의 금강경』, 도서출판 장경각, 2004.
- 기타 다수의 금강경 해설서

죽음에 대한 불교의 성찰

3. 아비담마에서 보는 죽음의 세계

- 권오민, 『아비달마구사론』, 동국역경원, 2002.
- 대림·각묵스님, 『아비담마 길라잡이』, 초기불전연구원, 2002.
- 김종수, 『아비담마 종합해설』, 불광출판사, 2019.
- 김종수, 『붓다 아비담마』, 불광출판사, 2016.

4. 죽음에 대한 티베트 밀교의 탐구

- 파드마삼바바, 『티벳 해탈의 서』, 정신세계사, 2019.
- 마티외 리카르, 『티베트 지혜의 서』, 담앤북스, 2018.
- 권오민 외, 『티베트 불교철학 입문』, 도서출판 씨아이알, 2000.
- 종석스님, 『밀교학 개론』, 운주사, 2000.
- 출팀 깰상, 『티벳밀교』, 도서출판 씨아이알, 2007.
- 롭상예쎄, 『보리도차제광론』, 운주사, 2000.
- 제프리 홉킨스, 『달라이라마, 죽음을 말하다』, 담앤북스, 2019.
- 제프리 홉킨스, 『달라이라마, 명상을 말하다』, 담앤북스, 2017.

5. 티베트 사자의 서

- 에반스 웬츠, 『티벳 사자의 서』, 정신세계사, 2012.
- 장홍스, 『티베트 사자의 서』, 김영사, 2008.
- 중암스님, 『티베트 사자의 서』, 불광출판사, 2020.
- 강선희, 『체험으로 읽는 티벳 사자의 서』, 불광출판사, 2008.
- 족첸 폰롭 린포체, 『티벳 사자의 여행안내서』, 정신세계사, 2006.
- 에반스 웬츠, 『티벳 밀교 요가』, 정신세계사, 2012.
- 서규석, 『이집트 사자의 서』, 문학동네, 1999.

6. 임사체험과 전생체험

- 소갈 린포체, 『티베트의 지혜』, 민음사, 1999.

- 자써, 『람림, 깨달음의 길을 말하다』, 부다가야, 2019.
- 성철스님, 『자기를 바로 봅시다』, 장경각, 1987.
- 새뮤엘 버클즈, 『부처님과 함께한 지옥여행기』, 정신세계사, 2016.

7. 무아와 윤회의 충돌

- 호진스님, 『무아 · 윤회 문제의 연구』, 불광출판사, 2015.
- 윤창화, 『근현대 한국불교 명저 58선』, 민족사, 2010.
- 가츠라 쇼류, 『중론』, 불광출판사, 2018.
- 요코야마 고이츠, 『불교의 마음사상』, 산지니, 2013.
- 서광스님, 『현대심리학으로 풀어본 유식 30송』, 불광출판사, 2003.
- 무영스님, 『여래장 삼부경』, 운주사, 2008.
- 한자경, 『대승기신론 강해』, 불광출판사, 2013.
- 은정희, 『대승기신론 강의』, 예문서원, 2008.

8. 죽음에 관련한 불교의 신앙

- 남태순, 『정토불교의 역사와 사상』, 운주사, 2018.
- 청화스님, 『정토삼부경』, 광륜출판사, 2007.
- 혜총스님, 『아미타경 강설』, 조계종출판사, 2016.
- 무비스님, 『지장경 강의』, 불광출판사, 2001.
- 정현스님, 『지장경을 읽는 즐거움』, 민족사, 2017.
- 심재열, 『미륵삼부경』, 보련각, 2015.
- 히로 사치야, 『기적의 관음경』, 대숲바람, 2009.
- 우룡스님, 『생활 속의 관음경』, 효림출판사, 2005.
- 김현준, 『생활 속의 천수경』, 효림출판사, 2016.
- 원빈스님, 『원빈스님의 천수경』, 도서출판 이층버스, 2019.
- 법정스님, 『약사경』, 불서보급사, 1969.
- 정의행, 『약사경』, 광륵사, 2018.

• 현담스님, 『약사경』, 도서출판 선, 2020.

• 민희식, 『법화경과 신약성서』, 도서출판 블루리본, 2007.

• 정승식, 『법화경』, 사계절출판사, 2004.

• 겐신, 『왕생요집』, 불광출판사, 2019.

• 천친, 『왕생론 강기』, 비움과 소통, 2020.

• 유홍준, 『유홍준의 국보순례』, ㈜눌와, 2011.

• 조계종포교원, 『불교문화』, 조계종출판사, 2007.

• 리상호, 『사진과 함께 읽는 삼국유사』, 까치글방, 1999.

9. 죽음에 대한 불교의 의례

• 안진호, 『석문의범』, 범우당, 2001.

• 조계종 포교연구실, 『불교 상제례 안내』, 조계종출판사, 2011.

• 박찬욱 외, 『죽음, 삶의 끝인가 새로운 시작인가』, 운주사, 2011.

• 강승환, 『죽음이란 무엇인가』, 운주사, 2015.

• 허암, 『불교에서의 죽음 이후, 중음세계와 육도윤회』, 예문서원, 2015.

• 이은봉, 『여러 종교에서 보는 죽음관』, 가톨릭출판사, 1995.

• 한성렬, 『한국의 죽음 의례의식 연구』, 운주사, 2019.

• 박병규, 『임종, 어떻게 맞이할 것인가』, 운주사, 2014.

• 왕원, 『중음에서 벗어나는 법』, 불광출판사, 2020.

죽음에 대한 불교의 성찰

초판인쇄 _ 2021년 4월 1일
초판발행 _ 2021년 4월 5일

저자 _ 노훈건

발행인 _ 문종남
발행처 _ 도서출판 선연

등록번호 _ 제300-2009-63호
등록일자 _ 2008년 2월 26일
주소 _ 서울시 종로구 삼일대로 30길 21
(낙원동, 종로오피스텔 1309호)
전화 _ (02) 733-0127
팩스 _ (02) 733-0157

ISBN 978-89-962676-8-3 03220

값 20,000원